Ernst Leverkus

Italienische Motorräder im Test

Ernst Leverkus

Italienische Motorräder im Test

»Klacks« fuhr auf dem Nürburgring 1955 – 1975

Schrader Verlag

Einbandgestaltung: Nicole Lechner

Titelbilder: Archiv Inge Rogge

Bildnachweis:
Alle Bilder Archiv Inge Rogge

Eine Haftung des Autors oder des Verlages und seiner Beauftragten für Personen-, Sach- und Vermögensschäden ist ausgeschlossen.

ISBN 3-613-87227-7

1. Auflage 2001

Herausgeber: Inge Rogge (Leverkus)
Lektorat: Martin Gollnick
Innengestaltung: L&N Litho, 71332 Waiblingen
Repro: L&N Litho, 71332 Waiblingen
Druck: Druckhaus Münster GmbH, 70806 Kornwestheim
Bindung: E. Riethmüller, 70176 Stuttgart
Printed in Germany

Inhalt

Vorwort

Klacks« alias Ernst Leverkus bei einem seiner Motorrad-Tests auf dem Nürburgring.

Im Jahre 1957 schrieb mein Mann, Ernst Leverkus, in seinem Buch »Die tollen Motorräder der 50er Jahre« folgenden Satz: »Das Ansehen italienischer Motorräder war so um 1955 bei uns nicht gerade besonders hoch – man hielt von italienischen Serienmaschinen nicht viel…«
Und gerade in jenem Jahr kam »Klacks« (so wurde er wegen seiner Redensart »Ist ja alles nur ein Klacks« von seinen Freunden und Kollegen genannt) eines Tages aus der Redaktion nach Hause, um eine englische Maschine zu holen, die er noch einige Runden um die Solitude scheuchen wollte. Dabei entdeckte er vor unserem Hause ein kleines italienisches Motorrad, das am Straßenrand lehnte und das er noch nie gesehen hatte. In der Annahme, dass ein Besucher auf ihn wartete, schloss er die Wohnungstür auf und rief: »Hallo, wo ist denn der Fahrer dieser kleinen Biene da vor der Tür?« Aber es war niemand bei uns. Er wieder raus, um den hübschen kleinen Flitzer näher zu betrachten und zu fotografieren, als plötzlich ein junger Mann lächelnd neben ihm stand. Es war ein junger Italiener, dem die Maschine gehörte, der konnte nicht so recht deutsch sprechen: »Mal 'ne Runde drehen?«, radebrechte er und stellte sich als Sohn des Konstrukteurs der Maschine vor. Er hatte einen Studienfreund im Nebenhaus besucht. Die zwei Motorradenthusiasten unterhielten sich nun lange über ihr Lieblingsthema, dann probierte mein Mann die Maschine und schon flammte die Begeisterung für italienische Motorräder auf! »Wir müssen uns in der Redaktion jetzt auch mal mit den Italienern beschäftigen« meinte er später zu mir. Was gar nicht so leicht war, denn Importeure für italienische Maschinen konnte man damals an drei Fingern abzählen. Aber er ließ nicht locker, überzeugte den damaligen Chefredakteur Carl Hertweck (C. H.) von seiner Idee, und sie fanden tatsächlich einen Händler in Stuttgart, der Maschinen aus Italien importierte. Dann ging es los! Viele Maschinen kamen im Laufe der Jahre in die Redaktion und wurden von meinem Mann gefahren. Auf dem Nürburgring, auf der Solitude, bei den schnellen Autobahntests – und immer wieder auf dem Nürburgring!
Den ersten Anstoß dazu aber gab die kleine Caproni-Trento-Capriolo, von der es keinen Testbericht gibt, aber einen kurzen Bericht mit Bildern. Und weil sie der Anlass war, sich intensiv immer wieder mit Maschinen aus dem Süden Europas zu beschäftigen, beginne ich mit dem Bericht dieser Entdeckung an einem Septembertag im Jahre 1955.

Inge Rogge (Inge Leverkus)

1955

In Italien macht man das so

In unserem Land geht alles schön brav zu. Stets ist man bestrebt, ja nicht aus der Rolle zu fallen und zum Beispiel bei Mopeds Motorraderfahrungen anzuwenden oder gar diesen Fahrzeugen das Aussehen eines Motorrades zu geben. Man sieht lieber zu, wie die Jungens an ihren Quicklys die Lenker herunterdrehen, abschneiden, eine kleine Rennscheibe montieren und den Gepäckträger als Rennkissen benutzen und nun als kommender Werner Haas mit den Kumpels um die Häuserblöcke jodeln – die lieben Kleinen. Und man sorgt dafür, daß jeder Motorradfahrer als Halbwilder gilt.

Man denkt gar nicht daran, daß Jugend

sich nicht einsperren läßt und kommt nicht auf die Idee, daß man auch mit der Form eines Fahrzeuges die Jungens schließlich dahin lenken kann, wo sie hingehören.

Doch lassen wir das – drehen wir mal den Kopf dahin, wo das Motorrad noch als gesellschaftsfähiges Fahrzeug und Sportinstrument gilt, wo der Herr Pfarrer am Wege steht und seinen Schäfchen an Hand des Programmes die vorbeifahrenden Wettefahrer vorstellt. Und wo ein Problem wie »Knatterprotz« überhaupt nicht existiert. Und wo sich jeder Lokalschreiberling hütet, etwa von »Motorrad-Rasern« zu sprechen, nicht nur, weil er seiner Haut nicht mehr sicher wäre, sondern weil er gar nicht auf diesen Gedanken kommt. Und wo schon die Gebrauchsmotorräder eine so nette, fröhliche, sportliche Art an sich haben, daß allein dadurch die heranwachsende Generation das Benzin im Blut hat.

Das fängt schon da ganz unten an – wo bei uns noch die sittsamen Mopeds gebaut werden. (Wie gesagt: um Gotteswillen nicht so was Ähnliches wie ein sportliches

Motorrad mit 50 cm³ in der Bundesrepublik bauen!) Und wie das aussieht, bitte – hier an der 75-cm³-Caproni-Trento-Capriolo zu sehen! (La moto Caproni Vizzola, Varese/ Italien, leider nicht nach Deutschland importiert – Bild Vorderseite oben).

Ein Viertaktmotor (Bild Vorderseite links) mit kopfgesteuerten Ventilen steckt drin. Die Kurbelwelle läuft längs wie bei BMW. Die Nockenwelle liegt vorn über der Kurbelwelle. Über Stößelstangen wird der kleine Ventilmechanismus im Zylinderkopf bewegt. Bei 6000 U/min leistet diese Ausführung 3 PS. Es gibt auch einen Sportmotor im gleichen Fahrwerk mit 4,8 PS bei 6200 U/min. Die Höchstgeschwindigkeit beträgt etwa 75 km/h bzw. 96 km/h. Also ein ganz hübsch schnelles Bienchen! Normal gibt es einen Dell'Orto-Vergaser mit 16 mm Durchlaß. Für die schnellere Version ist ein 18er erhältlich. Das Viergang-Fußschaltgetriebe ist links seitlich angeblockt.

Geschaltet wird mit einer Wippe. Das E-Werk befindet sich vorn vor der Kurbelwelle. Das Hinterrad wird über eine Kette angetrieben. Von einem Rohrrahmen hält man nicht viel – so hat man eben einen Preßstahlrahmen genommen, wobei man zu einer sehr einfachen Befestigung der Hinterradschwingen-Lagerung kam (Bild oben). Die Schwinge wird durch ein unter dem Motor liegendes Federpaket in ähnlicher Weise wie bei Guzzi abgefedert. Als Stoßdämpfer dienen zwei Reibungsdämpfer rechts und links, die einstellbar sind. Der Sattel ist eine Marterbank – nun, in Italien fährt man mit diesen Rennern nicht im Gelände und die Landstraßen sind eben keine Frostaufbruchpisten.

Was die kleine Vorderradbremse (Bild unten) vorn hermacht, setzt die Hinterradbremse im Kettenkranz zu. Aber alles riecht förmlich nach Rennmaschine. In unserem Lande aber wird man zu bieder sein, um so ein hübsches Vögelchen fliegen zu lassen.

Motobi Catria 175 cm³

An der ersten Maschine, die ich nach dem Kriege besaß, waren gleich nach dem Abholen aus dem Laden verschiedene Handgriffe zu machen, die sich dann später immer wieder bei Testmaschinen wiederholten: Der Lenker wurde schmaler gemacht, der 08/15-Drehgriff gegen einen Wickelgriff ausgetauscht, der Gepäckträger gegen eine vernünftige Schaumgummi-Sattelverlängerung gewechselt, und als ich noch zu den ganz jungen Häschen gehörte, wurden über Schalldämpfer noch Renntüten gebastelt. Das bieder-brave Gesicht der meisten deutschen Motorräder war uns einfach ein Greuel und mit viel Neid sahen wir immer wieder den Italienern zu, die äußerst zahme Tourenmaschinen mit dem frisch-fröhlichen und verspielten Aussehen richtiger Rennmaschinen im Laden kaufen konnten. Immer warteten wir darauf, daß in Deutschland einmal jemand die alte Jacke ausziehen würde, um den gewiß qualitativ unantastbaren deutschen Typen auch noch ein bißchen sportliches Finish zu geben. Daß ein Motorrad nur ein Verkehrsmittel zur Erreichung der Arbeitsstätte sei, glaubten wir nicht, stellten aber immer wieder enttäuscht fest, daß zwar allerhand moderne Baurichtungen und Formen entwickelt wurden, daß man sich aber immer ängstlich davor hütete, Motorräder etwa wie in Italien so sportlich-zweckmäßig wie Rennmaschinen zu

Der Motorblock sieht wie eine feine Bleistiftzeichnung aus. Es gab nur ganz geringe Ölspuren an den Gehäusenähten. Der Kickstarter und der Fußschalthebel sitzen am gleichen Drehpunkt.

bauen. Man steckte also den Kopf in den Sand. Bloß nicht etwas bauen, was wild aussieht!

Die lieben Mitbürger haben aber dennoch am Arbeitsweg-Motorrad Anstoß genommen – und das Interesse an der Hercules K 100, der Kreidler-Florett, der Victoria-Avanti und der Mars-Monza usw. zeigt doch, wo es bislang wirklich gefehlt hat. Die Leute aber, die ihre Traummaschinen selber bauen – »ihre tollen Vögel« – weil sie das nicht im Laden kaufen können oder weil sie am Basteln Freude haben, was bauen die sich? Wonach sehen diese Maschinen aus? – Bestimmt nicht nach dem »Kraftrad«, das direktionsreif Gnade vor den Augen eines Aufsichtsrates von der Commerz- und Diskontbank fände.

So ist es also kein Wunder, daß die kleine rote Catria bei uns eine sehr günstige Atmosphäre vorfand. Endlich sollte nun Gelegenheit sein, so einen kleinen italienischen Renner *genau* kennenzulernen.

Dieser Schalenrahmen ist verdrehsteif, gibt nur geringe elastische Ausweichbewegung. Der Motor hängt in drei Bolzen, der Tank in zwei. Zum Demontieren braucht man nur einen 14er-Schlüssel.

Hinterradausbau einfach auch ohne Steckachse. Es geht wie beim Fahrrad: Kettenschloß öffnen, Radmutter los, Bremsgestänge lösen, Rad heraus, fertig. Daß Mitnehmerbolzen oder sonstige kritische Schiebeteile nicht zu entfernen sind, erweist sich als Vorteil. Tja, der Fortschritt - - -

Schwungrad-Magnetzündung, Kupplungshebel. Hinter der Blechabdeckung liegt das Getrieberitzel. Zum Auswechseln muß der Kupplungshebel abgenommen werden. Das ist aber nicht schlimm, nur zwei Imbusschrauben.

Unter MOTOBI wird sich kaum jemand etwas vorstellen können, aber wenn der Name Pesaro im Markenzeichen erkannt worden ist, werden einige alte Hasen wieder mit dem Kopf nicken: Ja, Pesaro – das ist doch die Stadt am Adriatischen Meer, am Fuße des Etruskischen Apennin, südlich von Ravenna und Rimini, in deren Mauern es eine ganze Fabrikanten-Familie gibt: Die Benellis.

Die erste Benelli lernte ich 1949 kennen, als Wüstrich (Braunschweig) damit den Kieler Hafenkurs und das Bremer Flughafenrennen in der 250 cm³-Klasse gewann. In den gleichen Jahren konnte der Italiener Dario Ambrosini 1948 den Großen Preis der Schweiz gewinnen, wurde Zweiter im Großen Preis der Nationen in Italien, war 1949 Zweiter in der Schweiz und Erster beim Großen Preis der Nationen in Monza. Es sah so aus, als ob Moto-Guzzi einen sehr starken Gegner für die Zukunft haben sollte. Dann aber wurde es ruhig um Benelli, und jetzt fand die Catria aus dem zur Benelli-Familie zählenden Werk F. A. M. MOTOBI aus Pesaro den Weg zu uns.

Luigi Benelli, der Konstrukteur der Maschine, sagte: »Es ist richtig, wenn Sie annehmen, daß wir diese Maschine erst in ihrer äußeren Form festgelegt haben. In die Umrisse eines den Rennmaschinen ähnlichen Motorrades wird dann je nach Bedarf ein Viertakter 125 cm³ und 175 cm³, ein Zweitakter 125 cm³ und ein Zweizylinder-Zweitakter 200 und 250 cm³ konstruiert. Es ist immer der gleiche Rahmen und viele Teile der Motoren sind gleich.« Die Form also spielt wirklich die Hauptrolle!

Das gute Stück hatte 0 km auf dem Tacho, als ich es vom Spediteur holte. Beim ersten Anblick glaubte ich an ein etwas vergrößertes Rennerle-Moped, beim ersten Anfassen und beim Schieben aus dem Schuppen hatte ich das Gefühl, das man beim Spielen mit kleinen Kindern hat: Nur nicht zu fest zupacken, sonst bricht was. Das Maschinchen war nach den gewohnten Gewichten unserer 175 cm³-Maschinen leicht wie ein Federball – mit leerem Tank und ohne Ölfüllung 89 (neunundachtzig) kg. Der Inhalt von zwei Castrol-Büchsen ging völlig in den Motor hinein, eine Menge, die ich nicht erwartet hatte. Im Tank hatten 18 Liter Benzin Platz – na, auch eine ganze Menge. Jetzt wog das Motorrad etwa 110 kg. Nach dem zweiten Tritt war sie da (beim erstenmal war der erste Gang mit eingerastet, denn Kickstarter und Fußschalthebel haben den gleichen Drehpunkt. Also aufpassen!) – kein Ventilklickern, ruhiger Leerlauf, das Ansauggeräusch übertönte bei weitem den Auspuffton.

Dann kamen die ersten Kilometer durch die Stadt. Das war so eindrucksvoll, daß man es unbedingt berichten muß: Der Abzug war trotz der nagelneuen Maschine überraschend, aber ich merkte gleich, daß die Übersetzung doch ziemlich knapp war. In den vierten Gang kam ich gar nicht. Mit einer bei Motorrädern noch nicht erlebten Wendigkeit – hohe Beschleunigung, sehr gute Bremsen, gute Spurtreue auch auf Straßenbahnschienen und eine frech zu nennende Kurvenfestigkeit, dazu das geringe Gewicht und die für Schnelligkeit passende Sitzposition – brachte ich diese ersten Kilometer hinter mich. An den Kreuzungen bei rotem Licht wurde ich von jungen Leuten sofort angesprochen und vor der Wohnung mußte ich das gute Stück bereits nach zehn Minuten vor dem kleinen Auflauf und den vielen betastenden Händen hinters Haus in die Garage retten.

Der Exportleiter der Firma hatte bei der letzten Mailänder Ausstellung 50 000 Lire dem versprochen, der es fertigbringen würde, den Motor zuschanden zu fahren, wobei natürlich Holzhammermethoden wie Verschalten, Ölmangel und falsche Einstellung ausgeschlossen sein müßten. Von anderen kleinen italienischen Rennern ging die Sage, daß sie zwar sehr schnell aussehen würden, daß es aber mit der wirklichen Schnelligkeit und der Lebensdauer nicht weit her sei. Ein Ruf, der sich nach eigenen Erfahrungen verschiedentlich bestätigt hatte. Wer nimmt es mir also übel, daß ich dem Rennerle nun schwer auf den Zahn fühlte, denn schließlich wird man ja wohl so ein 50 000-Lire-Versprechen nicht ohne den vorhandenen Rückhalt machen können.

Die Catria kann man so oder so nicht als Gebrauchsmaschine nach unseren Begriffen sehen, zum schweren Geländesport ist sie ihrer Anlage nach auch nicht geeignet und so können wir sie als ein feines und zierliches Spielzeug für Leute betrachten, denen nur zum Spaß die Unterhaltung einer 500er oder 600er einfach zu teuer ist, die aber nicht auf das Fahrerlebnis einer besonderen Maschine verzichten wollen. Dies müssen wir wissen, wenn wir überlegen, welches Feld MOTOBI bei einem eventuellen Import vorfinden würde.

Nach der Leistungskurve gibt der Kurzhubmotor bei 6800 U/min knappe 9 PS ab, die auch bei 7000 Touren noch nicht weggesackt sind. Für eine 175er nach dem Stande deutscher Maschinen ein absoluter Tourenwert. Durch das geringe Leergewicht kommt die Catria mit 10 kg/PS aber in die Kategorie der Maxi (10,4 kg/PS), Maico 175/SII (11,3 kg/PS) und der Ardie BD 176 (11,8 kg/PS). Nur die 15 PS-Maico

Ventilmechanismus. Durch die Öffnungen, in denen die Stößel sich bewegen, wird das Öl in den Zylinderkopf gepumpt. Durch eine ebenso große Öffnung auf jeder Seite läuft es zurück.

Durch diese große Öffnung nahm ich den Ölwechsel vor. Dazu brauchte die Maschine nur umgelegt zu werden, das Öl lief heraus, gleichzeitig fielen die Filter raus. Nachher legte man die Maschine auf die andere Seite und füllte wieder ein.

So sah dann das Ende aus. Härteriß unterm Pleuelauge, das herumschleudernde Restpleuel schlug alles kurz und klein. Kommt unter 10 000 Motoren vielleicht einmal vor – deswegen ist meine gute Meinung über die Catria bei weitem noch nicht verdorben. Und die 50 000 Lire soll der Exportleiter behalten.

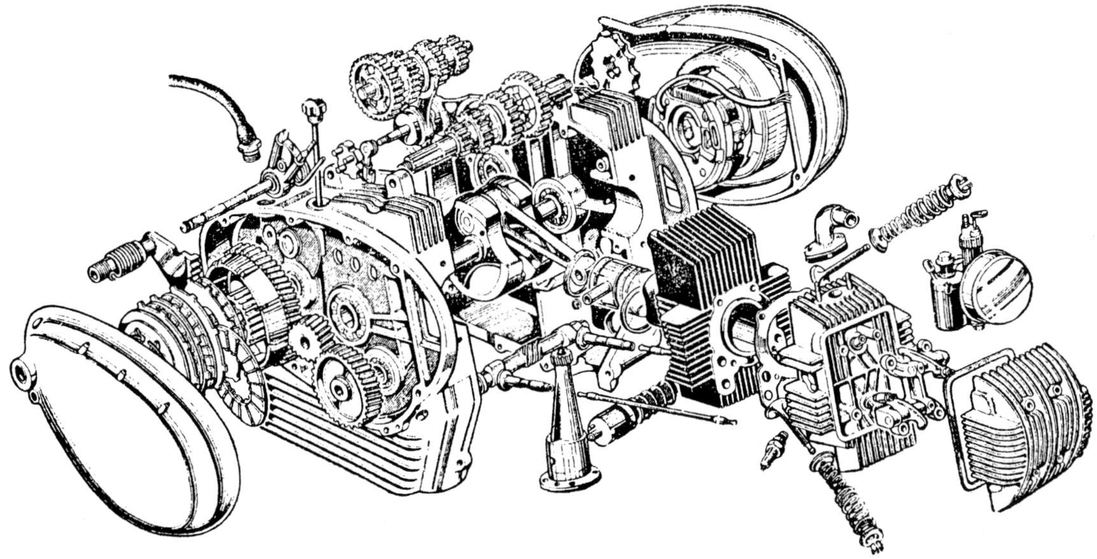

Kurbelhaus, Getriebegehäuse und Ölwanne sind ein Raum aus zwei Gußhälften. Alle Ölbohrungen sind ungewohnt groß, die Ölwanne liegt voll im Luftstrom und die Ölpumpe ist sehr groß bemessen. Ölinhalt 2 Liter!

und die Puch SVS sowie eventuell die 14 PS Victoria-Parilla werden ihr beim Vergleich der kg/PS überlegen sein. Mit der ursprünglichen Gesamtübersetzung (Getrieberitzel 16 Zähne) im dritten Gang von 10,63 erlebte ich aber eine derart erstaunliche Überdrehmöglichkeit des Motors, ohne daß dessen Leistung dabei fühlbar abnahm, daß ich schon damit beim Beschleunigen und beim Befahren von kurvenreichen Strecken jeder anderen 175er, die vergleichsweise mitfuhr, einfach auf und davon lief. Leider ging der Catria-Tacho dabei bis an 140 km/h, was ich als zuviel Liebenswürdigkeit empfand, so daß schließlich ein VDO-Tacho einer 125er (vorn mit ebenfalls 2.50-19 bereift) herhalten mußte, um einigermaßen genaue Werte zu bekommen. Danach langte es immer bis über 85 km/h. Im vierten Gang bei langen Autobahnabfahrten waren zeitweise etwa 118 km/h mit dem 16er Ritzel drin.

Die soeben genannten Geschwindigkeiten sind Richtzahlen, denn hier spielt erstmals etwas herein, was bislang bei unseren bieder-deutschen Alltagsmotorrädern nicht beachtet zu werden brauchte, aber in nächster Zeit bei den Sportmaschinen von Maxi aufwärts gleich wichtig sein wird: Eine solche 175er kann unmöglich mit einer einzigen angeblich richtigen Übersetzung geliefert werden. (Wir sprachen gerade mit dem Obersten der Kundendiener von Victoria: Die Victoria-Parilla bekommt eine Anweisung ins Handbuch,

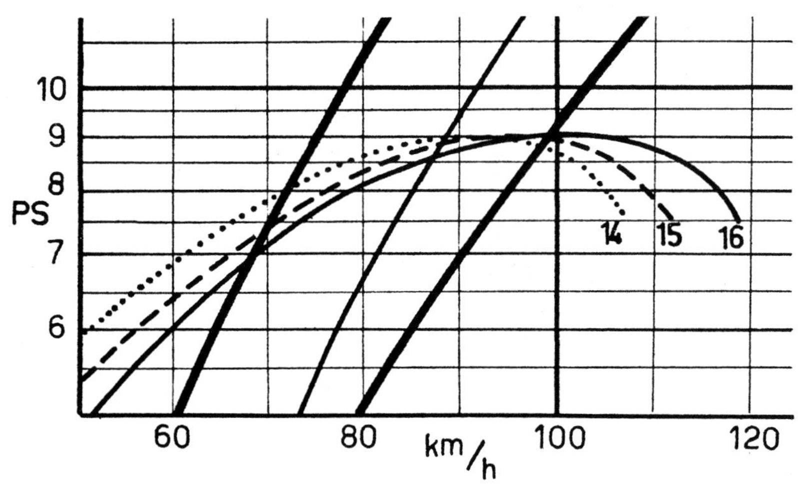

16 Zähne 4. Gang zulässige Spitze 104,0 km/h
15 Zähne 4. Gang zulässige Spitze 99,0 km/h
14 Zähne 4. Gang zulässige Spitze 92,0 km/h

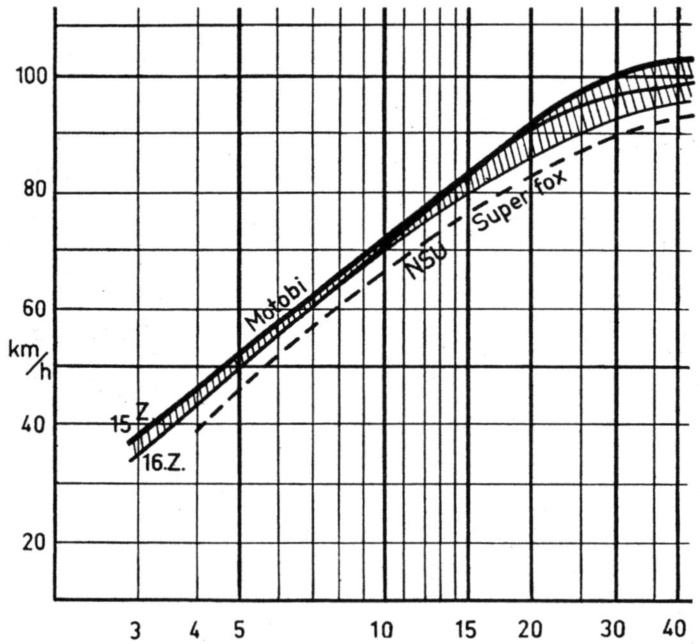

Beschleunigung im Vergleich mit der NSU-Superfox. 1. beste Beschleunigung mit 16-Zähne-Ritzel. 2. schlechteste Messung mit 16 Zähnen. 3. beste Beschleunigung mit 15 Zähnen. Dabei wird sogar die Spitze höher, weil die Leistung voll ausgenutzt wird. Testverbrauch 3,5 Liter.

wie man die richtige Übersetzung nach Maß bestimmt!) Eine solche Maschine kann nur eine nach-Maß-Übersetzung bekommen, wobei man sich nicht mal darauf beschränken darf, den Fahrer zu wiegen – wenn der zunimmt an Alter, Verstand und Erfahrung, muß er daraufhin die Übersetzung *nochmal* ändern.

Unsere Maschine hatte ursprünglich ein 16er Ritzel – das ist gut für kleine Italiener, die selten mal 120 Pfund in den Sattel bringen und dann noch im Lederanzug lang auf dem Tank liegen. Damit reichte es aber mir regulär knapp über 85. Wie das Diagramm zeigt, war weder die Maschinenleistung noch die von uns bzw. Benelli für zulässig gehaltene Spitzendrehzahl von 7000 U/min ausgenutzt. (Die ist erst bei 104 km/h da. Dafür durfte man mit nicht allzu schlechtem Gewissen auch mal auf 115 kommen lassen, sind erst 10 % Überdrehzahl.)

Nur machte das 16er Ritzel an »heimlichen« Steigungen und bei leichtem Gegenwind keine reine Freude, die Maschine neigt dabei zum Verhungern, bei einem Stufensprung in den dritten Gang von knapp 1,4 bringt auch ein Herunterschalten noch nichts ein, dabei überdreht man dann wieder zu leicht. Dieses ödende Herumhungern zwischen Drittem und Viertem ließ sich mit einem 15er Ritzel beseitigen, der Vierte »griff« jetzt und brachte rund 10 km/h mehr Spitze, wo früher 85 da waren, kamen jetzt 95 zum Vorschein – *aber*: Bei 100 mußte man die Nervenstärke haben, das Gas wieder ein bißchen zuzumachen, um im Gefälle nicht zu überdrehen.

Für Gelände oder für schnelle Reise auf Bundesstraße würde ich sogar ein 14er Ritzel verwenden und von 100 km/h ab die Tachoskala rot einfärben. Die Maschine würde rasselfrei so hoch hinaufdrehen, man würde nicht hören, daß man längst überdreht – man muß diesen Motor tatsächlich nach einem genau gehenden Tacho fahren. Ich empfehle dringend, das Diagramm mit den drei Leistungslinien für die drei verschiedenen Ritzel genau zu studieren. (Es ist unser uraltes Diagramm des Leistungsbedarfes: Mittlere dünne Linie Zweimeter-Zweizentner, aufrecht, recht dicke Linie Hering, langgemacht, linke dicke Linie Gespann. Leistungsbedarf an Kurbelwelle bzw. Getriebe-Ausgang.)

Der Motor ist thermisch in Ordnung, die vorhandene Ölmenge (etwas über zwei Liter) und die Förderleistung der Druckpumpe (60 l/h) möchte ich als Grund dafür angeben, daß der Schlitzmantelkolben nicht ein einziges Mal geklemmt hat, keinerlei Druckspuren zeigte und der Motor nach schlimmster Hetzerei absolut ruhig im Leerlauf ging. (Ventilspiel beide 0,05!) In Italien muß man natürlich mit ganz anderen Außentemperaturen rechnen und schon aus dem Grunde auf Wärmeableitung besonders achten. Die Kipphebel werden nicht durch Schleuderöl oder Ölnebel geschmiert, sondern das Öl wird direkt aus der Pumpe durch die Kanäle, in denen die Stößelstangen hin- und hergehen, zu den Kipphebellagern gefördert. Im Zylinderkopf sind für den Ölrücklauf fast streichholzschachtelgroße Öffnungen vorhanden.

Das Getriebe ist hinter dem liegenden Zylinder direkt im gleichen Motorgehäuse untergebracht, eine besondere Unterteillung zwischen Kurbelhaus und Getriebe ist nicht vorhanden. Die Motorentlüftung geschieht daher auch aus dem Getrieberaum heraus durch einen imponierenden Schlauch, der wie bei den Rennmaschinen hinten unter der Sitzbank endet. Leider wird bei sehr scharfer Fahrt und reichlichem Ölinhalt des Motors hier viel Öl nach hinten herausgeworfen, verfängt sich im Sog hinter dem rechten Fahrerbein und verschmiert mit der Zeit nebelartig den ganzen hinteren Maschinenteil. Man kann sich aber davon befreien, wenn man den Entlüfterschlauch verlängert oder auf die andere Seite über die Hinterradkette legt, was dieser sehr zugutekommt. Eine weitere Entlüftung ist durch ein Kugelventil im Zylinderdeckel vorhanden.

Der Motor hat einen Graugußzylinder mit Leichtmetallkopf, Bohrung und Hub 62/57. Die Druckgußteile sind von Haus aus sehr sauber und die beiden Gehäuseschalen rechts und links verchromt. Das E-Werk der Maschine stammt von Marelli, Magnetzündung, Fliehgewicht-Verstellung, Lichtleistung 6 Volt 25/25 Watt. Der Motor wird durch einen Unterbrecherknopf abgestellt.

Am nach vorn gerichteten Dell'Orto-Vergaser (20 mm Durchlaß) zeigten sich bei schnellem Fahren immer Kondenströpfchen, und als es einmal Ende Februar in den Schwarzwald ging, wo noch keine Frühlingstemperaturen herrschten und das Thermometer bei etwa 1 Grad über Null stehengeblieben war, da saß dann auch prompt der Gasschieber eingefroren fest. Das passiert natürlich in Italien kaum und ist ja auch kein Wunder bei der Lage der Gasfabrik im Fahrwind über dem Zylinder. Was mich dabei gewundert hat, ist eine absolute Unempfindlichkeit des Vergasers gegen Wasser und Dreck, denn der Luftfilter liegt nach vorn heraus, wenn auch nach hinten offen. Wahrscheinlich wirft der Luftwirbel Wasser- und Dreckteilchen hinter der Filterkante nach außen, denn das Filter selbst war nach einigen hundert Kilometern Fahrt auf verschmierten Straßen nur unwesentlich verdreckt. Dafür gab es eine andere Unart, denn die Halteschrauben des Schwimmergehäusedeckels lösten sich, der Sprit lief oben raus und zerstob nach hinten über den Block. Hier halfen zwei Federringe.

Ob es sich um Pflegearbeiten am Motor oder am Fahrwerk drehte: Jedes Teil war frei zugänglich. Vergaser, Ventileinstellung, Kerze (240er Wärmewert mit langem Gewinde), Ölfilter und Ölpumpe, Radwechsel und Batterie. Zum Beispiel benötigte man zum Ventileinstellen nur einen 10er-Schlüssel und einen Schraubenzieher. Mit einem 14er-, 12er- und l0er-Schlüssel läßt sich der Motor bis zum Ausbau des Kolbens zerlegen. Motor ausbauen aus dem Rahmen: Ein 14er-Steckschlüssel. An jedem Winkel spürte man etwas von der drängenden Stoppuhr an den Boxen eines Großen Preises. Auch der Tankschnellverschluß, die Aufhängung des Seilzuges am Kupplungshebel oder im Vergaser am Gasschieber weisen auf begrüßenswerte Erfahrungen aus dem Rennbetrieb hin.

Von Fahrkomfort oder besonderer Bequemlichkeit halten die Freunde schneller Straßenflitzer in Italien anscheinend nur wenig. Hauptsache, der Schlitten stempelt bei größter Schräglage nicht weg, bleibt einwandfrei in der Spur und macht auf Nässe und Schmiere keine unangemeldeten Zicken. Die Catria ließ sich unglaublich frech fahren, es gab nichts, vor dem man

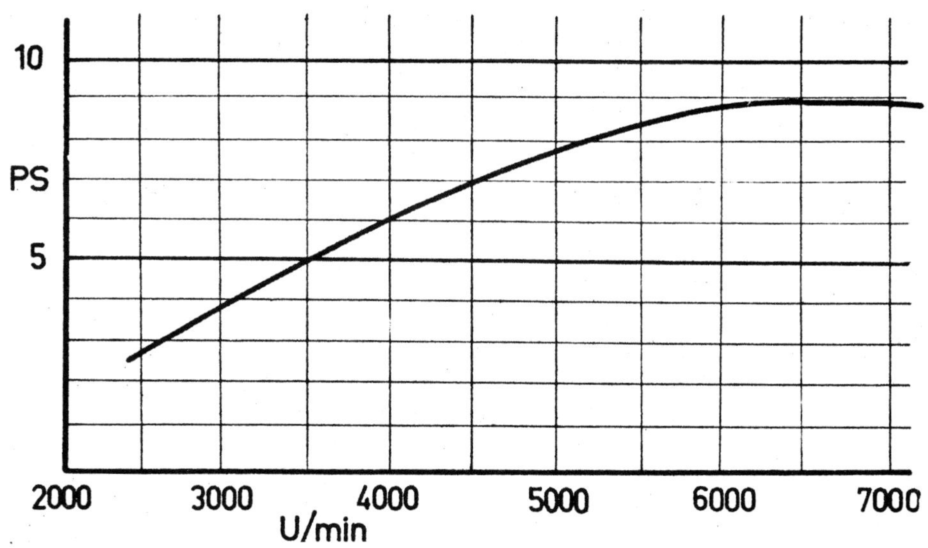

Leistungskurve des Motors. Erstaunlich ist, daß die Endleistung des Motors fast von 6000 bis 7000 U/min steht, ehe sie abfällt. Beim Überdrehen merkt man das wohl.

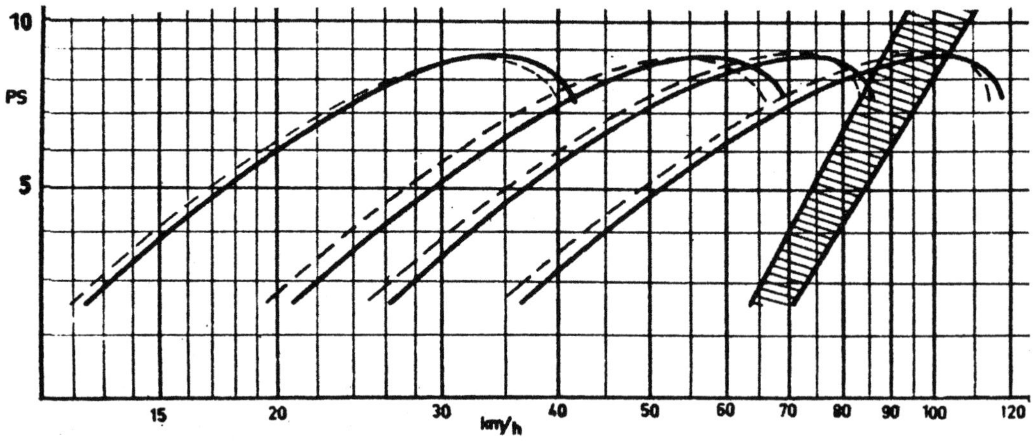

Gangdiagramm mit eingezeichnetem Fahrwiderstand in der Ebene. Die gestrichelten Linien gelten für das Getrieberitzel mit 15 Zähnen, normal wird sie mit 16 Zähnen geliefert. Es gibt mehrere Übersetzungsmöglichkeiten, denn auch der hintere Zahnkranz ist leicht auswechselbar.

Angst haben könnte – nur die Federung: Also mein hartgeprügelter Achtersteven hat es selbst auf 250 km an einem Stück gut überstanden (das ist aber kein Maßstab!), und wenn die gut »trainierten« Nieren die Federbeine und den 13 (dreizehn!) bis 20 (zwanzig!) Zentimeter breiten Rennsitz aushielten, dann liegt es wohl daran, daß die Oberpartie des Körpers immer flach liegt und die Stöße nicht senkrecht von unten in den Rücken schlagen können. Schließlich bin ich sogar einmal 300 km an einem Stück gefahren und hatte nur Kreuzschmerzen von dem ewigen Langliegen. Die Sitzbank fällt eindeutig in die Kategorie der »Kimmenspalter«.

Man kann aber am seitlichen Ausschlagen des Bremsseiles genau beobachten, wie fein die ölgedämpfte Telegabel vorn anspricht, und man sieht auch, daß die Federbeine hinten ganz fein ansprechen, wenn man einmal beobachtend hinterherfährt. Mit einer breiten, weichen Schaumgummisitzbank würde man daher auf sehr einfache Art unseren Ansprüchen in Deutschland gerecht werden können. »Aber«, so wird Luigi Benelli sagen, »dann ist das schon keine Rennmaschine mehr und trägt schon wieder das Kennzeichen biederer Tourenmaschinen«.

Bei der Beobachtung des Fahrwerkes muß man den Bremsen Beachtung schenken. Siehe da: Die Vorderbremse ist größer bemessen als die Hinterbremse! Beides massive Leichtmetall-Vollnaben mit eingeschrumpften Bremsringen. Der Trommeldurchmesser beträgt vorn 150, hinten 140 mm, die Beläge sind etwa 25 mm breit. Betrachtet man sich den gesamten Bau der Catria, wird man bald erkennen, wo die eingesparten Kilos weggenommen wurden. Dünne Leichtmetallfelgen; Bereifung 2.50-19/2.75-19; das Motorgehäuse im Guß ziemlich dünnwandig; Kotflügel, Tank, Werkzeugkästen, Nummernschild, Scheinwerfergehäuse, Kettenblech, Ummantelung der Telegabel, Schalldämpfer und Verstrebung möglichst aus eben noch vertretbarer Blechstärke. Natürlich bringt der Verzicht auf besondere Luftfilterung, große Werkzeugkästen, große Sitzbank, großen Scheinwerfer (wann braucht man den in Italien?) noch mehr dazu.

»Ein richtiges Sportmotorrad muß leicht sein, dann kann es auch schnell sein und läßt sich elegant beherrschen. Schwere Eisenbrocken sind nicht nach dem Geschmack unseres Temperaments, die Leistung des Ingenieurs zeigt sich in der Gewichtsersparnis, in der absoluten Einfachheit seiner Konstruktion, im Stehvermögen und dazu im sportlichen Aussehen«, meinte Benelli junior.

Diese Leichtigkeit bringt Gefahren mit sich – viel weniger in Gestalt von Bruchgefahr als in Gestalt schlechten Benehmens auf der Straße. In den letzten drei Jahren, in denen man sich mit Langschwingen vorn herumgeschlagen hat, wurden so einige Erfahrungen gemacht, gute und schlechte. Sagen wir es gleich: Mancher tat gut daran, die Langschwinge wieder zu verlassen und zur Kurzschwinge oder gar zur Tele zurückzukehren. Besser eine gute Tele als eine üble Langschwinge, die sich ein halbes Jahr wie ein Lämmchen benimmt und einen urplötzlich unhaltbar feuert, wenn die Umstände gerade passen. Wir glauben, für dieses gelegentlich sehr böse Verhalten von Langschwingen eine Ursache gefunden zu haben: Elastizität im Rahmen. (Hier steht ausdrücklich »glauben« und nicht »wissen«. Noch können wir uns auch irren!)

Elastizität in zwei Richtungen: Der Steuerkopf kann in Fahrtrichtung schwingen und er kann in der Ebene der Lenkachse Drehschwingungen vollführen. Der Schnittpunkt der Lenkachse mit der Fahrbahn beschreibt dann eine Art Lissajous-Figur, bloß in die Länge gezogen, und was der »Latsch« (man sagt auch Aufstandsellipse) des Vorderreifens dazu, kann man sich auch bei wenig Phantasie einigermaßen vorstellen. Beide Schwingungs-Möglichkeiten sind beim alten, solid-schweren Doppelschleifenrahmen natürlich auch da, die möglichen Amplituden aber gering – deswegen geht die Sache ja bei R 26 bis R 69 so glatt. Bei modernen Einrohrrahmen ist das aber *ganz* anders, da sind die Elastizitäten so groß, daß überschläglicher Rechnung nach ziemlich zehnfache Amplituden da sind – und da vermuten wir, daß es diese großen elastischen Wege sind, die von Hause aus schon gutmütige Langschwingen unversehens wieder zu Verbrechern machen. Schließlich haben wir in letzter Zeit einiges gefahren, was da nicht völlig hasenrein war und einen gelegentlich schon ins Schwitzen brachte. Nun hat ja die Motobi eine – ausgezeichnete – Telegabel, aber der Rahmen – geschweißt, Kasten – dürfte doch steif genug sein, um diese gefürchtete doppelte Elastizität *nicht* zu zeigen. Nach dem, was die Catria zeigte, bin ich jetzt zu der Behauptung bereit, daß auch bei einer Telegabel sich große Rückgrat-Steifigkeit sehr wohl bemerkbar mache. Der Rahmen muß für acht Modelle halten, darunter eine 250er Zweitakt-Zweizylinder mit 17 PS (8000 U/min, 1:9 verdichtet, 95 kg Leergewicht, etwa 130 km/h Spitze)!

Und doch kam eines Samstags die Stunde, in der die Catria sterben mußte. Auf der Solitude hatte ich vor einer Super-SGS Reißaus genommen und fuhr danach wie immer nach Hause – schon berechnend, wann die nächsten freien Minuten irgendwo herauszuschinden gingen, um mit der Motobi über die kurvenreichen Straßen des Schwarzwaldes zu flitzen. Da war plötzlich die Leistung weg, Kupplung gezogen, ratsch – peng, furchtbarer Schlenker, Kette reißt – Motor steht – aus! Starter und Fußschalthebel ließen sich nicht mehr bewegen. Also restlos Feierabend, mir schwante Böses: Pleuelbruch. Dicht unterm Bolzenauge. Das herumwirbelnde Pleuel zerschlug restlos alles, außer dem Zylinderkopf und zwei Abdeckschalen ist nichts mehr zu gebrauchen. Untersuchung: Schmiederiß unterm Bolzenauge, an der gefährlichen Stelle. Ganz klar sichtbar: Typisch muscheliger Anriß von knapp 30 % des Querschnitts, alles andere körniger Restbruch. Mir fiel wieder das Märchen vom Schwaben und dem Leberle ein – dort steht auch etwas von gerissenen Pleueln und Prüfverfahren. Deshalb poliert man ja Rennpleuel, weil man in den polierten Flächen Härte- und Schmiederisse sieht, im rohen Stück sieht man sie nicht. Wie dem abzuhelfen wäre, steht auch in der Geschichte vom Leberle – wer ist aber bereit, den Preis zu bezahlen, der bei so kritischer Teileprüfung herauskäme? Wobei man außerdem noch zu überlegen hätte, *wie häufig* solche Brüche eigentlich sind: Bei mir war es in meinem gesamten bisherigen Dasein der zweite Pleuelbruch (der erste passierte an einem wild frisierten Eigenbau-Spezial), Simsa hat noch keinen erlebt, C. H. den letzten 1934, und wie bei uns gefahren wird, dürfte bekannt sein. (Simsa gilt seit vorgestern bei einer Rollerfabrik als Lustmörder, weil er den zweiten, angeblich eingefahrenen und gesunden Kolben festgefahren hat, bloß so, von Cannstatt nach Fellbach, an der Funkerkaserne. Der Rohling!) Wahrscheinlich brach das Catria-Pleuel nur einem freundlichen Geschick zuliebe, damit wir endlich mal gute Bilder von so etwas ins Archiv bekommen.

Die 50 000 Lire des Exportleiters will ich nicht, denn so etwas geschieht unter 10 000 fertigen Motoren vielleicht bloß einmal an einem. Das Schicksal wollte, daß dieser Motor bei mir landete und wieder einmal bei mir etwas in die Binsen ging. Üblich ist es, daß ich bei einer Panne am Straßenrand eine Zigarette rauche, ehe etwas Sinnvolles unternommen wird. Diesmal wurden es drei Zigaretten mindestens und es war so eine Art Totenehrung. Nein – die 50 000 Lire will ich nicht, denn hier ist bei solchen Maschinen eine Grenze gesetzt, die man einkalkulieren muß. »Wer sich eine Rennjolle kauft, muß wissen, daß er dabei ins Wasser fallen kann«, sagte C. H.

Ich habe mir vorgenommen, daß die Catria wieder zum Leben erweckt wird, gleich mit dem 12 PS-Motor, der bei einer Verdichtung von 1:8 7500 U/min macht und mit dem 22er Dell'Orto-Vergaser ganz schön Feuer drin haben wird für 89 Kilo. Damit wird dann aber der Nürburgring beehrt, damit Luigi Benelli wieder getröstet wird – denn wenn auch kein Sitzkomfort und kein 180er Scheinwerfer geboten wird: die Catria ist eine reizvolle Geliebte für einen Motorradnarren. Und sonst ganz vernünftige Männer sehen begeistert hintendrein, wenn man ihnen mit der Catria vor der Nase um eine feine Kurve wischt oder wie der Blitz an einem 180er vorbeigeht. – Hoffen wir, daß die Catria-Geschichte hier noch nicht zu Ende ist!

Im Rückspiegel: »Pasta asciutta«

Einige Tage bevor die große Testwoche mit den Maschinen von Motobi beginnen sollte, erhielt Ernst in der Redaktion einen Anruf aus Italien. Man ließ anfragen, ob ihnen in der Küche des Nürburgringes wohl für die Zeit ihres Aufenthaltes in der Eifel ein Kochherd im Nürburgring-Hotel zur Verfügung gestellt werden könne, denn sie müssten unbedingt ihren eigenen Koch mitbringen, unser deftiges deutsches Essen bekäme dem Motobi-Direktor und seinen Mitarbeitern und Fahrern überhaupt nicht. Sie bekämen davon Magenweh und noch viel Schlimmeres. Sie bräuchten unbedingt ihre Nudeln und ihr heimisches Essen, sonst kämen auch keine guten Rundenzeiten bei den Testfahrten heraus.
Na, Klacks sprach mit Direktor Koll von der Nürburgring GmbH, und die Sache klappte. Töpfe und alle Zutaten brachten die Italiener selber mit, und die Köche des Hotels durften sogar bei der »heiligen Handlung« des Kochens dem italienischen Koch über die Schulter zusehen. Ob sie auch probieren durften, das weiß ich nicht mehr.
Das meinem Mann, C. H. und mir am Ende der Woche die Nudeln aus den Ohren heraushingen, das darf man mir
getrost glauben.

Inge

Die gesamte Motobi-Mannschaft mit Direktor (im langen Mantel), Fahrern, Techniker und Ernst Leverkus (mit Helm) und Koch vor der Nürburg und dem Dunlop-Turm.

PESARO B MOTOBI

Motobi Catria Sport 175 cm³

»Reden wir nicht erst lange um die Sache herum: Bei uns in Deutschland hält man von italienischen Maschinen nicht viel. Übertriebene Leistungsangaben, ein Haufen Krach und nichts dahinter, spiddelige Fahrwerke, allenfalls auf Asphaltstraße für Schneidergewichte – nichts Solides. Bisher lag diese Meinung auch gar nicht sehr neben den Tatsachen. Daß man in Italien auch anders kann, haben wir jetzt bei den Motobis gemerkt – da steckt doch allerhand drin. Ich hätte nie gedacht, *wieviel* doch gekonnter Leichtbau ausmacht, und ich hätte nie gedacht – vor allem –, daß man trotz dieses Leichtbaues ein Fahrwerk hinstellen kann, das auch unter höherem Gewicht so lammfromm geht. Ich habe mit den Motobis auf dem Ring einen Haufen dazugelernt – dabei sind die Motobi-Männer von ihren italienischen Kollegen-Konkurrenten für verrückt erklärt worden, weil sie sich zu diesem Nürburgring-Versuch stellten. (Wahrscheinlich war denen genau das auch klar, was ich gerade über italienische Maschinen insgemein sagte.) Was die Motobis da machen, ist auch nach unseren extremen Anforderungen so, daß man sich viele dicke Scheiben davon abschneiden kann.« (C.H.)

Das hat es noch nicht gegeben: Konstrukteure, Techniker und Direktoren einer Motorradfabrik, die bei Rückgabe eines

Die sieht nicht bloß so schnell aus, sie ist es auch, und halten tut sie außerdem. Über 30 scharf gefahrene Nürburgring-Runden mit hohen Durchschnitten mögen dafür als Beweis dienen.

Für einen Freund italienischer Maschinen ist das Motorrad ein feiner Anblick. Bis zur letzten Schraube sauber gezeichnet, keine überflüssigen Ecken. Und das Ganze wiegt fahrfertig nur 112 kg.

auseinandergesprengten Testmotors nicht finstere Rachegedanken ausbrüteten, sondern ernsthaft eine Diskussion über Ursache und Wirkung eröffneten. Erst recht aber hatte es das zweite noch nie gegeben, so lange ich es mit Motorradfabriken zu tun habe, nämlich diesen Brief vom Werk: »Ihr habt geschrieben, daß die Catria-Geschichte im MOTORRAD noch nicht zu Ende sein darf (Heft 6/1957). Schön, wir haben mit dem einen Motor wirklich dummes Pech gehabt, weil eine Zulieferfirma durch Bergrutsch im Appenin halb verschüttet war und wir schnell anderswoher Teile haben mußten, um Lieferverpflichtungen einhalten zu können. (So ehrlich waren die obendrein auch noch!) Wir werden euch aber zeigen, daß unsere Motoren halten. Wir schicken euch einen der ersten 175er Viertakt-*Sport*motoren, den wir aus dem Tourenmotor entwickeln. Und damit gehen wir auf den Nürburgring. Und wenn das Ding dann wieder auseinanderfliegt, könnt ihr das auch schreiben. Mal sehen, wer zuletzt lacht, Ihr Motoren-Mörder (wörtlich) oder wir. Und damit das Ganze auch sonst noch seinen Nutzen hat, bringen wir Luigi Benelli, Direktor Ciacchi, Chefkonstrukteur Prampolini, drei Monteure und einen Lastwagen voll Motorräder mit, um ein wenig praktische Erprobung zu treiben. Der Weg von der Adria bis in die Eifel (Pesaro – Nürburgring = ca. 1350 Kilometer) ist uns nicht zu weit dafür.«

Ja, das gibt es wirklich. Wir haben es hier mit einem Hersteller zu tun, der seine Erzeugnisse selber ernst nimmt, der aus einem Land kommt, in dem jeden Sonntag überall kleine Straßenrennen gefahren werden. Dort verschrottet man keine alten Rennmaschinen (selbst wenn man den Rennsport mit Spezial-Rennern einmal aufgibt). Man baut allerdings auch keine Kraftzweiräder, man macht Sportmaschinen. Es ist immer Spaß an der Leistung und viel Ehrgeiz dabei. Und Motobi wollte nun beweisen, daß man nicht nur schnelles Aussehen und fixe Motoren züchtet, sondern außerdem noch Zuverlässigkeit und Stehvermögen. Der Sommer ging langsam vorbei, wir hörten nur ab und zu,

Primärantrieb des Krafteies mit mehr als 12 PS unter der Schale. Die drei Löcher sind Ölbohrungen, über der Kupplung das Entlüfterventil. Zylinder aus Grauguß (Hub/Bohrung 62/57), alles andere aus Leichtmetall. Druckguß. Ölinhalt über 2 Liter!

daß den Leuten aus Pesaro im eigenen Lande auch von gewichtigen Zunftgenossen dringend abgeraten wurde, sich den Stuttgarter »Mördern« auf dem Nürburgring auszuliefern. Benelli, Ciacchi, Prampolini aber beharrten auf ihrem Entschluß und bereiteten die Expedition in aller Ruhe vor. Inzwischen sandten sie unsere Testmaschine ab, gaben noch eine Catria-Sport an den belgischen Rennfahrer Jules Nies in Brüssel, der die Fernfahrt Brüssel-Prag-Brüssel schnell mit Gold durchstand und sich erfolgreich an anderen Veranstaltungen in Belgien beteiligte und begannen dann auch die Serienfertigung der Sportausgabe, wobei auch noch so eine Art Rennbaukasten zum weiteren Schnellermachen und obendrein eine regelrechte Rennmaschine für die Giro d'Italia herauskamen, mit der sie übrigens eine Tages-Etappe gewannen. Die erste Voraussetzung, um in Italien einen Verkaufserfolg zu erzielen. Vor dem Sportmaschinen-Rennen in Monza fürchtete man sich auch nicht, wenn auch da die Bianchis und die eine Guzzi den Kuchen unter sich verteilten.

Als unsere Testmaschine ankam, war es schon zu spät, zur Rheinlandfahrt zu melden, außerdem war sie ja brandneu und die Benelli-Leute baten ausdrücklich, sie nicht gleich mit Vollgas durch die Gegend zu jagen. Sie hatte im 22er Dell'Orto-Vergaser auch eine Plombe. Die aber flog gleich raus und nach C.H.-Einfahr-Methode ging es gleich los. Es dauerte dann etwa 1100 Kilometer, bis man auf den Fahrtschreiber-Diagrammen von der Solitude eine deutliche Verbesserung der Fahrleistung ablesen konnte.

Von der Catria-Tourenausgabe unterscheidet sich die Catria-Sport auf den ersten Blick kaum, denn die äußere Form von

Im Hinterrad fassen die Mitnehmer in diese großen Gummipolster. Der Zahnkranz läßt sich sehr leicht auswechseln. Man kann für jeden Zweck und jedes Gewicht passende Getrieberitzel und Zahnkränze haben.

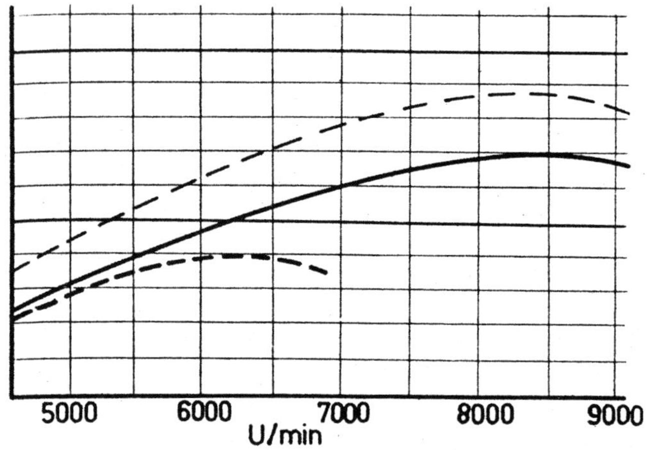

Leistungskurve des Motors. Dicke Linie Werksangabe, dünne gestrichelte Linie die auf Grund der Fahrleistung wahrscheinliche wirkliche Leistung. Gestrichelte Linie unten: Catria-Lusso (Tourenmaschine).

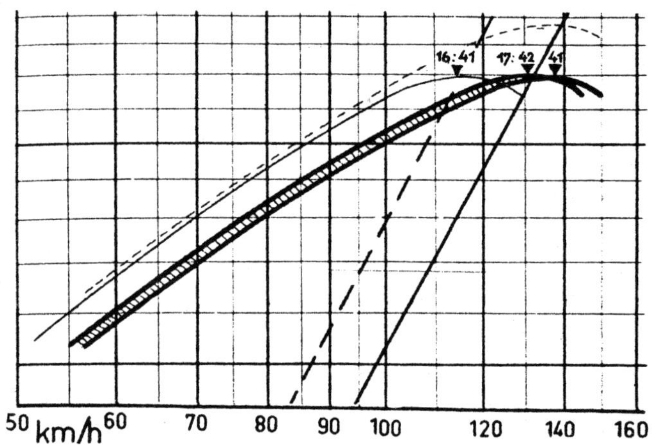

Widerstandslinien und Leistungsbedarf im 4. Gang. Gestrichelte Widerstandslinie: Normale Maschine mit leichtem Fahrer, langgemacht. Durchgezogene Widerstandslinie: Vermutlicher Fahrwiderstand der Catria-Sport mit 65-kg-Fahrer, langliegend. Gestrichelte Leistungskurve: Unsere vermutete Leistung bei 17 Zähnen am Getrieberitzel und 42 Zähnen am Hinterrad. Darunter die Leistungslinien für verschiedene Übersetzungen nach Werksangabe.

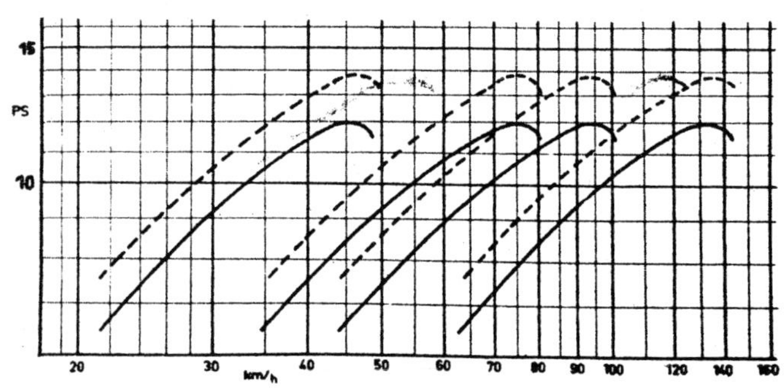

Gangdiagramm. Alle Catria-Modelle haben den zweiten und dritten Gang so dicht zusammenliegen, während zwischen dem dritten und vierten Gang ein größerer Abstand ist. Geht wahrscheinlich für italienische Bedürfnisse.

Rahmen und Motor ist wieder gleich. Ebenso die Telegabel und die Hinterschwinge mit den Federbeinen. In Wirklichkeit gibt es aber eine ganze Reihe Änderungen. Wer genau hinsieht, bemerkt zunächst, daß kein durchgehender Lenker vorhanden ist, sondern zwei Lenkerenden mit Schellen an den Gabelholmen sitzen. Sie liegen tiefer als die Lenkerenden der Tourenmaschine, so daß man von vornherein eine richtige tiefe Position einnimmt. Die Vorderradbremse hat einen noch größeren Durchmesser (190 mm, 30 mm Belagbreite) und eine Belüftung bekommen, die Hinterradbremse hat jetzt 180 mm Durchmesser, der Tank macht einen etwas höheren Buckel und faßt runde zwanzig Liter. Der hintere Kotflügel hat keine seitliche Versteifung mehr, sondern wird durch einen nach hinten geführten Rohrbogen abgestützt, an dem auch der längere Entlüftungsschlauch befestigt ist. Der Schalldämpfer ist nach hinten offen im Gegensatz zur Tourenmaschine, deren Auspufftopf unten liegende und verdeckte Querschlitze hatte. Den Sportmotor erkennt man außen durch den 22er Dell'Orto-Vergaser, der im leichten Winkel aufrecht nach hinten montiert ist und eine offene Ansaugtrompete ohne Filter besitzt. Unsere Testmaschine hatte als eine der ersten aus der Serienfertigung Handzündverstellung, neuerdings wird eine automatische Zündverstellung geliefert. Der Vorderreifen der Sportmaschine hat das leichte, in längliche Blöcke eingeteilte Rillenprofil (Pirelli), hinten das schon an der Tourenmaschine als besonders gut gefundene feingezackte Profil mit erstaunlicher Griffigkeit, Reifengröße vorn 2,50-19, hinten 2,75-19. So schmale Reifen wären bei uns undenkbar, das geht auch nur für Leichtgewichte, hat aber Vorteile, wenn man erst mal auf hohe Nutzlast verzichtet.

Die Leistung des Motors wurde von 9 PS bei 6800 U/min auf 12 PS bei 8500 U/min erhöht. Die zusätzlichen PS holt man durch die größere Ansaugweite und ein größeres Einlaßventil, durch höhere Verdichtung und notwendig auch stärkere Ventilfedern. Auch die Nocken sind ein

wenig höher. Außerdem hat der Sportmotor in der Ventilabdeckung eine zusätzliche Entlüftung durch ein Kugelventil. Alles andere ist genau wie beim Tourenmotor.
Nachdem der Motor immer lebendiger wurde, bekam ich natürlich immer mehr Spaß am Fahren. Aber es ist keine Maschine, mit der man tagaus- tagein zum Brötchenverdienen fahren kann. Wenn auch Jules Nies die Fernfahrt Brüssel-Prag-Brüssel auf dem harten und sehr schmalen Rennsitz durchstand – sogar mit Erfolg – und von Brüssel zum Nürburgring immerhin einschließlich Grenzübergang einen 90er Schnitt erreichte und mir selbst zehn hintereinander gefahrene Runden um den Nürburgring nichts ausmachten (bei der Rheinlandfahrt waren 20 Runden um die ganze Strecke fällig gewesen!), so ist es nach unseren Begriffen noch kein Motorrad für gemächliche lange Urlaubsreisen. Der Sitz ist sportlich, nicht bequem, die Federbeine sind für Soziuslast nicht nachstellbar, der Scheinwerfer ist klein – nur spielt das alles im Ursprungsland eben

Links die erste Ausführung des Catria-Sportkolbens, rechts die jetzige. Verdichtung 1:9, Kolbenbolzen-Durchmesser 18 mm. Bei der Rennversion Catria-DS Formel 3 läuft der Kolbenbozen in INA-Nadellager.

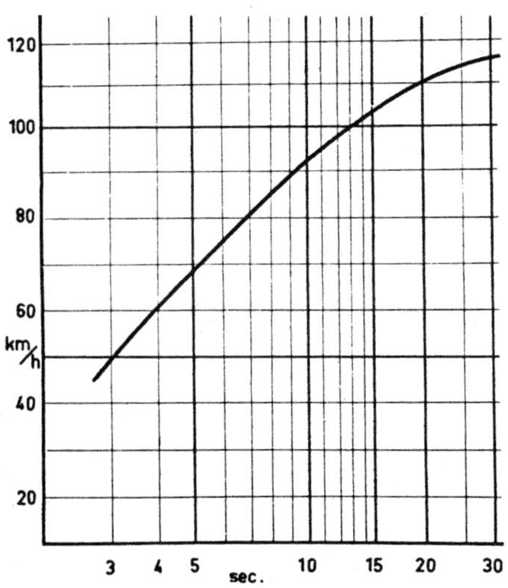

Beschleunigungslinie. Diese deckt sich fast genau mit der Beschleunigung der Maico M 175 Supersport. Auch das weist auf mehr PS hin, als vom Werk offiziell angegeben.

keine Rolle. (Und kann bei Bedarf ja geändert werden.) Wir dürfen nicht vergessen, daß in Italien nur der Straßensport das Bild der Motorräder bestimmt. Damit fällt die Catria-Sport in die Kategorie der reinen Liebhaberstücke. Der Kreis der Leute, die sich so etwas für schnellen Straßenbetrieb hinstellen würden – weil ihnen ein ganz dicker Brocken vielleicht unerreichbar bleibt –, findet aber in diesem Modell eine begehrenswerte Maschine. Hier kriegen sie eben ihre besonders erwünschten Extras wie Rennlenker, großen Tank, Rennbremse, schmale Sitzbank, geringes Gewicht usw., gleich serienmäßig frei Haus – wieder im Gegensatz zu der einzigen interessierenden deutschen Supersport-Maschine dieser Kategorie, die noch das brave Aussehen eines »Kraftrades« hat und an der man umgekehrt wieder eine Menge basteln müßte, um das ihr gebührende schnelle Aussehen zu erreichen. Ich möchte nicht behaupten, daß auch in diesem Käuferkreis der Hang zum Viertaktmotor größer sei als zum Zweitakter, doch war immer die erste Frage zufälliger Betrachter der Catria-Sport: »Ist das nicht ein Viertakter? – Prima.« (Tatsächlich unterscheidet sich beim ersten Hinsehen der 125 cm^3 Zweitaktmotor der Motobi-Aridizin 57 kaum vom 125 cm^3 Viertaktmotor der Motobi Imperiale.) Die Motobi-Leute sagen auch, daß ihre Viertakter in Italien besser verkauft werden als die Zweitakt-Typen. Lassen wir aber die Frage Viertakter oder Zweitakter einmal unbeachtet, für die Catria spricht gerade bei uns das Äußere. Wo ich die kleine, rot lackierte Maschine auch hinstellte, bildeten sich Ansammlungen von Zuschauern, auf der Solitude hielten sogar Personen- und Lastwagen, wenn wir Meßfahrten machten. Ich selbst bekam unbewußt auch diese Note zu spüren, denn richtig wohl fühlte ich mich auf dem Flitzer erst, wenn ich Lederzeug anzog, Stiefel und leichte Handschuhe.
Diesmal ging der Tachometer kaum vor. Zuerst allerdings nahm ich das fest an, denn der dritte Gang beispielsweise ließ sich nach Tachoanzeige bis knapp über 100 km/h hochziehen und die Maschine ging dann im 4. Gang etwa 120 km/h. Ich zog also bei allen vorläufigen Rechnungen mindestens 10% Tacho-Voreilung ab. Eines Morgens begann ich aber die Solitude mit dem Fahrtschreiber zu umkreisen und dabei kam ein Schnitt von 101 km/h heraus, der Fahrtschreiber zeigte die Vollgasstrecke am Büsnauer Hof mit 118 km/h an. Da bekam ich das erstemal Zweifel, ob die vom Werk angegebenen 12 PS gar etwa zu wenig seien. Denn nach unseren für normale Maschinen und Fahrer ermittelten Widerstandslinien gehören zu 120 km/h mit lang liegendem Fahrer, der

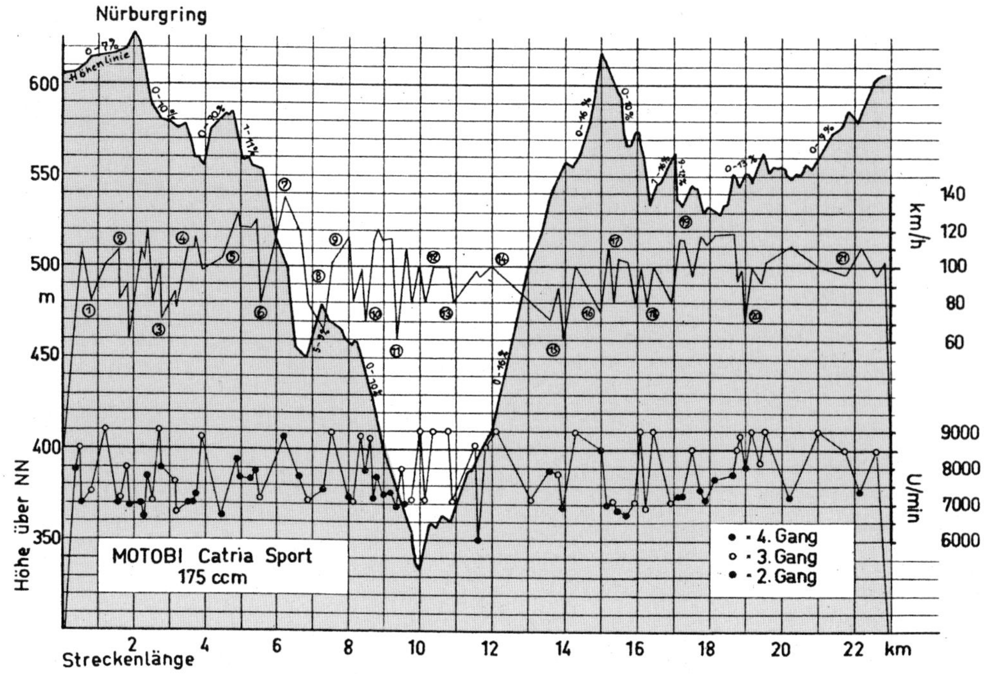

Höhendiagramm des Nürburgringes mit Geschwindigkeits- und Drehzahlangaben. So ein Bild gibt eine knappe Gesamtübersetzung.
1 = Südkehre, 2 = Gegengerade, 3 = Hatzenbach, 4 = Flugplatz, 5 = Schwedenkreuz, 6 = Aremberg, 7 = Fuchsröhre, 8 = Adenauer Forst, 9 = Metzgesfeld, 10 = Kallenhard, 11 = Wehrseifen, 12 = Breidscheid, 13 = Bergwerk, 14 = Kesselchen, 15 = Karussell, 16 = Hohe Acht, 17 = Wippermann, 18 = Brünnchen, 19 = Pflanzgarten, 21 = Antoniusbuche.

außerdem nicht gerade viel über 100 Pfund wiegen darf, ehrliche 15 PS. (Die Supermax soll 126 km/h gehen, dazu sind unter gleichen Bedingungen mindestens 17 PS nötig, die bei der Supermax ja auch da sind.) Schön, die Motobi ist eine superleichte Maschine. Eigengewicht um die 90 kg herum, mit vollem Tank zwischen 112 und 115 kg. Außerdem ist die Sitzposition so, daß der Fahrer buchstäblich über den Tank gegossen liegt, die Arme liegen automatisch an und auf keinem anderen Motorrad kann man sich so verstecken.

Bei einem Maschinengewicht von 112 kg und einem Fahrergewicht von 65 kg müssen für 120 km/h immer noch rund 14 PS da sein. Also immer noch mehr, als angegeben ist. Nach der auf dem Nürburgring später gezeigten Fahrleistung war ich schließlich überzeugt, daß die Leistungsangabe mindestens recht vorsichtig war. (Die angegebene Leistung wurde am Getrieberitzel gemessen.) Wirklich eine einmalige Sache, die Leistungsangabe einer Fabrik nach oben verbessern zu müssen, wenn natürlich hier die schmalen Reifen erheblich mitbeteiligt sein dürften. Die Leistungskurve verläuft ziemlich flach. Bei 7000 U/min sind 11 PS da, bei 8000 U/min sind es 11,8 PS, bei 8500 U/min 12 PS, bei 9000 U/min etwa 11,8 PS. Auf dem Nürburgring bin ich außer mit dem Fahrtschreiber auch mit Drehzahlmesser gefahren. Wenn man die Maschine beispielsweise im dritten Gang hochjubeln ließ, drehte der Motor wunderbar sauber und gleichmäßig immer höher. Es war aber nicht möglich, ihn über 9000 U/min zu bekommen. Selbst in der Fuchsröhre kam er im vierten Gang nicht über 9000 Touren. Nicht, daß man da die Ventile schnattern hörte – der Motor war erstaunlich geräuscharm – aber ab 9000 U/min fuhr man gegen Gummi, also hörte hier eben der Unterbrecher auf. Zwischen der Drehzahl der Höchstleistung, 8500 U/min, und der gerade noch möglichen Überdrehzahl, 9000 U/min, war also ein Spielraum von nur 500 U/min.

Da muß man seine Übersetzung schon genau wählen. Mit einem 17-Zähne-Ritzel am Getriebe und 41 Zähnen am Hinterrad probierte ich es auf dem Ring zuerst, das war etwas zu knapp, denn ich kam mit dem vierten Gang nur in der Fuchsröhre über 8500 U/min und fuhr beinahe nur im dritten Gang um die Nordschleife. Mit einem 16er Ritzel am Getriebe jedoch kam ich in der Fuchsröhre, am Schwedenkreuz und ebenso im Kesselchen an 9000 Touren heran, aber da war dann auch Schluß, die Kiste ließ sich einfach nicht weiter überdrehen, um die nötige Geschwindigkeit für einen 95er Schnitt zu erreichen. (Darin lag der Unterschied zu der 15 PS Maico, die sich von 6000 U/min bis 8000 U/min glatt überdrehen ließ. Zweitakter!) Schließlich einigte ich mich mit Chefkonstrukteur Prampolini auf 17 Zähne am Getriebe und 42 Zähne am Hinterrad. Damit kam ich auch im vierten Gang so weit an die 8500 U/min heran, daß es immer langte und der dritte Gang nicht zum fast ausschließlichen Fahrgang wurde. Mit dieser Übersetzung kletterte der Schnitt an 95,5 km/h heran. Die meisten Runden lagen bei 93 km/h Durchschnitt für die Nordschleife.

Nun galt es festzustellen, ob die Catria-Sport auch hält. Am Abend des ersten Tages saßen wir bei Pasta asciutta und rechneten: Für die Fuchsröhre zeigten die ersten zehn Fahrtschreiberblätter bis an die 140 km/h. Mir fiel erst gar nicht auf, daß Luigi Benelli, Ingenieur Prampolini und die Monteure blasse Nasen kriegten, aber sie sprachen plötzlich sehr schnell italienisch miteinander und als der Käse auf den Tisch kam, schob mir jemand diesen Zettel auf den Teller:

VERBOTEN

ÜBER 8500 TUREN DREHEN!

Oh, ich kann das wohl verstehen. Die Sorge, daß der armen Catria vorzeitig das Lebenslicht ausgeblasen würde! Und es zeigte auch, daß die Motobi-Leute jetzt merkten, *was* scharfes Fahren auf dem Ring tatsächlich bedeutet. Der Motor lief aber noch immer ohne jedes Rasseln und Klappern, also machten wir weiter, der Zettel kam einstweilen in die Brieftasche. Es kamen dann noch 22 Runden dazu, jedesmal ging es an mindestens 18 Stellen auf die bösen 9000 U/min los. Flugplatz, Fuchsröhre, Kesselchen, Hohe Acht, Döttinger Höhe und Antoniusbuche. Aber die Catria *hielt* und flog *nicht* auseinander und nach *jeder* Runde tuckerte sie beim Wechsel des Blattes im Fahrtschreiber ruhig vor sich hin. Sogar die Gesichter der Motobi-Mannschaft waren nicht mehr ganz so sorgenvoll.

Der zweite und der dritte Gang liegen dicht beieinander, während zwischen dem dritten und vierten Gang ein größerer Sprung ist. (Getriebestufung: 1/1,4/1,79/2,96.) Auf dem Fahrdiagramm des Nürburgringes kann man deutlich sehen, was die Folge ist. Zweihundert Meter hinter der Nordkurve gegenüber von Start und Ziel liegt die 90°-Linksbiegung zum Hatzenbach hinunter. Ab Nordkurve fährt man normal bis zum Hatzenbach-Gefälle im dritten Gang. Die Nordkurve etwa mit 80 km/h, die Linksbiegung mit 70 km/h – Schalten lohnt da kaum, denn für den zweiten Gang der üblichen deutschen 175 cm³ Maschinen ist

Fahrtschreiber-Diagramm. Die Nummern der Streckenstellen stimmen mit den Nummern des Höhendiagrammes überein. Außerdem sind die Streckenkilometer markiert. Die rauhen Spitzen der Linien rühren vom zu festen Anschnallen des Fahrtschreibers auf der Gummiunterlage her. Der Motor vibrierte nicht.

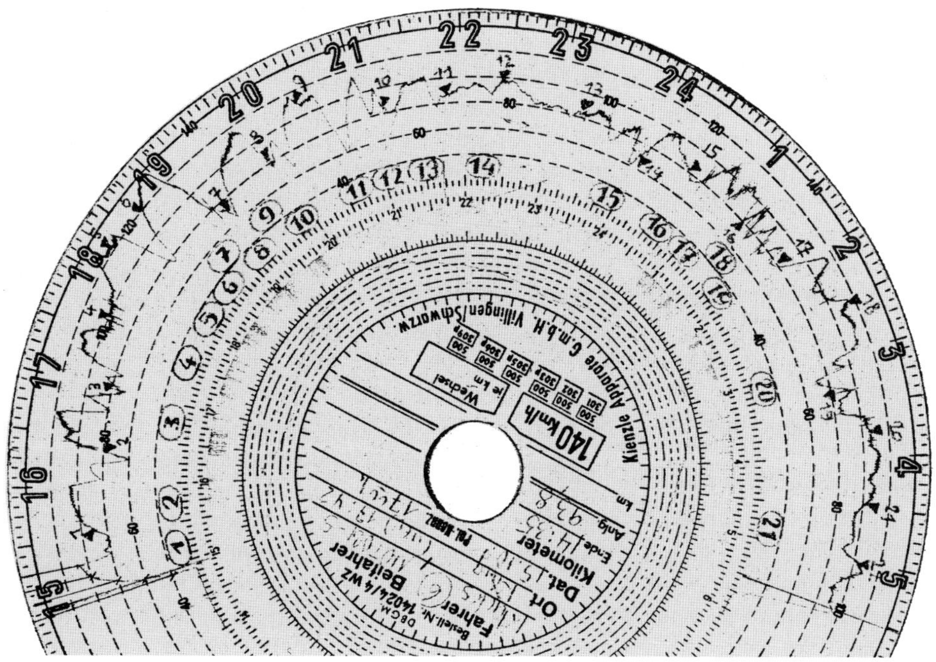

70 km/h schon zu hoch, also vertut man keine unnötige Sekunde. Bei der Catria waren 70 km/h im dritten Gang gleich 6250 U/min, also weit unterhalb der ausnutzbaren Drehzahl, im zweiten Gang waren es aber immer noch nicht 8500 U/min, sondern erst 7900 U/min. Da lohnte sich dann schon das schnelle Runterschalten zum nachträglichen besseren Beschleunigen aus der Kurve heraus, was im dritten Gang langsamer gewesen wäre. Im Hatzenbach bleibt man im dritten Gang und bewegt sich zwischen 6800 und 7600 U/min, erst wenn die erste lange abfallende Gerade hinter Hocheichen zur Quiddelbacher Höhe und zum Flugplatz führt, kommt man wieder in den vierten Gang. Bleibt aber unter 7500 U/min. Bei dem kleinen Buckel am Flugplatz aber geht man in den dritten runter, denn hier fällt das Tempo im vierten Gang von 115 km/h auf fast 95 km/h ab. Und da ist dieser Sprung: 115 km/h im vierten Gang sind etwa 7200 U/min, 95 km/h im dritten Gang sind 8600 U/min. Man muß also auf einem kurvenreichen und bergigen Kurs den dritten Gang bei der Wahl der Gesamtübersetzung im Auge behalten, deshalb legen ja die Engländer den Dritten und Vierten viel enger zusammen, meist nur 1:1,2 bis 1:1,25 auseinander.

Wie bei der Tourenmaschine ist der Getriebekasten vom Kurbelkasten nicht durch eine besondere Gehäusewand getrennt. Zylinder, Zylinderkopf, Kurbelwelle, Pleuel, Getrieberäder, Ölpumpe, Ölmenge und noch mehr andere Details sind bei Touren- und Sportmotor gleich. Es ist eine Kleinigkeit, aus dem Tourenmotor einen Sportmotor zu machen, ebenso wie es wenig Arbeit ist, aus dem Sportmotor durch Auswechseln des Vergasers, der Nockenwelle und des Schalldämpfers einen etwas gezähmten Rennmotor herzustellen. Verblüffend die Möglichkeit, die Nockenwelle auszuwechseln: Beide Gehäuseabdeckschalen abnehmen, Ventilabdeckung entfernen. Auf der rechten Seite das Nockenwellenrad abziehen, links den Schwungmagneten. Hinter dem Schwungrad schraubt man einen kleinen Deckel auf. Durch diese Öffnung wird die Welle leicht gedreht, damit der Schneckentrieb für das Antriebsrad der Ölpumpe frei wird und die Welle dann herausgezogen werden kann. Vorher hat man natürlich die Stoßstangen entfernt. Das Einsetzen der neuen Nockenwelle erfolgt in umgekehrter Reihenfolge. So braucht man also den Motor nicht zu zerlegen. Beachtlich ist noch, daß man bei den Pflegearbeiten mit einem 14er, 12er und 10er Schlüssel auskommt. Aus der Grundkonstruktion, dem Tourenmotor, läßt sich also nur durch Auswechseln weniger Teile ein Sportmotor und aus dem Sportmotor ein Rennmotor herstellen. Das alles sogar mit ganz wenig Werkzeug! *Dies ist das erste Baukastensystem, das seinen Namen wirklich zu Recht erhält.*

Man stelle sich aber einmal vor, welche Möglichkeiten darin liegen – da fängt der junge Fahrer an, sich durch den Tourenmotor an das schnelle Fahren zu gewöhnen. Hat er sich wieder etwas zusammengespart, kann er sich selbst einen Sport-Motor zurechtmachen und ist das noch nicht genug, ist ihm die Möglichkeit geboten, sich schließlich aus seiner Maschine etwas ganz Schnelles zu machen. Auf dem Nürburgring habe ich nach den 32 Runden *den gleichen Motor mit gleicher Kurbelwelle* dann auch in schnellerer Ausführung probiert. Nach mehreren Runden wurde er wieder hokuspokus fidibus in den Sportmotor zurückverwandelt. (Das machten Camili und Benito in 40 Minuten!) Da man sich im klaren ist, daß ein offener Auspuff für die Rennversion nicht in jedem Land auf das Verständnis der Mitmenschen stößt, gibt es noch einen Schalldämpfer, der das Auspuffgeräusch etwa auf das Maß einer Regina abmindert! – Also noch einmal aufgezählt: 32 Runden mit dem Sportmotor, dann acht Runden mit demselben Motor umgeändert auf Rennmotor. Das ist die Formel 2 für Sportmaschinen in Italien. Dann wieder zurückverwandelt in den Sportmotor. Und keineswegs zerschmettert oder auch nur laut. Inzwischen ist er schon wieder 300 km gedroschen worden. Bei allen Umbauten kam der Motor nicht einmal aus dem Rahmen heraus.

Der für die Formel 2 umgeänderte Motor hat die Typenbezeichnung Catria-Sport-F 2 und leistet bei 9000 U/min nach Fabrikangabe um 14 PS herum. Er bringt damit eine Geschwindigkeit von 125 km/h und es reichte mir für einen Rundenschnitt von 13:55 – 98,3 km/h, stehend am Start und stehend im Ziel. (Zeit am Tachographen abgelesen, dazu muß die Maschine eben stillstehen.) Am Schwedenkreuz und in der Fuchsröhre waren über 140 km/h drin, die Schreibnadel des Tachographen stieß da an die obere Begrenzung an.

Wenn man selber zusehen könnte, wie es mit so einem Federball bei 140 km/h die Fuchsröhre abwärts geht, würde einem vielleicht doch grausen. Ist denn so ein leichtes Fahrwerk noch für derartige Geschwindigkeiten zu vertreten? Es wird zwar nicht auseinanderfallen, aber es müßte doch merkbar unruhig sein. Dazu muß ich sagen, daß ich auf der Catria nichts derlei merken konnte. Beim Metzgesfeld ist da doch diese langgezogene Linkskurve, in der es einige Wellen gibt, in die man bei starker Schräglage gerät. Es gibt nur ganz wenige Maschinen, bei denen ich das Gas an dieser Stelle *nicht* weggenommen habe. Es handelt sich dabei immer um ein Tempo von etwa 120 km/h. Das waren bislang aber immer grundsolide, schwere deutsche Maschinen – die Puch SGA, die Supermax oder eine große BMW z. B. – bei jedem leichteren Ding bin ich noch immer in Schwulitäten gekommen. Das konnte man auf dem Fahrtschreiber-Blatt deutlich sehen: Mit 120 km/h angekommen, plötzlich auf 95 oder 100 km/h heruntergebremst und bis zur scharfen Linkskurve in Richtung Kallenhard kurz wieder hochbeschleunigt. Mit der Catria-Sport und der Sport-F 2 jedoch habe ich hier Gas voll stehen lassen! Diese leichten Flitzer wurden dort selbst bei der nötigen großen Schräglage *nicht* unruhig! (Lenkungsdämpfer *nicht* angezogen.) Auch am Wippermann sank das Tempo nicht ab und die große schnelle Rechtskurve über den Buckel vorm Eschbach habe ich immer mit über 100 km/h und Fußraste am Boden nehmen können. Die einzige Unruhe entstand,

wenn man die Hinterradbremse schärfer betätigte als die Vorderradbremse, da genügte schon ein kleiner Unterschied. (Als ich das Prampolini erzählte, fuhr er sofort zur Eschbach-Kurve, die man ja sehr stark anbremst, um das beobachten zu können.)
Für alle Motobi-Typen wird ja ein Kasten-Schalenrahmen verwendet, der so gut wie gar keine elastische Verformung oder Verdrehung zuläßt. Mit der Weiterentwicklung des Catria-Motors von der Tourenausgabe bis zur Type F 2 und der Konstruktion eines 200er Zweitakt-Twins und eines 250 cm^3 Zweitakt-Twins in zahmer und scharfer Ausführung, hat man jetzt in den Schalenrahmen vom Steuerkopf bis zu der Stelle, an der der Rahmen nach unten abbiegt und die Sitzbank beginnt, ein zusätzliches Stützrohr eingeschweißt. Der obere Ausleger nach hinten, auf dem die Sitzbank ruht und an dem die Federbeine befestigt sind, hat eine aufgeschweißte Stahlblech-Versteifung. Die Dämpfung der Telegabel und der hinteren Federbeine wurde verfeinert. Die Telegabel schluckt auch feine Unebenheiten und die Enden der Holme schwingen auch am Wippermann kaum feststellbar. Hinzu kommt allerdings auch, daß ich auf der Catria wie nach Maß saß – nein, besser ausgedrückt, angegossen klebte. Da spürte man jede anormale Regung beim Fahren, glich automatisch aus, man hatte richtig Bodenkontakt – und ganz ehrlich, in diesen Tagen da auf dem Ring habe ich sogar auf weiche Sitzbänke gepfiffen. Nun ja, man ist einiges gewöhnt, außerdem kriegt man bei der Sitzhaltung die Stöße nicht senkrecht von unten durch die vier Buchstaben bis ins Hirn. Man denkt nur daran, die höchst mögliche Schräglage zu erfühlen, die nötige Bremskraft richtig zu erwischen, ja nicht zu spät Gas zu geben und zu schalten, auf der langen Geraden so klein wie möglich zu bleiben – da habe ich bald Genickstarre gekriegt, weil ich den Kopf wegen des Sturzhelmschirmes (Strafe muß sein, warum trägt er auch so ein Ding!) immer so weit hochhalten mußte, um richtig die Scheitelpunkte von Kurven anzupeilen und auf die linke Kante der Brücke bei der Antoniusbuche oder auf die Innenseite der kleinen Biegung in der Fuchsröhre zu zielen. Eigentlich habe ich mich gewundert, daß mich dieses Sitz-, Klemm- oder Hock-Instrument nicht ernsthaft gestört hat. Das Fahrerlebnis der schnellsten 175 cm^3 Maschine, die ich bislang fahren konnte, war wohl doch größer als irgendwelche damit zusammenhängende Strapazen.
Auf dem Nürburgring hatte die Catria-Sport einen Verbrauch von 4,9 Litern, einen Ölverbrauch habe ich nicht registriert. Von den knappen 2 Litern der Füllmenge ist aber mindestens ein halber Liter durch den Entlüftungsschlauch gepustet worden. Vielleicht war auch zuviel Öl im Motor. Da hatte man aber keine Hemmungen, denn Öl wird da als Kühlmittel betrachtet. Die Menge weist ja auch schon darauf hin, die Pumpe fördert 60 l/h. Die Öltemperatur nach einer Runde betrug 89°. Der Ventilmechanismus erhält durch die eine Stoßstangenbohrung direkt nach vorn gepumptes Öl, das durch den anderen Stoßstangenkanal wieder zurückströmt. Alle Gehäusenähte des wunderschön aufgeräumten, liegenden Motors zeigten nur ganz geringe Ölspuren, nur an den Austrittsöffnungen der Kugelventile für die Zylinderkopf-Entlüftung bildete sich etwas Schmiere. Also ein sauberer Motor und keine Ölsardine.
Mit Einfrieren des Gasschiebers wie damals bei der Tourenmaschine gab es natürlich in dieser Jahreszeit keinen Ärger. Doch zeigte der Vergaser auch wieder reichlich Kondenstropfen. Solche Dinge sind im warmen Süden natürlich nicht aktuell, Jules Nies berichtete jedoch, daß er bei der Fernfahrt Brüssel-Prag-Brüssel mit festgefrorenem Schieber in der Nacht einmal einen Aufenthalt hatte. Auch mit ausreichender Ausleuchtung der Fahrbahn im Dunkeln (Zündlichtanlage 6 Volt 25/25 Watt, 13 cm Scheinwerfer) macht man sich im sonnigen Italien wenig Kopfzerbrechen. Ein großer Scheinwerfer würde ja auch die sportliche Linie der Maschine beeinträchtigen. Wer fährt denn auch mit so einer Art Rennbolzen im Dunkeln herum? Viel wichtiger nimmt man die Bremsen, einen ausreichend großen Tank, schmalen Lenker, gutes Fahrwerk, richtig profilierte Reifen und vor allem leichtes Gewicht. Das leichte Wechseln des hinteren Zahnkranzes, die Zugänglichkeit zu Vergaser, Ventil- und Zündeinstellung, möglichst einfacher Aufbau des Motors sind da weitaus bedeutungsvoller. Und an jeder Ecke der Maschine findet man wieder Kleinigkeiten, die auf Erfahrungen aus dem Straßenrennbetrieb hindeuten. Vom Sportwickelgriff bis zur Befestigung des Kupplungszuges, von dem Tankschnellverschluß (reichlich kleine Öffnung) bis zur haargenau richtig gelegten Fußschaltwippe. Ja, die Lage der Zündkerze (langes Gewinde, Wärmewert 280 bis 310 je nach Beanspruchung) und den zur Armauflage seitlich ausladenden Tank (hier aber richtig!) darf man da auch nicht vergessen. Aber für uns ist es viel bedeutsamer, daß die Catria-Sport gehalten hat und die Italiener gezeigt haben, daß sie was können, auch wenn es sich um so spritziges Spielzeug dreht!
So ist also die Catria-Geschichte weiter gegangen.
Ich schätze aber, daß dies noch nicht das letzte Kapitel war, denn inzwischen hat Prampolini aus der Catria Formel 2 die Catria-DS der Formel 3 für Rennen von Sportmaschinen, die allenthalben in Italien stattfinden, auf dem Nürburgring probiert. Wieviele PS dieser Vogel in Wirklichkeit hat, soll erst noch verschwiegen sein. 13 Minuten war damit meine schnellste von fünf Runden (105,2 km/h), bevor er das gute Stück wieder einpackte. Vorher hatte der Motor zwar auf dem Prüfstand gelaufen, war aber erst vier Kilometer in Pesaro auf der Straße probiert worden. Es steht uns also noch viel Spritziges bevor, und ich will diesmal hoffen, daß Luigi Benelli mit seinen Motobis wieder auf dem Ring erscheint, sobald es etwas Neues gibt und der nächste Frühling in der Eifel einzieht.

Im Rückspiegel: »Europameister geschlagen«

Während wir auf dem Nürburgring mit der Catria-S, Catria-Supersport und der Catria-RS unsere Runden abspulten, standen zwei Männer abseits und peilten durch den großen Zaun: Walfried Winkler und ein Versuchsmann von Porsche, Denk. Beide probierten einen Porsche aus und schauten in den Pausen zu, als wir anfingen, kleine Rennen mit der Catria untereinander auszufahren. »Mensch, einmal noch auf so einem Flitzer um den Ring fegen zu können!«, meinte der Walfried und machte begehrliche Augen. Schließlich hielten sie es nicht mehr aus und fragten die Motobi-Leute. Die gaben den beiden jedem eine 125er (Winkler im Bild rechts). Und wir sagten, daß derjenige, der verlieren würde, abends einen auszugeben hätte.
Joi – Mama! Ab ging die Post! Seit 18 Jahren saß Denk das erstemal wieder auf einem Motorrad. Und dieser entwöhnte Denk – ja, Denk kam zuerst über die Ziellinie, und Winkler, knapp am Hinterrad hängend, wurde geschlagen! – »Das war meine schönste Niederlage!«, meinte er lachend, und zwei ausgewachsene Männer schlugen sich vor Spaß über ihren Streich gegenseitig beinahe die Schlüsselbeine durch. Die Italiener aber rannten ans Telefon, und während wir noch lachten, nahm in Italien ein Zeitungsmann den Hörer von der Gabel und notierte: »Europameister geschlagen!« (Walfried Winkler, geb. 17. 3. 1904, sechsmal deutscher Straßenmeister, einmal Europameister.)

Klacks

Walfried Winkler (rechts), Denk (links).

1958

Ein Fahrerlebnis auf dem Nürburgring

Motobi Catria DS (Formel 2)

Aus diesem 175 cm³ Kraftei springen offiziell 15 PS heraus. Es sind aber garantiert mehr. Vergaser-Durchmesser 25 mm. Offener Auspuff. Höchste Drehzahl 9000 U/min. Ventilantrieb durch Stoßstangen.

Die Italiener fahren weniger mit dem Fuß an der Bremse als mit dem Daumen auf der Hupe. Man kauft dort Kraftfahrzeuge, um schnell vorwärts zu kommen, und man kauft Motorräder, um einen sportlichen Spaß am Fahren zu haben. Ein Westerwald-Motorrad wäre unverkäuflich. Chancen hat nur die Marke, die den Straßenrennsport in ihrer Typenreihe durchblicken läßt, die Erfolge beim Grand Prix-Sport aufzuweisen hat oder bei dem berühmten Langstreckenrennen für Serien-Touren- und Serien-Sportmaschinen zum mindesten einen Etappen-Sieg für sich buchen kann, ein schon kostbarer Erfolg beim Giro d'Italia. Wer sich im großen Sport nicht betätigen kann, der ist auf alle Fälle bei der Giro dabei, wenn es auch nur Maschinen bis höchstens 175 cm³ Zylinderinhalt sind, die da um die Wurst fahren. (Wir müssen inzwischen schon sagen »um die Wurst *fuhren*«, denn die Regierung hat dieses einmalige motorsportliche Ereignis nicht mehr genehmigt.)

Jede Fabrik hat für diesen Serienmaschinensport besondere Typen entwickelt, denn auch außer dem Giro d'Italia gibt es doch immer noch andere Wettbewerbe für solche Maschinen auf den Straßen des Südens und genügend Freunde und Begeisterte, die aktiv daran teilnehmen. Und – kein Mensch schimpft da groß herum, wenn mal einer mit so einer Maschine ohne Schalldämpfer vorüberflitzt. Beim Giro d'Italia gab es eine Kategorie, die mit »Formel 2« bezeichnet war – das waren die schnellsten der schnellen kleinen Bienen, da war das Frisieren weitestgehend erlaubt. Hauptsache, das Ding besaß Scheinwerfer und Signalhorn und wich im Äußeren nicht allzu weit von einem normalen Tourenmodell ab. Wie weit einer mit der Leistung zu gehen wagte, war seine Sache, denn der Apparat mußte über 2000 km ununterbrochen ohne große Wartung rennen können!

Der Vergaserdurchmesser war 1957 bei den 175ern der Formel 2 auf 25 mm begrenzt, Verkleidungen waren verboten. Aus dieser Kategorie stammen die phantastischen Durchschnitte, über die ich oft den Kopf geschüttelt habe. Der Gesamtschnitt über die mehr als 2000 km lange Strecke liegt über 100 km/h! Eine Maschine kam auf der Etappe Bologna-Riva del Garda (219 km) auf einen Durchschnitt von 134,0 km/h. (Einhundertvierunddreißig Komma Null!). Ja, es sind Rennmaschinen – mit Nummernschild, kleinem Scheinwerfer und Signalhorn. Wer kann nicht verstehen, daß ich beinahe platzte, als die MOTOBI-Leute auf dem Nürburgring so ein Teufelsding vom Lastwagen luden? Nachdem die Runden mit der Catria-S und der Catria-S-Formel 3 (direkt vom Tourenmodell abgeleitet, Vergaserdurchmesser 22,5 mm) abgewickelt waren, bin ich nur noch um die DS herumgeschlichen, bis Ingenieur Prampolini endlich mit seiner Überprüfung fertig wurde und das Vögelchen zu zwitschern anfangen konnte. Prampolinis Ängste und Vorsicht kann ich

In Italien kann man mit Rennmaschinen spazieren fahren. Denn diese Catria-DS Formel 2 ist eine echte Rennmaschine. Gebaut für die in Italien häufigen Langstreckenrennen für Serienmaschinen. Scheinwerfer, Zündschalter, Kickstarter und Signalhorn sind die Reste der Zivilisation.

verstehen, denn der Motor war gerade erst ein paar Stunden auf dem Prüfstand und kaum fünf Kilometer auf der Straße gelaufen, als man die DS für den Nürburgring auf den Lastwagen packte. Dieser Motor sieht äußerlich dem Tourenmodell Catria-Lusso sehr ähnlich. Säße da nicht der 25er Rennvergaser senkrecht auf dem liegenden Zylinder-Ei, wäre nicht der offene Auspuff, kein Mensch würde merken, daß dies ein Rennmotor ist. Auch bei den anderen Catria-Typen ist das Baukastenverfahren angewandt worden. So kann man durch Auswechseln des Kolbens, des Vergasers, der Ventilfedern, der Nocken-

Der Schwingendrehpunkt ist möglichst dicht zum Getrieberitzel geschoben worden, der Reifen geht nur um Millimeter an der Schwingenversteifung vorbei. Wie bei allen Rennmaschinen sind alle nur eben möglichen Teile wegen Gewichtsverminderung angebohrt oder aus Leichtmetall.

Die Lenkerbreite beträgt keine 50 cm. Einen Tachometer gibt es natürlich nicht, dafür einen großen Drehzahlmesser. Bei 9000 ist die rote Marke. Bis knapp 10 000 ließ sich der Stoßstangenmotor hochdrehen, dann kam nichts mehr raus.

welle, des Einlaßventils aus der Catria-Lusso eine Catria-S machen. Leistungssteigerung von 9 auf etwa 12 PS. Die Catria S wandelt man durch Einbau wieder einer anderen Nockenwelle, eines anderen Vergasers und eines offenen Auspuffrohres in die Formel-3-Maschine um. (Siehe 1957, Leistungssteigerung von 12 auf 14 PS.) Damit ist aber eigentlich die Möglichkeit des Baukastens erschöpft, denn von jetzt ab muß man doch etwas mehr als nur Teile auswechseln, um zur Rennmaschine der Formel 2 zu kommen, wenn auch das Äußere erhalten bleibt:

Der Kolben wird bei der Kolbenfabrik Mondial nach Angaben von Motobi hergestellt, Leichtmetall geschmiedet, dessen 18 mm-Bolzen ein INA-Nadellager bekommen hat, auf dem das Pleuel läuft. Die Kipphebel sind beide auf je zwei nebeneinanderliegenden INA-Nadellagern gelagert, die Kurbelwelle und das Pleuel haben ein stärkeres Lager, über die sich Prampolini aber nicht näher ausließ. Verdichtung 1:9, Höchstdrehzahl bei 9500 U/min. Prampolini meinte, daß der Motor etwa 15 PS leisten würde. Ich glaubte ihm diese 15 PS nicht, denn eine Maschine, die auf Anhieb ohne Eingewöhnung auf dem Ring einen Rundenschnitt über 100 km/h zuläßt, hat doch etwas mehr im Bauch. Die Höchstgeschwindigkeit dürfte bei 145 km/h liegen – jedenfalls ergab das die (nicht ganz genaue) eigene Stoppung von Kilometer 20 bis Kilometer 21 auf der langen Geraden hinter der Döttinger Höhe bis in die Gegend der Antoniusbuche. Dazu gehören nach bisheriger Erfahrung immerhin 17 PS. Und trotz allem – das Ding hatte *doch* noch mehr drin, denn 20 PS sind in der Formel-2-Kategorie bis 175 cm^3 ungefähr der normale Leistungsstand. Es gibt Marken, die bei obenliegenden Nockenwellen 23 PS aufweisen können! Rechnet man das Leistungsgewicht aus, dann bekommt man bei 17 PS etwa 6,5 kg/PS. Vergleicht man die Rundenzeiten der BMW R 60 mit denen der Catria, dann sind die Zeiten der Catria nur wenig besser. Die R 60 hat 6,9 kg/PS Leistungsgewicht. Die Supermax ist langsamer, hat dafür aber auch 9,7 kg/PS, etwa wie die Maico-Supersport.

An dieser Maschine gab es nun keine Möglichkeit, mit den auf dem Ring vorhandenen Mitteln einen Fahrtschreiber anzuschließen. So mußte man sich nach dem Drehzahlmesser richten, wenn man sich merken wollte, wie schnell man an dieser oder jener kritischen Stelle des Nürburgringes gefahren war, beispielsweise in der Fuchsröhre knappe 10 000 U/min. (Lieber Prampolini, wenn Sie dies lesen, mögen Sie ja mit den Augen rollen – damals habe ich's nur nicht zu sagen gewagt, denn Sie hatten ja nur bis 9000 U/min Erlaubnis gegeben. Aber vielleicht wissen Sie jetzt, warum ich abends beim Essen sagte, daß mir dieses Flitzeding einige

Achtung abnötigt!) Das sind etwa 160 km/h. (Gesamtübersetzungen: 1. Gang 16,02 / 2. Gang 11,56 / 3. Gang 8,37 / 4. Gang 6,99. Bereifung vorn 2.50-19, hinten 2.75-19.) Im Kesselchen kletterte der Drehzahlmesser im Dritten wieder bis an 10 000 U/min, das entspricht etwa 135 km/h – der Vierte wäre da auf 7500 U/min runtergefallen, das sind aber immer noch 122 km/h. Auf der langen Geraden vom Galgenkopf bis zur Antoniusbuche schwankte der Zeiger zwischen 8000 und 9000 U/min, das würde auch der gestoppten Geschwindigkeit von rund 145 km/h entsprechen. Mehr konnte ich mir in den fünf Runden nicht merken. Die schnellste Runde war in 13 Minuten drin, was einem Durchschnitt von 105,2 km/h entspricht.

Vom Motor hörte man natürlich nur das Auspuffgeräusch. Er wurde ganz normal mit dem Kickstarter angetreten. Mit Handzündverstellung auf spät, bei geschlossenem Lufthebel und gut geflutetem Vergaser sprang er schon in kaltem Zustand sofort an. Im Gegensatz zu den anderen Catria-Typen hatte dieser Motor einen Entlüfterschlauch aus dem Getrieberaum, einen aus dem Kurbelwellenraum und außerdem noch zwei Kugelventile im Zylinderkopf. Der Ölkreislauf und das Schmierungssystem war nicht geändert. Ölspuren waren nachher am Schlauch des Getrieberaumes zu entdecken, die anderen Entlüftungen waren trocken. Oberhalb von 7000 U/min waren keine Vibrationen mehr vorhanden. Ob sie weiter oben etwa als Sektgekribbel in den Fingerspitzen wieder einsetzten, habe ich nicht bemerkt, denn da hatte ich vorläufig genug mit dem Fahren zu tun.

Vorher habe ich sie ein wenig mißtrauisch betrachtet, denn mit einem so leichten Ding derartige Geschwindigkeiten zu fahren, erschien mir doch unheimlich. Wenn ich nur an die Wellen am Wippermann dachte – würde da überhaupt mein Fahrenkönnen ausreichen, um aus dem Vogel etwas rauszuholen, was man nachher mit gutem Gewissen vorzeigen konnte? – Natürlich machte es etwas aus, daß ich die Tage zuvor an die 40 Runden auf den anderen Catrias um den Ring gewetzt war, ich war schon an die Sitzposition, an die Lage der Handhebel und das Fahrverhalten gewöhnt. Auf der Rennmaschine lagen nur die Fußrasten weiter hinten – und damit besser, die an den Gabelholmen angeschellten Lenkerenden waren auch ein wenig tiefer und die Maschine hatte einen um einige Millimeter kürzeren Rad-

Das Äußere des Motors ist den zahmen Catria-Ausgaben völlig gleich. Auch das Rahmen-Rückgrat, der Profilkasten, ist beibehalten worden. Die Ausleger der Federbeine sind aus 22er Rohr (Wandstärke 2,5), die Holme der Telegabel haben einen größeren Durchmesser. Bremse vorn: Duplex-Bremse 190 mm Durchmesser; 30 mm Belagbreite.

stand. Während die kleinere Hinterradbremse schön weich anfaßte, war die große 190er Duplex-Rennbremse mit den 30 mm-Oldani-Belägen ganz schön giftig. Schon deshalb war ich erst etwas vorsichtig. Mit etwas Gefühl kriegte man aber raus, wie man den Hebel anzutasten hatte – nach der zweiten Runde war ich auf der Maschine zu Hause. Und dann Feuer frei!
Da waren die NSU-Rennmaschinen, die ich im Herbst 1954 auf dem Hockenheimring gefahren hatte: Das war ein ähnliches Gefühl, nur war damals eine Verkleidung drumherum, man hatte eine Windschutzscheibe vorm Gesicht, man merkte den Fahrwind nicht und kam gar nicht auf den Gedanken, mit einem zu leichten Pferdchen über die Bahn zu wehen. Jetzt kam ich mir wie auf einem Moped vor, daß mit 140 Sachen über die Straße hüpft. Aber schon im Hatzenbach verlor sich die Furcht: Da kommt doch hinter Kilometer 2 diese Abfahrt zum Hatzenbach hin und 200 Meter weiter die erste Rechtskurve, dort sind Wellen in der Bahn, und wessen Fahrwerk nicht in Ordnung ist, der bekommt hier den ersten Schreck, wenn er mit Braß auf den alten Nürburgring losgehen will. Das ist dann der erste Warnschuß: Freund! – Klar, daß ich so etwas jetzt erwartete – nö, kam nischt – die Maschine pumpte leicht durch, ließ sich aber ungewöhnlich tief herunterlegen – ich brauchte die Bremsen nicht anzurühren – das war also gut gegangen. Abwarten, was an der Quiddelbacher Höhe an der kleinen Kuppe passiert, bei der Abfahrt zum Wehrseifen und nach Breidscheid und schließlich im Wippermann, in der Eschbach-Kurve und am Brünnchen!
An der Kuppe stieg sie natürlich aus den Federn heraus und knickte hart wieder ein – aber kein Lenkungspendeln. Am Wehrseifen ging's runter wie an der Schnur gezogen, am Wippermann machte sie hinten ein bißchen hopp, hopp – dann kam die schnelle Rechtskurve über die Kuppe vorm Eschbach. Da standen im dritten Gang 8500 U/min am Drehzahlmesser – und herrje, da steht ja einer, oder fährt der – Mensch, C. H. mit der 200er Zweizylinder – hilft nichts, muß dran vorbei, Streichholzschachtel-Breite – Mensch, der hat's gemerkt – prima – schramm, vorbei, weg! Nun ja, wer *den* kleinen Krachvogel kommen hörte -! Und schon war diese ekelhafte Eschbach-Linkskurve da – bremsen – vorn und hinten gleiiiichmäääßig, Mensch gleichmäßig – das Ding macht hinten ja hoppelpoppel – aber schon war das Tempo runter, das hatte gelangt. Da hatte doch einer rechts im Gras gesessen – klar, das war Prampolini – hatte er also gesehen, wie sein Kindlein Tanzemann machte. Schon war das Brünnchen da und dahinter die berühmte tückische Linkskurve – es geschah nichts Besonderes – da fuhr einer mit einer Puch – vorm Schwalbenschwanz krebste noch eine Puch oder so was herum – schramm, vorbei, weg – der hatte sicher einen furchtbaren Schrecken gekriegt, denn offensichtlich hatte er seine Ohren nicht auch nach hinten gedreht wie C. H. vorhin – alte Hasen machen das, wenn sie auf dem Ring fahren. Seitdem Hans Hermann einmal mit einem Spyder plötzlich Ausgang Fuchsröhre hinter meiner KS unerwartet auftauchte, machte ich diese Erfahrung auch, und hatte seitdem das linke Ohr immer auf Empfang rückwärtiger Stationen eingestellt. (Unser Puch-Mann wunderte sich wohl, was das für ein Renn-Moped gewesen war.) Nach der fünften Runde war Prampolini wieder bei Start und Ziel und hatte sich zur Verstärkung Luigi Benelli, Commendatore Ciacchi, Negrizzolo, Camilli und Benito geholt. »Aufhören! Sofort aufhören! Genug, genug! Das Ding ist noch neu, soll noch rennen irgendwo, bitte, genug – so viel Arbeit, so viel Mühen – !«
Wenn die gewußt hätten, daß ich schon überlegt hatte, wie ich es wohl anstellen konnte, am nächsten Morgen mit dem Feuerzeug noch einmal zu fahren – oder wußten sie es doch? Noch am Abend wurde dieses Juwel wieder auf den Lastwagen verpackt. Mit Samthänden und liebevollen Blicken. 98 PS/Literleistung, 6,5 kg/PS Leistungsgewicht waren wieder verschwunden.
In der Formel-2-Kategorie des Giro d'italia hat man sogar bei den ganz kleinen 75ern schon Ventiltriebe mit obenliegenden Nockenwellen. Bei den 175ern gibt es Twins mit zwei obenliegenden Nockenwellen und Haarnadelventilfedern. Leistung bei 11 000 U/min etwa 23 PS. Ich sprach Prampolini darauf an. »Nun ja, es geht alles«, meinte er, »warum auch nicht, aber ich will doch lieber der Serie nahe bleiben und keine zu spielerischen Experimente machen. Dieser Stoßstangenmotor ist aus der Serie heraus entwickelt, an ihm möchte ich bei Rennen alles das an Erfahrung sammeln können, was den Tourenmodellen und den sanfteren Sportausgaben Lebensdauer gibt. Ist es denn nicht erstaunlich, wie weit man schon diesen Stoßstangenmotor bringen kann?«
In der Ausschreibung zur Rheinlandfahrt auf dem Nürburgring steht, daß die Maschinen den Bestimmungen der StVZO entsprechen müssen. Die kleine Serie, die von der Formel-2-Catria existiert, würde die Maschine zwar als Serienfahrzeug ausweisen können, aber offene Auspuffrohre entsprechen nicht unserer StVZO und können bei diesen Wettbewerben nicht zugelassen werden. Mit Schalldämpfer bleibt von der Leistung weniger übrig, als man eigentlich denkt. Das sagte Prampolini noch, als ich ihn fragte, ob er diesen Motor schon einmal mit Schalldämpfer probiert habe.
So bleibt also das Feuerzeug aus Pesaro unerreichbar und ist kaum in unseren Wettbewerben einzusetzen. Wer es aber einmal probiert hat, wird sich an den guten alten Wilhem Busch erinnern müssen: Enthaltsamkeit ist das Vergnügen an Dingen, welche wir nicht kriegen.

Ein Motorrad und ein wunderschöner Motor für feinfühlige Hände! Die Qualität entspricht – an der Testmaschine gemessen – unseren Anforderungen. Besonders gute Kurvenlage! Ausgezeichnete Bremsen! Der Schlauch vom Kurbelgehäuse zum Zylinderdeckel ist die Ölleitung zur Schmierung der hohlgebohrten Nockenwelle. 140er Scheinwerfer gleich mit kleinem Blendschirm. Die Lichtausbeute könnte bei Dunkelheit für die schnelle Maschine besser sein.

berneg FARIO

Berneg Fario 175 cm³ Twin ohc

Ganz brav und bieder kann man werden, wenn man Monate hindurch seinen zuverlässigen Frachtdampfer jeden Morgen aus der Garage holt, ein Tritt – der Motor läuft. Wenn man ihn jeden Abend wieder in seine Hütte schiebt: Benzinhahn zu, fertig. Keine besonderen Vorkommnisse. Ölwechsel erst wieder in 1000 km fällig, tanken morgen Abend. Sonst nichts. Gute Nacht, altes Roß! – Dann aber begegnet einem eines Tages etwas, daß man aus dem so gleichmäßig freundlichen Trott herausgescheucht wird und die Ruhe verliert: irgendwo saust einer an einem vorbei

– klein, schnell, elegant, rotgolden, und ein Toon -! Wendig, spritzig – der Kerl ist kaum im Verkehr zu halten, auf drei oder vier Rädern schon gar nicht, flitzt überall durch, weg ist er! Auf der Landstraße muß der Elefant die Beine strecken – Himmel, wetzt dieser kleine Kobold da vorn um die Ecken herum, kaum zu glauben – macht auf der Geraden mehr als echte 100 km/h und hat im Dritten eine Beschleunigung – oho! Erst bei 90 schaltet der, ganz kurz wie bei den großen Engländerinnen, und aus den Rohren klingt es heraus – nicht kreischend oder unangenehm, aber singend und sägend wie Surtees' MV – der da vorn sägt die Straße in zwei Hälften. Und dann ist er doch weg –. Man selbst schaut die nächsten Tage auf der gleichen Straße wie ein Jäger nach dem Fuchs aus, um ihn nicht zu verpassen, wenn er wieder auftauchen sollte. Man denkt immer an diese rotgoldene kleine Maschine –!

So etwa war meine erste Begegnung mit einer Berneg, und so ähnlich haben das auch schon andere erlebt. Man rätselt herum – 125 cm³, 175 cm³ – nein, müßte eigentlich eine 250 cm³ Twin nach Fahrleistung sein – man wird wieder jung (Lacht nur, ihr alten Hasen, aber trefft erst mal eine Berneg-Twin!), das Brave ist dann so gar nicht mehr passend. Das Wort vom Arbeitsweg-Vehikel, Westerwald-Motorrad – man mag's nicht mehr hören, was ist da schon dran? So und nicht anders gingen wir auf die Spur und auf die Suche, bis wir den rotgoldenen Fuchs in der Garage hatten.

175 cm³, zwei Zylinder und obenliegende Nockenwelle! Was ist da noch ein Einzylinder, wenn man diesen kleinen Twin erlebt hat? Das alles rumort in einem jungen Berneg-Fahrer herum, und damit ist die Art dieses Motorrades wohl ausreichend charakterisiert. Eine Maschine, deren Nutzeffekt weit unter der Tatsache liegt, daß man sie eigentlich nur fährt und besitzt, um Spaß zu haben. Aus Freude am Besonderen, am Lebendigen.

Sie wird von klaren Enthusiasten in der Via Porrettana 20/2 in Bologna in einem Raum gebaut, der vielleicht nur dreimal so groß wie Mutters Waschküche ist. Und sie wird von Enthusiasten gefahren. So wie jetzt wieder die berühmte Sommerton-Vincent! Keine Riesenstückzahlen, fast Einzelanfertigung – nicht um des Geldes willen, aber um der Freude am Motorrad willen. Den Motor und den Rahmen macht man selbst, ebenfalls den Tank, die Kotflügel und das andere bißchen Blech. Die Tele-

Primärantrieb, Nockenwellenantrieb unten, nach außen gesetztes Kurbelwellenlager, im Lagerbock die Ölpumpe und Ölleitungen. Der Primärantrieb erhält Schmierung durch Öl aus der Ölwanne. Dazu dient eine Gehäuseöffnung, durch die auch der Meßstab ragt. Mehrscheiben-Kupplung im Ölbad.

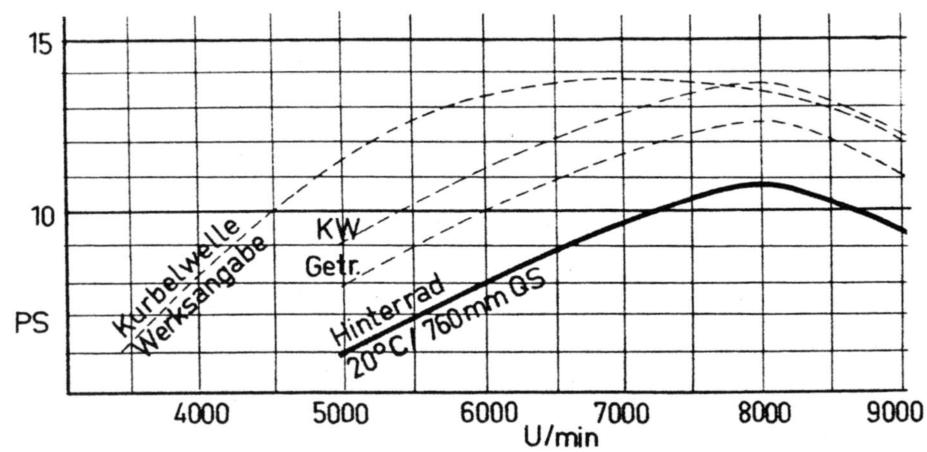

Leistungskurve des Motors. Dicke Linie: die am Hinterrad auf dem Prüfstand der Akademischen Motorsportgruppe der Technischen Hochschule Stuttgart gemessene Leistung. Darüber gestrichelt die wahrscheinlichen Leistungen am Getriebe und an der Kurbelwelle. Messung nach Beendigung des Tests!

gabel, die Bremsen, Räder, das E-Werk u. a. bezieht man von außen dazu. Zwei Mann machen in zwei Tagen anderthalb Stück und wenn ihnen dabei einfällt, daß man vielleicht doch besser mit einer einfachen Rollenkette über Spannfeder für die Nockenwelle als mit einer ungespannten Duplexkette fährt, daß man die Tankform vielleicht noch schneller treiben kann, daß vielleicht die Kotflügel dem Aussehen großer Rennmaschinen entsprechend besser gestaltet werden könnten, dann wird das gemacht. Da gibt's kein Formular, keinen Dienstweg, keine Instanzenstreitigkeiten – das macht man eben so. Weil man so arbeitet – ich höre sie direkt dazu ein Liedchen pfeifen – wunderte man sich auch sehr, als aus dem kalten Norden so ein merkwürdiger Mensch eine Leistungskurve des Motors haben wollte. Soll doch der mit seiner Berneg fahren, was braucht der so ein Stück Papier! Sicher, wir haben mal den Motor gebremst – aber das ist lange her, wo liegt nur die Kurve herum? Der so tierisch ernste Mann vom MOTORRAD bekam schließlich nach vielem Hin und Her die Kurve. Schön gemalt. So, nun laß uns zufrieden.

Der tierisch ernste Mann betrachtete diese Kurve und malte sie ab. 13,8 PS bei 7000 bis 7500 U/min. Wenn eine Maschine von 110 Kilo Gewicht mit 75 Kilo Fahrer, der sich ganz klein macht, die lange Gerade zur Antoniusbuche echte 115 bis 118 km/h dicht an der Hecke unter Ausschluß des Gegenwindes macht, müssen zwischen 13 und 14 PS mindestens an der Kurbelwelle sein. Aber die gemalte Kurve schien zu glatt, zu schön, zu harmlos und sagte nicht, wo man sie gemessen hatte – an der Kurbelwelle, am Getriebe oder Hinterrad. – Wir nahmen nach 4000 km schön scharfer Jagereien auf Straßen und Nürburgring das Motorrad und stellten es auf den Prüfstand der Akademischen Motorsportgruppe der Technischen Hochschule in Stuttgart. Da sitzen wie immer Tüftler und Kritiker aus der Zunft, das war doch ein feines Mahl für sie. Trotzdem die Vergasereinstellung zu fett war (mit 40er Leerlaufdüse, Nadelposition 3, Luftschraube 1

Umdrehung offen und 85er Hauptdüse hätte es stimmen müssen, war das Loch beim Gasgeben weg – wir hatten eine 90er drin, die aber wohl in Wirklichkeit 95 Durchlaß besaß, so genau nimmt man das damit wohl in Italy nicht) – also trotz dieser fetten Einstellung bremsten wir bei 8000 Touren 10,8 bis 11 PS am Hinterrad! Oho – das wären nach unseren Erfahrungen 12 PS am Getriebeausgang und somit bestimmt 13,5 an der Kurbelwelle. Nach der Hetzerei, ohne vorher nochmal nach Ventilspiel, Zündungseinstellung, Kompri und pipapo gesehen zu haben. Also echter Wert. Nach unseren Fahrwiderstandswerten mußte das auch stimmen. Das Bastlerauge taxierte daraufhin inzwischen schon den Umbau auf zwei Vergaser –!

Die Kurve verläuft ganz flach, und im Drehbereich zwischen 6500 und 9000 U/min steigt bzw. fällt sie nur um knappe 2 PS! In dem Ofen ist also doch etwas drin, bei 5000 U/min sind 6 PS am Hinterrad, das ist so ungefähr der Punkt, von wo ab die Musik Leben in die Räder bringt. Zum Drehenlassen ist der Motor gedacht! Bitte keine Angst! Jenseits von 70 km/h = 7000 U/min im Dritten hört das Sektgekribbel der Vibrationen auf! Zuerst muß der Neuling noch bis zur Gewöhnung die Ohren verschließen und sein Herz beruhigen! Nein, nein, sie fliegt nicht auseinander! Daß der Motor scheinbar so heiß wird, ist auch normal. Bis 90 haben wir harte Seelen den Kobold im Dritten springen lassen! Das sind 9000 U/min, und er sang dazu, daß er noch weiter drehen würde. Aber das war nicht die Norm, das passierte nur auf dem Nürburgring oder draußen, wenn Not am Mann war und der dicke Kapitän des 220 ärgerlich diese

Die Beschleunigung aus mehreren Messungen ausgemittelt.

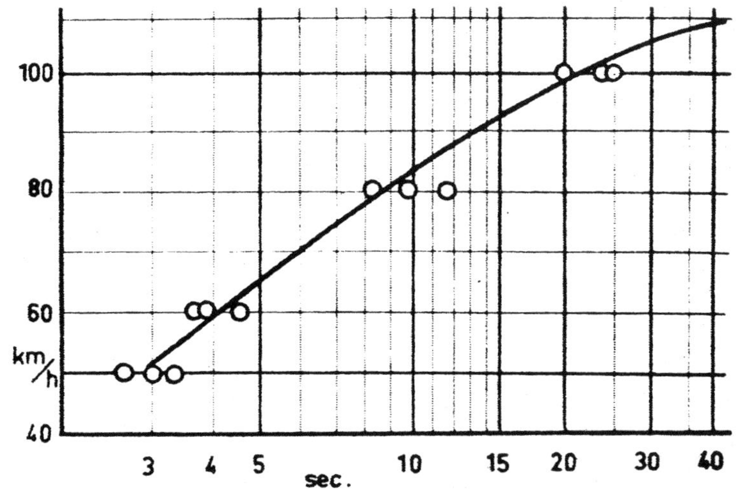

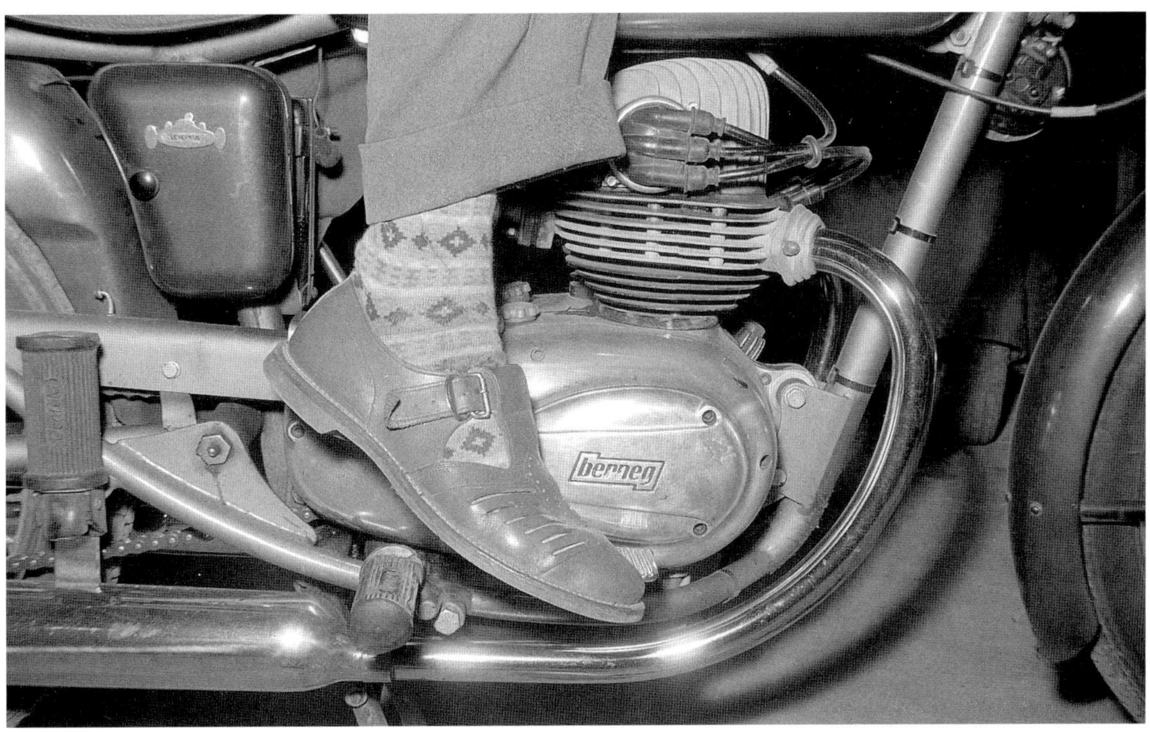

Zum Aufwärts-Schalten muß man den Absatz so weit von der Fußraste heben, um den hinteren Teil der Schaltwippe zu erreichen. Kleiner Schönheitsfehler, den man selbst hinbiegen kann.

Stechmücke links neben sich nicht vorbeilassen wollte, Gas gab, Gegenverkehr kam – naja, man kennt das.

Es gibt m.W. keinen anderen Motorrad-Motor, zu dessen obenliegender Nockenwelle die Ventile genau unter der Nockenwellenachse parallel in Reihe angeordnet sind. Das bringt für Ansaug- und Auspuffweg allerdings Winkel mit. Auf der anderen Seite aber spart man Kipphebel, Kipphebellager und hat weniger bewegte Massen im Ventiltrieb. Die Nocken wirken direkt auf Stösseltassen. An diesen Tassen wird mit zwei im (leider sehr mangelhaften) Bordwerkzeug befindlichen Spezialschlüsseln (habe ich aus besserem Material nachträglich selbst hergestellt) das Ventilspiel eingestellt, wozu man am besten die Nockenwelle selbst entfernt, was geradezu ein Kinderspiel ist. Am Lagerbock ist die Einstellmarke eingeschlagen, und am Kurbelgehäuse neben der Kurbelachse finden sich zwei Marken für den oberen Kolbentotpunkt und die Vorzündung. Die Nockenwelle wird durch eine einfache Rollenkette, über eine Feder gespannt, angetrieben. Die mechanischen Geräusche sind geringer, als man zuerst meint – es gibt ohc-Motoren mit weit, weit mehr Gerassel.

Die ersten 2000 km sind wir besonders vorsichtig mit dem Ultrakurzhuber (50 mm Bohrung/44 mm Hub pro Zylinder, zerlegbare Kurbelwelle, Schwungscheibe in der Mitte!) umgegangen. Die beiden Zylinder sind zu einem Gußstück zusammengefaßt, und wir waren uns nicht klar, welche Verformungen bei Wärme auftreten und wie die ziemlich eng eingepaßten Kolben und Kolbenbolzen auf hartes Einfahren reagieren würden. Bei den großen englischen Twins, die beide Zylinderbohrungen in einem Gußstück besitzen, haben wir beim Einfahren und nach scharfer Einfahrmethode üble Erfahrungen mit Klemmereien noch nach mehreren tausend Kilometern gemacht. Nicht über ehrliche 80 km/h (das waren auf dem Tacho fast 90 – der war sowieso sehr freundlich) und das Tempo keine Minute lang gehalten, sondern immer wieder mal auf 65 oder 70 herunter! Die ersten 1000 km haben wir sogar mit Obenöl im Supersprit gefahren. Siehe da – der kleine Renner wurde ohne Mucken lebendig! Bis 2500 km haben wir es langsam mal bis 90 oder 95 angehen lassen, den dritten Gang schon mal bis 70

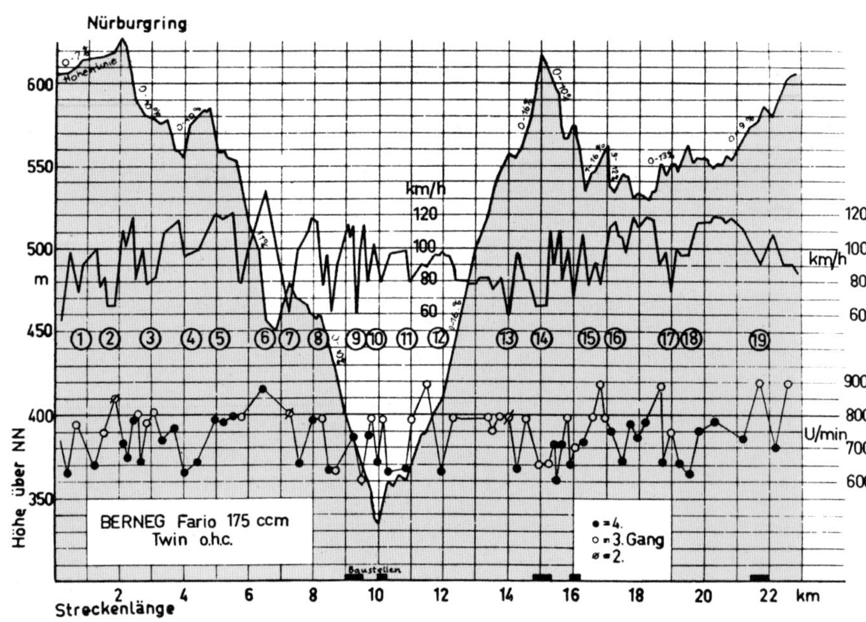

Höhendiagramm des Nürburgringes mit ausgemitteltem Geschwindigkeits- und Drehzahlverlauf. Die Zahlen bedeuten (identisch mit denen auf dem Fahrtschreiberblatt) 1 = Südkehre, 2 = Nordkurve, 3 = Hatzenbach, 4 = Flugplatz, 5 = Schwedenkreuz, 6 = Fuchsröhre, 7 = Adenauer Forst, 8 = Metzgesfeld, 9 = Wehrseifen, 10 = Exmühle, 11 = Bergwerk, 12 = Kesselchen, 13 = Karussell, 14 = Hohe Acht, 15 = Brünnchen, 16 = Pflanzgarten, 17 = Schwalbenschwanz, 18 = Galgenkopf, 19 = Antoniusbuche. Das Fahrwerk läßt hohe Geschwindigkeiten beim Wippermann (vor 15), am Metzgesfeld, am Brünnchen, im Pflanzgarten, im Hatzenbach zu. Dazu relativ hohe Kurvengeschwindigkeiten! Daher der hohe Durchschnitt.

Blick auf die Lenkerpartie. Der Tachometer der Testmaschine ging lustig vor. Er wurde nachgeeicht. Der Tankverschluß sieht schnell aus, ist etwas einfach gemacht, hielt aber dicht.

hochgezogen, dann wurden wir frecher, und ab 3000 war der Motor einwandfrei vollgasfest unter voller Leistungsabgabe. Von dem Zeitpunkt an fuhren wir ganz scharf, bis einschließlich Nürburgring 4000 harte Kilometer abgespult wurden. Nach 3000 km wurde er mechanisch etwas lauter. Das Ventilspiel mußte nach den ersten 500 km nachgestellt werden, denn die Ventile hatten sich ganz schön in die Sitze gehämmert, bis 3000 km hielt das Spiel und veränderte sich kaum. Die italienischen 225er Kerzen tauschten wir gegen 240er Beru aus (14 mm, Langgewinde), wobei wir sahen, daß im Kopf kein besonderer Kerzensitz eingeschrumpft ist. Da muß man mit dem Einschrauben der Kerzen vorsichtig sein! Bei warmem Motor nicht zu fest anknallen! Die Beru-Kerzen waren genau richtig in ihrem Wärmewert. Im italienischen Handbuch sind die Höchstgeschwindigkeiten für die einzelnen Gänge angegeben. Es muß sich da aber um ältere Rechnungen und Abstufungen handeln, denn seit 1954 ist viel Wasser den Reno hinunter ins Adriatische Meer geflossen und am Motor selbst allerhand geändert. Heute hat man etwas anders abgestuft, wobei mir nicht klar ist, welche Überlegungen dem zugrunde gelegen haben. Der erste, zweite und dritte Gang liegen in gleichmäßigem Abstand. Zum vierten Gang klafft eine deutliche Lücke, die man beim Fahren daran merkt, daß das Zurückschalten vom vierten in den dritten Gang oberhalb von 80 km/h einen starken Drehzahlsprung nach oben ergibt. Auf dem Nürburgring zeigte sich, besonders bei Kilometer 12 im Kesselchen, daß es Situationen gibt, in denen der dritte Gang am Ende ist, der vierte aber noch nicht ausreichend zieht,

Blick auf den Motor von der linken Seite. Die Ölleistung in die Nockenwelle liegt außen. Unter der Sitzbank der Reglerkasten. Die Batterie ist sehr gut zugänglich. Kickstarter nicht umzulegen. Zylinderdeckel, Zylinderkopf, Zylinder und Ölwanne auffallend tief und stark verrippt. Wärmeabfuhr für italienische Sonnenzonen bemessen! Für den Vergaser gibt es selbstverständlich einen Luftfilter.

daß man diesen Umstand jedoch durch Übersetzungswechsel am Zahnkranz oder Getrieberitzel zwar für den vierten Gang günstiger gestalten kann, daß aber natürlich damit der dritte auch wieder tiefer rutscht. Das aber ist nicht schön, denn es ist gerade gut, daß der dritte Gang jetzt bis 90 bei etwas mehr als 10% Überdrehen hinaufreicht! In der Ebene merkt man das schon nicht mehr so, denn bei 80 schließt der vierte Gang an den dritten mit 5000 Touren und 6 PS am Hinterrad an. Das reicht. Aber wir kommen recht nahe an die Grenze des Fahrwiderstandes heran. Im Gangdiagramm mit den PS-Linien für den Getriebeausgang kann man das sehen: A = Widerstand für einen großen Fahrer aufrecht sitzend, oder für zwei Mittelgewichte mit Gepäck, B: Widerstand für einen großen, schweren Fahrer lang liegend ohne Gepäck oder einen kleinen, leichten Mann mit Gepäck auf dem Tank, C = Widerstand für einen kleinen, leichten Fahrer (55 kg) mit knappem Lederzeug lang liegend. Mit einer größeren Gesamtübersetzung im vierten Gang (kann man durch Auswechseln des Zahnkranzes am Hinterrad bequem machen) wird ein schwererer Fahrer besser auskommen. Das Werk aber sollte dazu überlegen, ob der dritte Gang nicht besser in der Gesamtabstufung etwas näher an den vierten Gang gerückt werden kann.

Unser rotgoldener Kobold ist wie alle italienischen Sportmaschinen leicht und zierlich gebaut. Er hat die rassigen äußeren Merkmale einer Straßenrennmaschine, schmale Reifendimensionen (2.50-19 vorn und 2.75-19 hinten), aber soliden Rahmenbau, enorme Fingerspitzen-Bremsen, harte Federung (ausgezeichnete Marzocchi-Telegabel mit hervorragender Dämpfung), aber eine enorme Spurhaltung, und das Kurvenfahren ist ein Spaß für sich! Nachdem wir Metzeler-C-Profil auf die Räder montierten, war das freche Fahren auch auf nassem Blaubasalt möglich. Die Schwingenholme der Hinterradfederung haben an ihrem Ende am Drehpunkt ein sauber eingeschweißtes Versteifungsblech, da gibt es keine Verwindungen. Die harte Sitzbank erträgt man, wenn man Tagesetappen unter 250 km einhält und dafür später auf die Härte eintrainert ist und schließlich, weil man auf dem Renner ja doch nie »zivil« sitzt, sondern die schnelle Haltung ganz automatisch einnimmt (die an den Gabelholmen angeschellten Lenkerenden liegen so gerade richtig) und die Stöße nicht direkt in den Rücken bekommt, sondern praktisch mit dem Achtersteven nur auf- und abwippt. Diese Haltung – sie ist wunderbarerweise für einen darauf eingestellten Fahrer zum konzentrierten Fahren gut. Aber schmal ist diese Bank, schmaal –! Es ist ja keine Geländemaschine.

Auf dem Nürburgring – so ein schelmisches Ding bringt eben selbst ansonsten

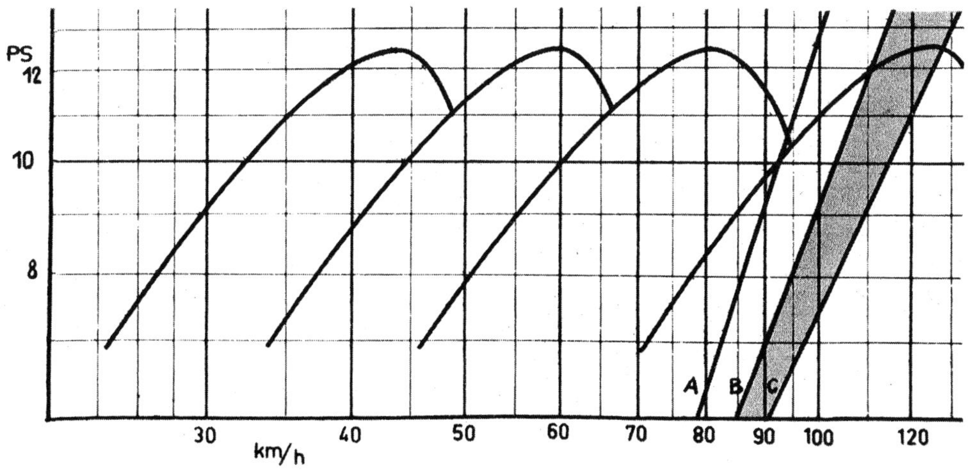

Gangdiagramm mit PS-Angaben am Getriebeausgang. A, B und C die im Text erklärten Widerstandslinien.

ganz ruhige Vertreter auf Touren – haben der Ben und ich den Großen Preis von Müllenbach ausgefahren. (Ausspruch des zuschauenden Edi Barth: »– ach, ihr wart die Verrückten!«) Der Ben auf einer 140 Kilo schweren 250er Einzylinder-Zweitakter mit offiziellen 13 PS und unten viel drin. Als 100-Pfund-Mann von der Statur eines Mendogni ging er der Berneg und meinen 150 Pfunden an langen Steigungen davon – aber nur so weit, daß es zum Windschatten für mich noch langte, und die Drehzahl der Fario durfte nicht absinken. Dann Fahrerwechsel – fort war der Ben mit der Berneg – die große 250er mit 150 Pfund Mann hatte das Nachsehen! – Die Rundenschnitte mit unserem ohc-Spielzeug lagen trotz mehrerer Baustellen zwischen 87 und 90 km/h für die Nordschleife. Auf Landstraßen bei einer langen Reise war es immer möglich, ein R 69-Gespann zu halten. Man konnte schon 80er Schnitte herausfahren, ohne sich zu überfordern. Testverbrauch im Mittel: 3-4 Liter auf 100 km, auf dem Nürburgring 4,3 Liter. Ölverbrauch nicht nennenswert. Als Viskosität sind SAE 50 für den Motor und für das Getriebe noch dickere Sorten vorgeschrieben. (Dauert etwa 2 km, bis das Getriebe sich leicht schalten läßt.) Mit dem 50er Öl gab es kaum Ölnebel an den Gehäusenähten, von Ölsauerei ganz zu

Fahrtschreiber-Blatt einer Nürburgring-Runde. Bei 135 km/h in der Fuchsröhre (= ca. 9000 U/min) wurde Gas weggenommen, um den Motor nicht zu weit zu überdrehen. Die Unruhe der Schreibnadel beruht auf zu festem Sitz des Fahrtschreibers. Motorvibrationen nimmt die Nadel nicht auf.

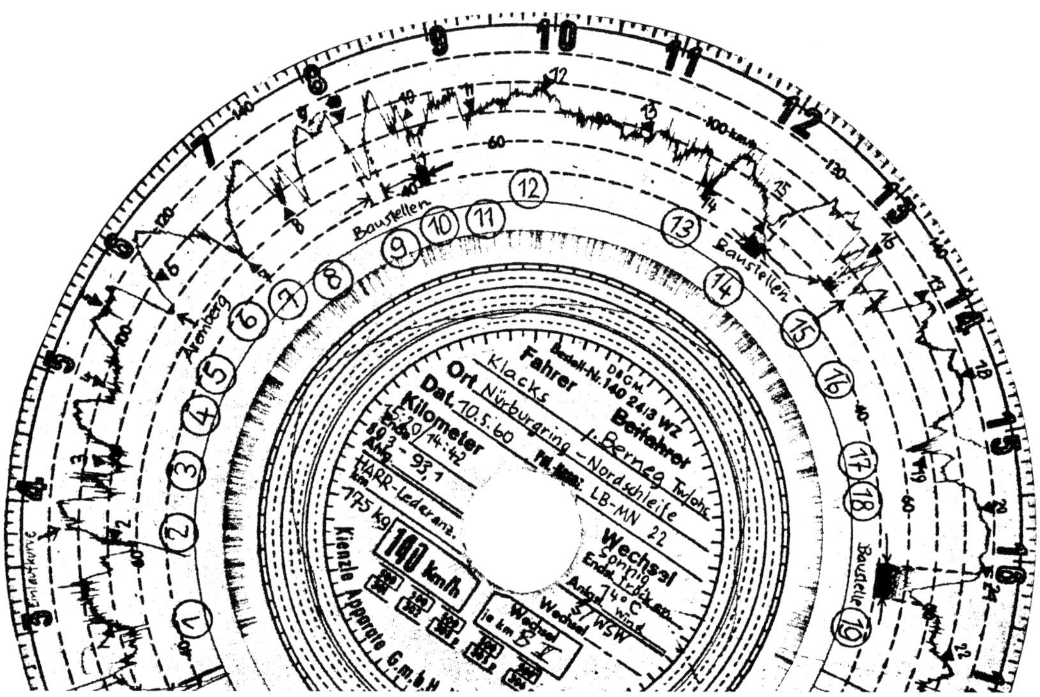

schweigen. Das Getriebeöl soll alle 6000 km gewechselt werden, dazu muß die Ölwanne unter dem Kurbelgehäuse entfernt werden, wobei man dann auch an das zu reinigende Ölfilter gelangt. Denn das Getriebe liegt in einer besonderen Kammer über der Ölwanne. Die Hinterradkette hat keinen Schutz zum Reifen hin und ist nur oben leicht abgedeckt, man hat den Eindruck, daß man dem Bedürfnis besonders schneller Leute entgegenkommen will, die auch dies Abdeckblech noch entfernen, um Gewicht zu sparen und dem Aussehen einer richtigen Rennmaschine noch näherzukommen. Aber die Kette ist nach der Testzeit noch gut, wir haben nur zweimal nachgespannt. Das Hinterrad hat keine Steckachse, der Ausbau liegt aber noch im Bereich des Vertretbaren, wenn ein 1960er Motorrad auch eine Steckachse am Hinterrad besitzen sollte.

Wer eine Zweizylinder-Viertaktmaschine will und 500, 600, 650, 700 oder 1000 cm³ aus Old England nicht verkraften kann, wird die Ohren spitzen! Frage bitte niemand nach Sinn und Zweck dieser – wie neulich einer sagte – verspielten Konstruktion. Das ist gerade recht so. 175 cm³, Twin, obenliegende Nockenwelle, 11 PS am Hinterrad, 110 kg – ist unsere brave Industrie jemals auf so ein hübsches und besonderes Motorrad verfallen? Keine Kundschaft dafür? Da sind wir aber ganz anderer Meinung. Nur – es muß sie einer im Blut haben, diese 175 cm³ Twin ohc! Da gehört der »song in the heart« dazu – zum Planen, Bauen, schließlich auch zum Fahren und Pflegen. Nur für diese Fahrer ist die Berneg, der kleine rotgoldene Kobold aus Bologna, entstanden. Und sie ist so ganz nach unserem Geschmack.

Technische Daten

Motor: Viertakt, 2 Zylinder parallel; Hub 44 mm/Bohrung 50 mm pro Zylinder; **Hubraum:** 173 cm³. Leistung: 11 PS bei 8000 U/min am Hinterrad; obenliegende Nockenwelle durch Kette angetrieben.
Schmierung: Durch Ölpumpe, Umlaufschmierung. Ölmenge: 1,5 Liter. Getriebeschmierung extra. Ölsorten: Motor SAE 40 (Winter), SAE 50 (Sommer); Getriebe mindestens SAE 50 (0,5 Liter); Ölwechsel alle 1500 km für den Motor, alle 6000 km im Getriebe. Ventilspiel bei kaltem Motor: 0,15 mm Einlaß, 0,20 mm Auslaß (für besondere Beanspruchung 0,05 mm mehr). Ventileinstellung 30°/ 50°/ 50°/30°.
Vergaser: Leerlaufdüse 35-40; Hauptdüse 80-90; Nadelpos. 3 von oben; Luftschraube 1-1,5 U.o.; Vergasertyp Dell'Orto MA 16 B, 16 mm Durchmesser.
Elektrik: Kerzen Wärmewert 225-240, 14 mm Langgewinde; Elektrodenabstand 0,6 mm; Unterbrecherabstand 0,4 mm, Vorzündung 10° v. o.T. (Markierung A an Gehäusenaht hinter der Abdeckkappe zum Unterbrecher; Markierung PMS bedeutet o.T.); Lichtmaschine 6 V, Scheinwerfer 25/ 25.
Getriebe: Stufung; 2,85/2,08/1,53/1. Ges.-Übersetzung: 21,0/15,37/11,3/ 7,39. Fußschaltung. Mehrscheiben-Kupplung im Ölbad.
Bereifung: Vorn 2.50-19, hinten 2.75-19; Reifendruck vorn 1,5 atü, hinten 1,9 atü.
Bremsen: Vorn 190 mm Ø; 30 mm; hinten 180 mm Ø, 30 mm.
Rahmen: Geschlossener Rohrrahmen.
Tank: ca. 18 Liter Inhalt.
Gewicht: ca. 110 kg fahrbereit.
Höchstgeschwindigkeit: Je nach Belastung und Sitzhaltung 100-120 km/h.
Verbrauch: je nach Fahrbedingungen 3-4 Liter/100 km. Ölverbrauch: unbedeutend.
Hersteller: BERNEG, Costruzioni meccaniche, Via Porrettane 20/2 Bologna (Italien).
Die Testmaschine wurde vom Importeur für das Bundesgebiet Edmund Bühler, Stuttgart, zur Verfügung gestellt.
Steuer: DM 26.– jährlich; Haftpflicht: DM 75.– jährlich.

Motobi Imperiale Supersport 125 cm^3

Es war um das »Kraftei« in den letzten beiden Jahren still bei uns, denn es fehlte ein tatkräftiger Importeur und im Werk selbst konzentrierte man sich auf die Weiterentwicklung. Doch hörte man aus Italien immer wieder von Erfolgen bei vielen Sportmaschinen-Rennen, und wir beobachteten, wie dieser Stoßstangenmotor sich anschickte, nicht nur mit berühmten ohc-Motoren Schritt zu halten und deren Spitzenpositionen anzugreifen, sondern wie es ihm auch gelang, verschiedentlich in diese Spitzengruppen ernsthaft einzugreifen. Hier eine Nachricht aus jüngster Gegenwart: am 3. April fuhren der Importeur Werner Maltry aus Zürich und Paolo Campanelli auf zwei (natürlich verkleideten) 175 cm^3-Motobi-Rennmaschinen mit dem der Serie völlig entsprechenden Motoraufbau beim Straßenrennen in Cesinatico in Italien in der 250 cm^3-Klasse gegen die berühmtesten Maschinen und Fahrer wie z.B. Provini den sechsten und siebten Platz heraus! Wir werden diese Maschinen auch in St. Wendel und am 14. Mai in Hockenheim sehen.

Erinnern wir uns: das Kraftei ist ein 125 cm^3 bzw. 175 cm^3 Viertakt-Einzylinder-Stoßstangenmotor mit liegendem Zylinder, dessen Baugrundlage ein großartiges Baukastensystem ist und der sich geradezu durch vorbildliche äußere und innere Einfachheit auszeichnet. Im Juni 1957 sahen wir die Maschine mit diesem Motor das erste Mal, und vielen von unseren Freunden und Lesern ist noch bekannt, wie begeistert wir von dem Motor waren. Es war die erste kleine italienische Sportmaschine, die wir ausführlich testen konnten und die wir dann später in ver-

Das »Kraftei« 125 cm^3 1961. Zündunterbrecher und Kondensator liegen nicht frei bei der Imperiale Supersport. Besonders großer Entlüftungsschlauch nach hinten unter dem Werkzeugkasten hindurchgeführt.

Die linke Motorseite. Der Ansaugtrichter (ohne Luftfilter) liegt in einem Blechmantel, hinter dem es keine starke Luftwirbelung geben soll. Kickstarter für die Sitzposition abgebogen. Kühlrippen auf der riesigen Ölwanne.

schiedenen Versionen auch auf dem Nürburgring fuhren. Die Fabrik steht in Pesaro (südlich von Rimini), es arbeiten darin etwa 150 Leute, aber von den Chefs Luigi und Marco Benelli bis hinunter zum Lehrbuben sind das alles Motorrad-Enthusiasten »with the song in their hearts«! Die stöhnen nicht schwerfällig in einem noch schwerfälligeren bürokratischen Riesenwerk »Krafträder« zusammen, sondern die züchten mit Phantasie und Begeisterung individuelle, reinrassige Sportmaschinen, wobei der Straßenrennsport Pate steht und, wie schon oben gesagt, oberstes Gebot Einfachheit ist. Nur in dieser Atmosphäre – das ist ein Lehrsatz seit dem Bestehen von Motorrädern – können Maschinen entstehen, die der Jugend und allen denen, die jung geblieben sind, gefallen. Das sind keine unzugänglichen und verbauten Blechbananen oder formgestalteten Pseudo-Raketen moderner Kunst –! Aber auch keine unhandlichen, schweren und knorrigen Eichenknüppel. In den Motobis finden wir auch die gleichen Gedanken, die J.F. Drkosch bei der Vorstellung des berühmten und vieldiskutierten Modell X zum Bau einer idealen Maschine zum Ausdruck brachte.

Die 125 cm^3-Imperiale hat in ihrer Supersport-Version bei 8750 U/min eine Leistung von 10 PS, die man am Hinterrad gemessen hat. Ich schätze daher – um auf unsere Einheiten zum Messen und zum Vergleichen zu kommen – an der Kurbelwelle vielleicht 12 oder 12,5 PS. Das ist eine Menge Zeug für eine 125er – es entspräche einer Literleistung von 96 PS/l! Aber selbst, wenn wir zwischen Kurbelwelle und Hinterrad keinen so großen Leistungsverlust einkalkulieren (den ich auf Grund von Erfahrungswerten angenommen habe) und der Kurbelwelle »nur« 11 PS zugestehen, haben wir mit 88 PS/l (8 mal 125 cm^3 = 1000 cm^3 = 1 Liter, also 8 mal 11 PS = 88 PS/l) einen Hochleistungsmotor, der fast schon in die Kategorie der Rennmotoren einzustufen ist. Die gemessene Höchstgeschwindigkeit von 110,6 km/h für meine Figur langliegend in Lederzeug (75 kg, 1,80 m) paßt

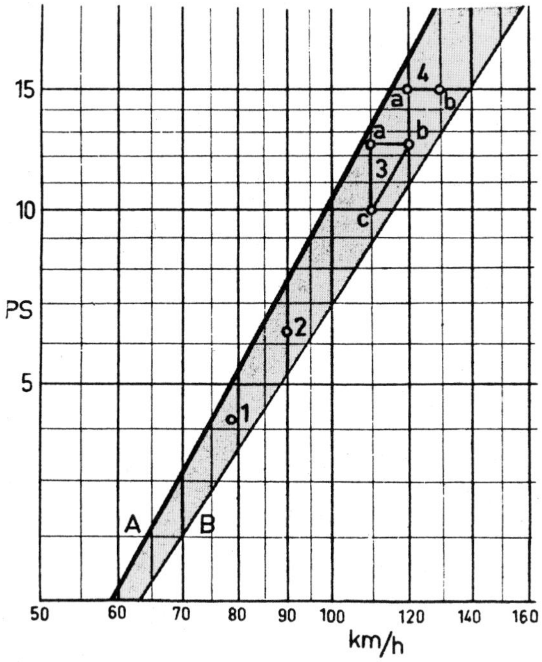

Fahrwiderstände von Maschinen dieser Gewichts- und Leistungsklasse mit in Italien üblichen kleinen Maßen für Straßensportmaschinen, wobei der geringere Luftwiderstand eine besondere Rolle spielt (siehe Text).

aber in den Fahrwiderstandsraum, der für derartige Renner angenommen wird.
Dazu einmal nebenbei etwas Grundsätzliches, hier aber sehr wichtig: Mit den schmalen und niedrigen Italienerinnen vom Gewicht um 90 kg herum geraten wir in eine neue Fahrwiderstands-Gruppe. Bisher bewegten wir uns mit den in der Bundesrepublik hergestellten gewichtsmäßig schwereren und in den Abmessungen größeren Maschinen mit einem leichten, dünnen Fahrer langliegend etwa auf der in unserem Diagramm gezeigten fetten Linie A, was den Leistungsbedarf für Höchstgeschwindigkeiten in der Ebene betrifft. Eine 50er (in dem Diagramm die Nr. 1) macht mit ehrlichen (!) 4,2 PS und 80 km/h Höchstgeschwindigkeit bei ca. 75 kg Gewicht den Anfang. Eine 6,2 PS starke 100 cm³-Maschine mit 90 km/h Spitze und 90 kg (Nr.2) setzt die Reihe fort. Ganz oben sehen wir die Gruppe der 14 und 15 PS-Maschinen der gleichen geringen Gewichtsklasse bei 120, 130 und 140 km/h (Nr.4a und 4b) mit unterschiedlich schweren und großen Fahrern. Verbindet man diese Punkte und umzeichnet man nun den Raum, in dem sie liegen, so finden wir genau bei 3a, 3b und 3c die Punkte der Motobi-Imperiale 125 cm³ SS. Bei 110 km/h liegt die Kurbelwellen-Leistung von 12,5 PS als oberste Grenze (3a), ein 100 Pfund Mann unter 1,70 m Größe würde glatt 120 km/h erreichen können (3b), und die Hinterrad-Leistung von 10 PS als unterste Grenze liegt auch noch in diesem Raum

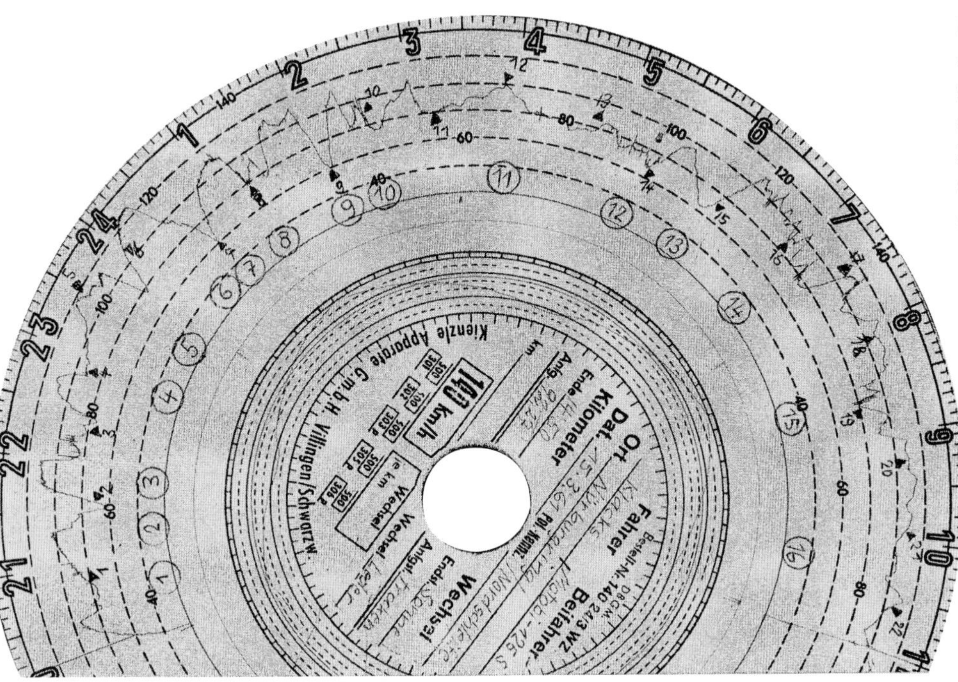

Fahrtschreiber-Blatt einer Runde um den Nürburgring. Durchschnitt: über 92 km/h! (Mit stehendem Start und stehend im Ziel!) Die umrundeten Zahlen bedeuten Streckenstellen (siehe nächste Seite), außerdem sind die Streckenkilometer eingezeichnet.

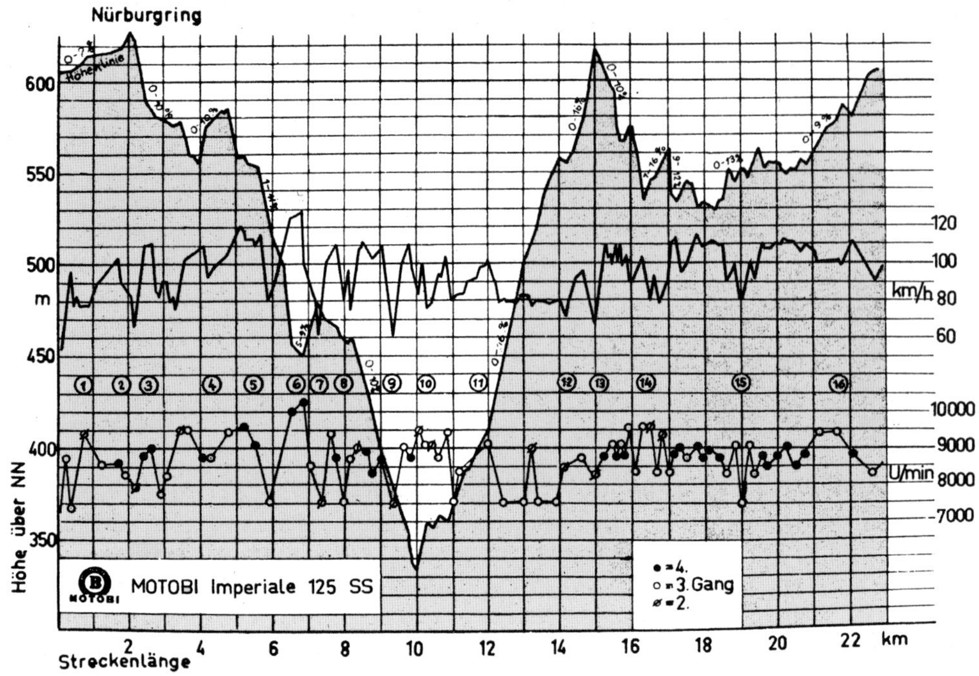

Nürburgring-Diagramm mit Geschwindigkeits- und Drehzahlangaben. Die umkreisten Zahlen geben folgende Streckenabschnitte wieder (siehe auch Fahrtschreiber-Scheibe):
1 = Südkehre, 2 = Nordkurve und Einlauf Hatzenbach, 3 = Einlauf Hatzenbach, 4 = Quiddelbacher Höhe, 5 = Schwedenkreuz und Arembergkurve, 6 = Gefälle Fuchsröhre, 7 = Adenauer Forst Kurven, 8 = Metzgesfeld und Kallenhard-Kurven, 9 = Wehrseifen Ecke, 10 = Breidscheid, 11 = Steigung am Kesselchen, 12 = Karussell-Steilwand, 13 = Hohe Acht Steigung und Kurve, 14 = Brünnchen, 15 = Schwalbenschwanz-Kurve, 16 = Antoniusbuche Steigung.

zwischen den Linien A und B. Wenn auch der normale Mitteleuropäer die kleinen, schlanken und leichten italienischen Fahrer nicht übertrumpfen kann, deren Fahrwiderstände etwa alle auf der Linie B zu finden sein werden, so erreicht man trotzdem noch erstaunliche Geschwindigkeiten. Alles aber, was rechts der Linie B liegt, gehört schon in die Rennfahrzeug-Kategorie und benötigt zu den unter Umständen im Prospekt angegebenen Geschwindigkeiten mehr PS, als sie aus einem Alltags-Sportmotor herausgequetscht werden können. Zu 130 km/h zum Beispiel gehören ohne rennmäßige Verkleidung bei niedriger, schmaler Maschine und bei 90 kg Gewicht, 100 Pfund Fahrer, in der Ebene nun einmal unumgänglich mindestens ehrliche 13 PS!

Wir haben es also mit einem Leichtgewicht zu tun; Gewicht 90 kg, größte Höhe 1,27 m (Lenkungsdämpfer), größte Breite 55 cm, Länge über alles 1,90 m. Leistungsgewicht 9 kg/PS. Die Leistungskurve des Motors (Hub/Bohrung: 54/54 mm) verläuft außerordentlich flach, was sich darin zeigt, daß man jenseits der höchsten Drehzahl z. B. im dritten Gang bis über 100 km/h in der Ebene oder im vierten Gang im Gefälle bis 130 km/h kommt, ehe man an den Punkt gelangt, wo eben einfach nichts mehr herauszuholen ist und die Ventile anfangen zu flattern. Bei 5000 U/min sind aber schon 5 PS am Hinterrad vorhanden, so daß wir auch nicht über mangelnde Leistung im unteren Drehbereich zu klagen brauchen! *Das* ist ein Motor – ! – Über 50 Runden haben wir ihn um die Nordschleife des Nürburgringes gescheucht, ohne daß er an PS eingebüßt hat. (Mittlere Kolbengeschwindigkeit bei 8750 U/min: 15,7 m/sec.)

Trotz dieser flachen Leistungskurve gibt es aber zwei Dinge, die man m.E. bei diesem kleinen Renner zusätzlich anbauen bzw. sehr genau für den jeweiligen Fahrer errechnen sollte: 1. Einen Drehzahlmesser anbauen! (88 bzw. 96 PS/Liter!!) Denn sicher dreht dieser Motor ohne weiteres bis auf 10 000 U/min im Gefälle hinauf (der Vergaser zeigte durch die hohe Ansaug-

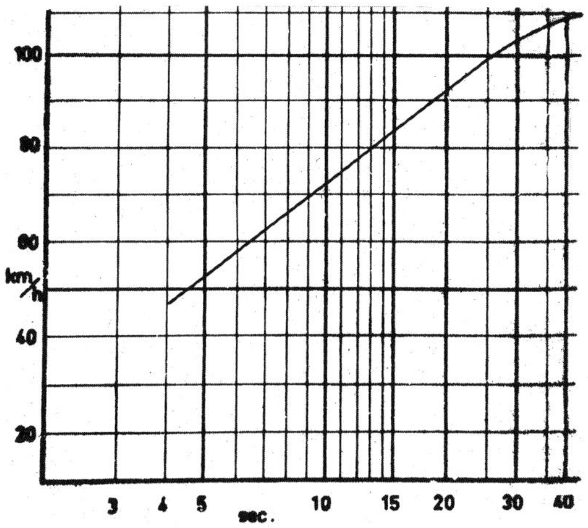

Beschleunigungslinie nach 1500 scharf gefahrenen Testkilometern.

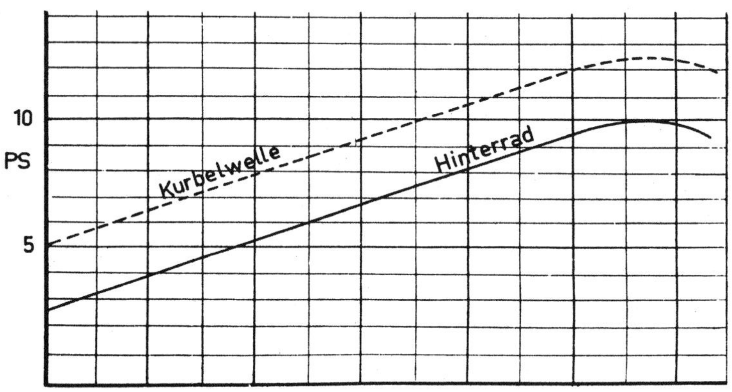

Leistungskurve des Motors.

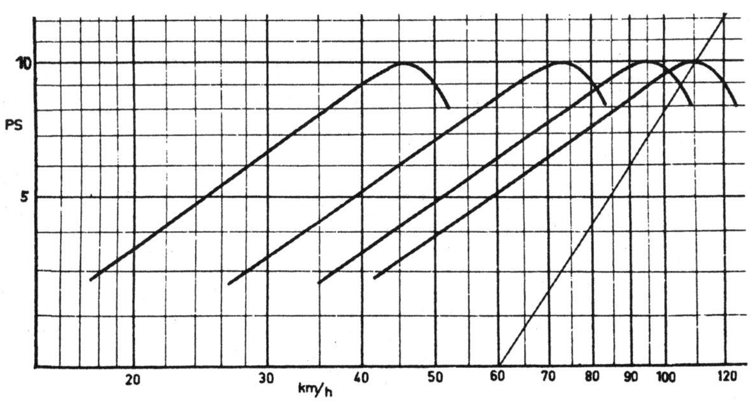

Das Gangdiagramm zeigt die Getriebeabstufung einer Rennmaschine.

geschwindigkeit Kondenstropfen) und ohne weiteres läßt sich der dritte Gang bis auf 100 km/h = 9500 U/min auch an leichten Steigungen hochziehen, aber bedenken wir doch, daß es bei einem Stoßstangenmotor noch ein wenig mehr hin- und hergehende Massen gibt (trotz superleichten Stoßstangen – 49 Gramm mit Stößeltassen!). Wenn auch der für diesen Maschinentyp in Frage kommende Fahrer bestimmt nicht in erster Linie auf 80 000–100 000 km Lebensdauer sieht, so wäre es doch überall dort für das Stehvermögen des Motors von Vorteil, wo nicht das Letzte verlangt wird, wenn man ihn nach dem Drehzahlmesser schonend fährt – an Temperament büßt er dabei bestimmt nichts ein. Die Kipphebel sollen nicht so bald wegen Materialermüdung brechen und die Ventile nicht abreißen! Mit diesem roten Feuerzeug wird man immer auch auf schnellen Landstraßen zu den Königen gehören, auch ohne Quälereien! Was dann noch fehlt, bringt die Wendigkeit, die Handlichkeit und nicht zuletzt die Kursstabilität (vollkommen verwindungsfreier Kasten-Preßstahl- Rahmen!) und die einfach begeisternde Kurvenlage.
Außerdem ist die Maschine mit 50–55 cm Lenkerbreite (je nach Einstellung der Lenkerenden!) so schmal, daß man im Stadt- und dichten Vorortverkehr wunderbar durch jede sich bietende Lücke ohne Quetschen hindurchflitzen kann. Auf dem täglichen Brötchenweg kam ich an jeder Schlange vorbei, konnte zu dieser Zeit auf der Schnellbahn mit 110 km/h 90 % aller Wagen halten und fand jeden sofort im nächsten Ort wieder, der sich vielleicht doch traute, an den Schlangen mit 130 km/h vorbeizufahren. In den Orten hängte ich dann überall durchschlüpfend wieder alles ab – ! Die Wochenendfahrten aber über die kurvenreichen und bergigen Straßen und Sträßchen des Kraichgaus oder der Schwäbischen Alb waren Erlebnisse, die ich bestimmt nicht so schnell vergesse und von dem elegant möglichen Schwingen um die Kurven des Nürburgringes wollen wir gar nicht reden, sonst packen wir morgen schon wieder die Koffer – !

Allerdings – und jetzt kommen wir zu Punkt 2 – die Übersetzung muß genau stimmen! Es gibt bei Maltry in Zürich Hinterradzahnkränze von 41 bis 43 Zähnen und auf Wunsch (vielleicht beim Umbau der Maschine für Geländesport, was durch das Baukastensystem absolut möglich ist und keine Schwierigkeiten bietet! 4.00-18 Zoll-Geländereifen hat hinten Platz!) bis zu 64 Zähne! Dazu Getrieberitzel von 14 bis 18 Zähne! Für einen 150-Pfund-Mann, schlank und bis zu 1,80 m groß reicht ein 15-Zähneritzel und ein 43-Zähne Zahnkranz. Ein leichterer und kleinerer Mann kann in allen Variationen knapper übersetzen bis zum – als Extrem genannt – 18er Ritzel und 41er Zahnkranz, was dann allerdings über 140 km/h bei 9000 U/min wären. Das aber liegt weit außerhalb unseres Fahrwiderstands-Raumes, der für 12,5 PS nur bis knapp 130 km/h reicht. Hierzu würden ein 42er oder 43er Zahnkranz und ein 17er Ritzel passen. Ein schwerer und größerer Fahrer, dazu vielleicht noch mit Barbouranzug würde bei einem 42er Zahnkranz und einem 14er Ritzel noch aufrecht sitzend bei 9000 U/min 105 km/h erreichen können.

Das Getriebe hat mit den Sprüngen 2,4 / 1,5 / 1,15 / 1 absolute Straßenrenn-Abstufung, die Schaltwippe kann auf Fußhaltung und Sitzposition verstellt werden. Im Gelände ist diese Abstufung natürlich nicht zu gebrauchen, auf der Straße jedoch empfinde ich die Einteilung als ideal, wenn man ohne Sozius fährt (und wer nimmt auf diesem kleinen Straßen-Feuerzeug schon einen zweiten Mann mit?).

Die Telegabel – gebaut von einer Zulieferfirma. Äußerlich ist das zwar die 08/15 Einheitsgabel italienischer Maschinen, innerlich ist sie jedoch genau auf die Imperiale konstruiert! Hervorragende Dämpfung, flattert nicht!

Das Besondere dieses Krafteies: überdimensionierte Kühlverrippung des ganzen Motors, dazu 2 Liter Öl, das mit einer Geschwindigkeit von 60 Liter/h durch den Motor gepumpt wird! Das bringt extrem gute Kühlungsverhältnisse und damit die Hauptursache des erstaunlichen Stehvermögens. Für den Motor gibt es fünf (!) verschiedene Nocken bis zur Renn-Nockenwelle, höhere Kolben, senkrechte Ansaugstutzen und Vergaser bis zu 25 mm Durchmesser, stärkere Ventilfedern u.a. Man kann diese Teile auswechseln ohne daß der Motor aus dem Rahmen oder zerlegt werden muß! Maltry und Campanelli wechselten die Nockenwelle in knapp 35 Minuten! Man kann aber in den Rahmen ohne weiteres auch alle Versionen des 175 cm³-Motors einbauen, der Motor ist nur an drei Bolzen befestigt. Außerdem gibt es bei Maltry eine rennmäßige Verkleidung, was alles zusammen Attribute für Fahrer sind, die ohne großen Aufwand eine kleine besonders schnelle Maschine besitzen und fahren möchten.

Die hydraulisch gedämpfte Telegabel arbeitet sehr gut, es gibt kein Flattern beim Bremsen (wozu die Bremstrommel aber genau rund sein muß!). Die hintere Schwinge hat oval geformte, durch einen Rohrbogen verbundene Holme und ist absolut verdrehfest. Die dreifach verstellbaren, offenen Federbeine entsprechen in ihrer Härte und Öl-Dämpfung dem, was man bei höchstem Tempo bei einer Straßenrennmaschine benötigt. Dazu der steife Kastenrahmen: das zusammen ergibt eine geradezu verblüffende Spursicherheit. (Siehe die Geschwindigkeiten auf dem Nürburgring-Diagramm an den Kurvenstellen, besonders eindrucksvoll aber in der welligen Rechtskurve am Einlauf-Gefälle hinter Kilometer 2 zum Hatzenbach hinunter: gute 110 km/h! Hier sprechen aber auch die CEAT-Reifen ein Wort mit, deren Profil geradezu vorbildlich ist. Aber das kennen wir schon von den Pirelli-Reifen her. Daß sie etwas schneller abnutzen, als wir das vielleicht gewohnt sind, nimmt man bei dieser enormen Bodenhaftung selbst bei größter Schräglage und auf nassem Pflaster in Kauf! Wohlgemerkt: dies Motorrad wurde auf anderer Basis als eine Tourenmaschine gebaut! Die Sitzposition entspricht natürlich nicht einem Alleen-Bummel, aber wie anders wollte man wohl auf dieser Maschine sonst sitzen? So fühlt man die Härte und Schärfe der äußerst schmalen Sitzbank nicht so sehr, denn durchkommende Schläge geraten nicht senkrecht direkt in den Rücken. Immerhin: 200 km an einem Stück habe ich auch darauf durchgehalten. (Merke: ein Tourenmotorrad, ein Westerwald- oder Bauernmotorrad ist das *nicht*! Seine Fahrer stellen sich unter dem Wort »Motorrad« etwas anderes vor!)

Die beiden rechts und links unter der Sitzbank angebauten rund geformten Kästen enthalten rechts das Bordwerkzeug, und links ist der Kasten – aus Gründen der Symmetrie wohl – eine Attrape! Der 140er Scheinwerfer gibt punktförmiges Licht – 25 Watt – das aber nicht dafür gedacht ist, mit dem gleichen Durchschnitt beispielsweise um den Ring zu wetzen, wie man das am Tage tut. Hier sparte man wohl mit dem Gedanken, wer denn schon nachts auf so einem Flitzer herum saust. Der Tank – hinten in eine Lasche lose eingehängt – hat zwei Abflußöffnungen. 18 Liter reichen selbst bei einem Nürburgringverbrauch von maximal 3,8 Litern auf 100 km runde 450 km.

Man richtet sich daher besser nach dem Veglia-Tachometer und tankt lieber alle 400 km nach. Dieser Tachometer ging unterhalb von 60 km/h etwas vor und oben – war es der erste Geschwindigkeitsmesser aus europäischer Festland-Produktion, der bei echten 100 km/h tatsächlich 100 km/h anzeigte! Die beiden Lenkerenden lassen sich um die Gabelholme für die richtige Armhaltung verdrehen, den Rückspiegel dreht man am besten gleichzeitig als linke Befestigungsschraube für den Scheinwerfer ein. (Dazu muß man allerdings handelsübliche westdeutsche Rückspiegel etwas bastlerisch verändern!)

Wenn noch einmal jemand eine Kritik an elektrischen Motorradanlagen aus Italien üben will, dann bedenke er, daß das große Stopplicht der Imperiale immer funktionierte, daß wir trotz der hohen Drehzahlen keinen Ärger mit der Zündung hatten, im übrigen aber diesen Teil des Motorrades, genau wie bei unseren westdeutschen Erzeugnissen, möglichst unangetastet gelassen haben.

Bevor wir die Testmaschine (wirklich schweren Herzens) an den Importeur zurückgeben, möchte ich hier aber noch ein Thema anschlagen: Vibrationen! – Von Einzylindermotoren, aber auch von Parallel-Twins jeder Art kennen wir diese wohl nie zu umgehende Beigabe. Es gibt Schüttelböcke, an denen alle 500 km die Kotflügel deswegen reißen, es gibt sogar Motoren in ganz berühmten Maschinen, die derartige feine und intensive Vibrations-Frequenzen haben, daß man nach 200 km dicke Handgelenke hat. Eine 250er Maschine wird neuerdings mit »Schwebemotor« gebaut, d. h. mit in Gummi aufgehängtem Motor, um die Vibrationen nicht mehr fühlen zu müssen – aber beseitigen konnte man diese nicht. Hier aber, an diesem winzigen Renner, Verdichtung 8,5, gibt es über den gesamten Drehbereich der vierfach in Kugellagern gelagerten Kurbelwelle keinerlei Vibrationen! Keinerlei! Der Motor hängt nicht in Gummi. Das ist noch ein Vorteil liegender Zylinder mit ihren in Längsrichtung hin- und hergehenden Massen.

Offene Federbeine, dreifach verstellbar, Öldämpfung. Der Schalldämpfer hängt zusätzlich an diesem durchlöchertem Chromblech. Er muß diese Ausmaße haben, um die Phon zu dämpfen für unsere empfindlichen Mitmenschen – das gelingt auch.

Kommen wir zum Schluß der Geschichte, die hier heute zwar beendet werden muß, die aber demnächst mit den neuen Catria-Typen weitergeht, den 175 cm³-Versionen. Motobi ist jetzt kein Mauerblümchen mehr, denn wir können sie endlich in Deutschland kaufen und auch werkstattmäßig betreuen lassen! Das aber fehlte in den Jahren zuvor! Und der General-Importeur ist einer, der selber fährt, selbst daran arbeitet und zu uns paßt! Arrivederci, Sie hätten sehen und erleben müssen, wie der kleine Apparat um den Ring geflitzt ist! Sie hätten uns sehen müssen und dazu Paolo – ! –

Technische Daten

Motor: Hub/Bohrung 54/54 mm, Hubraum 123,6 cm³. Kolbenbolzen-Durchmesser: 18 mm. Verdichtung 8,5. Leistung 10 PS bei 8750 U/min, gemessen am Hinterrad. Ventildurchmesser: Einlaß 28 mm, Auslaß 25 mm. Ventilspiel kalt: 0,10 mm Einlaß, 0,15 mm Auslaß.

Vergaser: Dell'Orto UB 20 BS, 20 mm Durchmesser. Zündkerze: 14 mm Langgewinde, 240 Wärmewert (mit Renn-Nocken Lodge RL 47/48/49), für Jagerei 260-280.

Gesamtübersetzung: (15er Ritzel, 43er Zahnkranz): 1. Gang 20,9; 2. Gang 13,0; 3. Gang 9,9; 4. Gang 8,6. Schwunglichtmagnetzünder 6 Volt, 28 Watt; Batterie 6 Volt, 7 Ah.

Bereifung: 2.50–18 vorn und hinten.

Bremsen: vorn 180 mm Durchmesser, 30 mm Durchmesser Belagbreite; hinten 150 mm Durchmesser.

Generalimporteur: Werner Maltry, Zürich 5, Josephstraße 47. In der Bundesrepublik: Motor-Rauscher, Weißenburg (Bayern), Wildbadstr. 28; Walter Seekamp, Bremen, Ansgaritorstraße (Werkstätten und Ersatzteillager).

Richtpreis einschl. Zoll: DM 1985.–.

Steuer/Haftpflicht (jährlich): DM 18.–/ DM 75.–.

Gilera
98 giubileo

Ja, es ist jetzt mehr als zehn Jahre her, als es in Deutschland schon eine 100 cm^3-Maschine mit einem Viertakt-Motor, 6 PS bei 6500 U/min, vier fußgeschalteten Gängen, Schwinge vorn und hinten gab! Damals sagte man, daß dies Maschinchen ihrer Zeit weit voraus wäre! Es war die kleine Fox von NSU. Ehre ihrem Andenken! Viele trauern über ihr Hinscheiden – weiß der Kuckuck, was es für Gründe waren, daß NSU gerade diese Westerwald-Maschine nicht mehr baute und weiterentwickelte! In meiner Nachbarschaft fährt heute noch einer Tag für Tag damit fleißig herum, sommers und winters, ob's regnet oder schneit. Erst jetzt – 1962 – ziehen unsere Zweitakt-Hunderter hier nach, wobei es dazu noch allerhand Geburtswehen gab! – Als ich daher bei dem Gilera-Importeur für die Bundesrepublik, Detlev Louis in Hamburg, im Schaufenster eine 100er Gilera mit Viertaktmotor entdeckte, die dem Äußeren nach alle Zeichen eines sportlichen Touren- und Westerwaldmaschinchens aufzuweisen hatte, da mußte ich sie fahren. Ja, das war doch genau das, was als Fortsetzung dessen gelten konnte, was die NSU-Leute 1949 mit der Dreigang-

Der Lenker wird durch Bügel gehalten, der Tankdeckel ist ein Schnellverschluß.

Der Motor von der Steuerseite. In dem seitlich ausgebauschten Tunnel gehen die Stoßstangen nach oben. Hinter dem runden kleinen Deckel befindet sich der Unterbrecher. Hinter dem Zylinder der Entlüfterdom.

Viertakt-Fox begonnen und schließlich 1950/51 zur Viergang-Fox weitergebracht hatten! Hätte nicht eine NSU-Fox 1962 so aussehen und *bestimmt* verkauft werden können? – Nein, wie wir die NSU-Menschen kennen, hätte das Motorrad schon 1957 so ausgesehen, wenn man weitergemacht hätte. Ja, ja – hätte und wäre –!

Wenn man bei uns so etwas in den Laden stellt, muß man eben damit rechnen, daß Motorradfahrer plötzlich Vergleiche ziehen. Darum bitte ich aber alle diejenigen trotzdem um Verzeihung, die zu Beginn dieser Geschichte mein Gedenken an die alte, kleine Fox nicht begreifen oder sich gar darüber ärgern. Wo doch eigentlich über die 100er Gilera geredet werden sollte!

Es soll. Zunächst jedoch mußte ich um den kleinen roten Kobold kämpfen. Denn unser Zehnjähriger die Karre sehen und quengeln »ich will auch mal damit fahren« war eins! Jeden Morgen: »Papi, können wir heute mal damit auf die Wiese?« Solcher dauernder Nervensägerei war kein Machtwort gewachsen – somit wurden die Kilometer gedrittelt. Zwei Drittel Brötchenweg, ein Drittel Wiesenspaß (auf einem privaten Grund abseits jeder Zivilisation und neugieriger Nase!) mit umgedrehter Mütze, Kurven üben, Hasen aufscheuchen, und abends: »Wie sieht der Bengel wieder aus!« Aber rote Backen gab's und den vorsichtigen Finger lernt man und vieles andere. Im übrigen – und das war Grund Nr. 1 – waren die äußeren Maße der Giubileo eben einem zehnjährigen Kiek-in-die-Welt entsprechend angemessen! – Denn es ist eine kleine Maschine, und ich weiß nun auch, warum die Autofahrer auf der Schnellbahn lachen mußten, wenn da so ein Lulatsch mit 1,80 m auf dem niedrigen Motorrad zwischen ihnen herumfuhrwerkte.

Stadtverkehr: na, was soll es wohl anders als ein Spaß gewesen sein! Denn die Beschleunigung und die Wendigkeit veranlaßten, daß man bestimmt nicht dahindrömelte. Straßenbahnschienen waren auch bei Nässe kein Schrecken – die ausgezeichnet gedämpfte Telegabel, die wirksamen Federbeine hinten, die Pirelli-

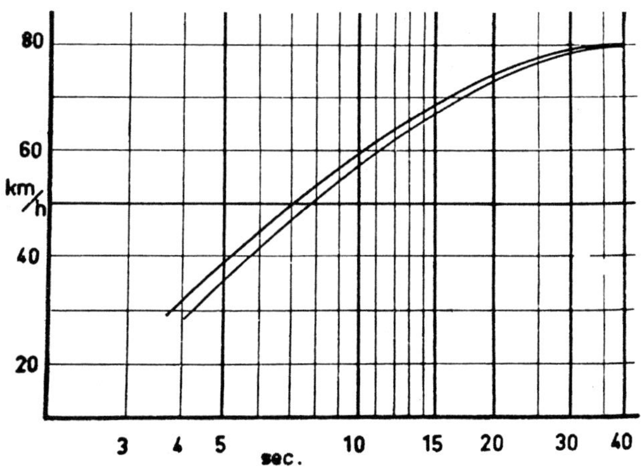

Die Beschleunigungszeiten.

Reifen (allerdings habe ich den serienmäßigen Rillenreifen, Marke »Anno Tobak«, vorn sofort gegen das fabelhafte Pirelli-Blockprofil getauscht!) der 17 Zoll-Räder (vorn 2.50-17, hinten 2.75-17) sind bei Nässe auch ohne nachträgliche Feinstprofilierung absolut sicher gegen seitliches Wegrutschen. Die Gummimischung ist aber scheinbar weicher, so daß diese Reifen bei ca. 10 000 gefahrenen Kilometern schon merklich weit abnutzen. Aber lieber gute Straßenhaftung und schnellere Abnutzung als längere Lebensdauer, dafür aber schlechte Haftung!

Den 16er Dell'Orto Vergaser (Type ME 16 BS) durfte man nicht zu sehr fluten, wenn der Motor kalt war. Sonst war er sofort abgesoffen. Allerdings kam er kalt allein durch Schließen der Luftblende nicht sofort. So mußte man es eben im Gefühl haben, nach kalten Nächten den Motor am nächsten Morgen beim ersten Tritt zum Laufen bringen zu können.

Zwischen der neben dem Kurbelhaus liegenden Nockenwelle und den Stoßstangen sind extrem lange Stößel eingebaut. Die Kipphebel langen quer über den Zylinderkopf zu den beiden senkrecht parallel hängenden Ventilen. Der Einlaß- und der Auslaßkanal sind mit einem 90°-Knick versehen, wir würden dies nicht als strömungsgünstig bezeichnen. Jedoch scheint es in diesem Leistungsniveau noch nicht von so großer Bedeutung zu sein. Schon durch einen günstigeren Ventilwinkel und damit einer glatteren Gasströmung müßte aus diesem Motor noch etwas zu holen sein. Die Geräusche des Ventilmechanismus sind nicht bedeutend. Wir haben eine erstaunlich flache Leistungskurve, in der Tat war auch die Maschine ohne Schwierigkeiten weit zu überdrehen. Bis zu dem Punkt etwa bei 8000 U/min – denn da war es dann einfach aus. Nicht weil die Ventile vielleicht nicht mehr mitmachten, sondern wahrscheinlich deswegen, weil die einwandfreie Gasströmung in den abgeknickten Kanälen einfach zusammenbrach. Gilera setzt diesen Motor – natürlich entsprechend in der Leistung gesteigert – bei der Sechstagefahrt ein, wobei es erstaunlich ist, was er dort an Stehvermögen zeigt. Das zu weite Überdrehen verhindern wahrscheinlich auch hier die geknickten Gasströmungen und nicht etwa mechanische Teile! Es gibt eine wunderbar hergerichtete Geländemaschine mit allem Nötigen ausgerüstet für schwere Zuverlässigkeitsfahrten serienmäßig zu kaufen!

Das Beschleunigungs-Diagramm und das Gangdiagramm geben ein wenig über die möglichen Fahrleistungen Auskunft. Die Gänge liegen nicht abgestuft wie bei einem Straßenrenngetriebe, wie das bei den meisten italienischen Maschinen der Fall ist. Für reinen Tourenbetrieb ist es so aber gut. Als Höchstgeschwindigkeit kamen aufrecht sitzend ca. 78 km/h, langgemacht 82 km/h heraus (Fahrergewicht 70 kg). Obwohl der Motor einen sehr flachen Verlauf des Drehmomentes zeigt und dabei im unteren Drehbereich nicht faul ist, ist die Wahl der richtigen Übersetzung ausschlaggebend. Schon im Handbuch werden zwei Möglichkeiten mit einem

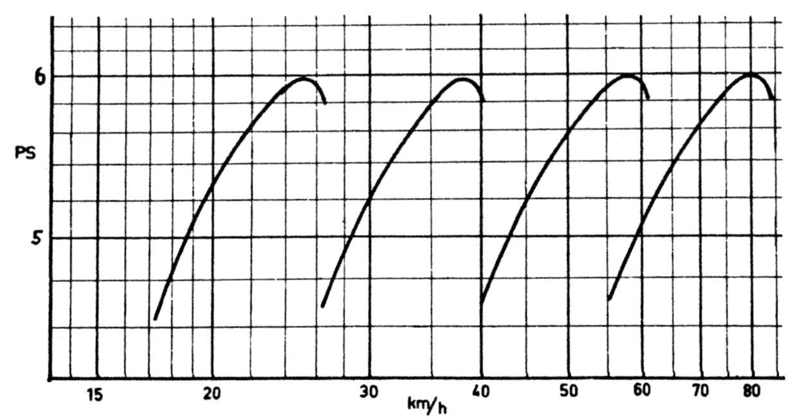

Das Gangdiagramm zeigt die Lage der Gänge. Diesmal ist an einer italienischen Maschine keine ausgesprochene Sportstufung für Straßenrennen zu finden. Aber zwischen den Gängen befinden sich keine unangenehmen Löcher.

54er und einem 55er Zahnkranz am Hinterrad angegeben. Doch war mit der knapperen 54er Übersetzung noch absolut ohne Trägheit zu fahren. Für Soziusbetrieb müßte man vielleicht den größeren Zahnkranz wählen.

Alle wichtigen Teile sind gut zugänglich. Die Batterie steht frei, Unterbrecher auf der linken Motorseite, Lichtmaschine rechts, Zündspule und Reglerkasten mit aufgemaltem Schaltbild über dem Zylinder unterm Tank. Der Deckel des Zylinderkopfes ist mittels eines gekröpften 10er Steckschlüssels leicht ohne Tankdemontage zu entfernen, um das Ventilspiel kontrollieren zu können. Ölwechsel alle 2000 km vorgeschrieben, 1,5 Liter SAE 50 im Sommer, SAE 40 im Winter. Ich fuhr Aral-Superöl 10/30 – die Maschine wurde mechanisch nicht lauter und schwitzte an den Gehäusenähten auch kein Öl aus!

Der Lenker ist in seinen Halterungen verdrehbar, die Handhebel lassen sich jedoch nicht in ihrer Lage am Lenkerrohr verändern. Der Gasdrehgriff hat eine kleine Zugkette, die sich aufwickelt und so den Seilzug nicht beim Anziehen abknickt! – Der Tankschnellverschluß wirkt etwas blechern, ist aber dicht und sehr praktisch. Die Sitzbank ist schmal – nicht für gut genährte Achtersteven gedacht – ihre Härte aber merkt ein abgebrühter Kerl erst auf langen Strecken, wenn er wegen des besetzten Soziusplatzes nicht zur Erholung mal hin und her rutschen kann. Die Bremsen wirken im Durchmesser (123 mm) sehr klein, aber durch die 25 mm-Belagbreite ergeben sich noch gute Verzögerungswerte, über die nichts zu sagen ist. Der Tank faßt ca. 11 Liter mit 2 Litern Reserve. Der Testverbrauch betrug durchschnittlich 2,5 bis 3 Liter auf 100 km, wobei aber gesagt werden muß, daß man ja meist den Hahn voll auf hat, wenn man auf der Landstraße im Strom nicht mitschwimmen, sondern sich freifahren will. In der Stadt bringt das viele Beschleunigen mit allem Dampf natürlich auch allerhand Verbrauch. Man könnte bei anderer Fahrweise mit knappen 2 Litern Verbrauch auskommen.

Durch die neuen Versicherungsprämien sind die Hunderter wieder interessant geworden. Es ist uns klar, daß mancher sich darüber freut, daß sich hier ein Viertakter in dieser Klasse anbietet, der absolut die Zeichen eines soliden Gebrauchsmotorrades hat. Und trotzdem ist so viel sportlicher Elan drin, daß man auch für unseren jungen Nachwuchs ein interessantes Motorrad zum Fahren mit der Gilera 98 Giubileo hat. Es ist kein »Kleinkraftrad«, es ist ein richtiges, echtes Motorrad.

Für den Schluß habe ich mir aufbewahrt, über Kurven zu reden. Denn Kurven waren ein ganz besonderer Spaß! Die – nicht verstellbaren – Fußrasten liegen etwa 18 cm über dem Boden, sie waren bald abgewetzt. Der offene Doppelrohrrahmen hat in sich die nötige Stabilität. Man wird dazu verleitet, um jede Straßenecke, um jeden Hausblock, um jede sich bietende enge Biegung auf der Landstraße herumzuwetzen wie Mike Hailwood. Allerdings – das Knie braucht man nicht rausstrecken! Wir haben schon viele Maschinen der 100er Klasse gefahren – die letzte, mit der man ähnliches fast ganz von allein und unbewußt tat, war die Adler M 100 vor Jahren. Was man ab und zu in dieser Kategorie erlebte, die Unruhe in Spur und Lenkung bei Schwingenmaschinen mit 16 Zoll-Rädern – besonders auch in langgezogenen Kurven bei leichter Schräglage –, das gab es hier gar nicht. Man zog um jede Biegung eine ganz ruhige Spur und hatte dann dabei das Gefühl, auf einer schwereren Maschine mit größerem Radstand und größeren Rädern zu fahren!

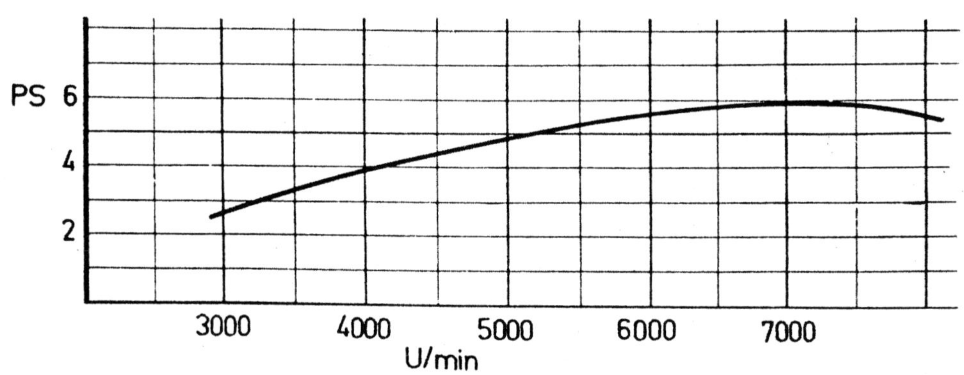

Die extrem flache Leistungskurve des Motors in unser allgemeines Liniennetz eingezeichnet.

Gilera
175 cm³ »giubileo« Tourensport

Es ist eine Entwicklung im Gange, die die größten Unken im schwärzesten Teich sich nicht träumen ließen, als man allenthalben vor einigen Jahren begann, dem Motorrad das Ende zu prophezeien: Händler und Importeure berichten immer wieder, daß sie Maschinen über 350 cm³ in den letzten Monaten sehr gut verkaufen konnten! Wir sehen das ja selbst in den Kreisen unserer Freunde, daß dort der Zug zum großen Motorrad immer stärker geworden ist. Das aber ist der Grund, weswegen wir uns heute noch einmal mit einem »kleinen« Motorrad beschäftigen, einer 175 cm³-Maschine. Denn im Zuge dieser eben geschilderten Entwicklung sieht es in dieser Klasse als auch in der 125 cm³, in der 250 und 350 cm³-Maschinenklasse mit dem Verkauf in der Bundesrepublik schlechter aus, wobei ausländische Erzeugnisse aus England und ganz besonders aus Italien traurig wegkommen! Was ist da los? Sind diese »Kleinen« den Spaß nicht wert?

Seit Jahren scheint es so zu sein, daß das »Westerwald«-Motorrad, das Alltags- und Arbeitsweg-Motorrad, immer mehr an Interesse verliert, und aus diesem Grunde nahmen wir uns einmal ein solches Motorrad zur Untersuchung. Aus Italien – und damit scheinbar noch mehr von Motorradinteressenten mit Mißtrauen und Vorurteilen betrachtet. Die 10 PS Gilera 175 cm³ bietet in ihrem Äußeren die sportliche italienische Linie, die man trotz des schwerer gebauten Rahmens, der größer dimensionierten Kotflügel und der Blechverkleidung des Ansaugsystems elegant und leicht gehalten hat. Das bringen ja eigentlich nur die Italiener fertig. Versucht

Rechte Motorseite. Das Abdeckblech über der Batterie und über dem Ansaugkanal ist abgenommen. Blech ist unpraktisch, auch wenn es gut aussehen soll.

Linke Motorseite. Die Filterkammer im linken Topf ist nicht klein und sehr wirkungsvoll! Der Unterbrecher ist vorn durch einen Deckel abgeschlossen.

haben es bei uns schon viele Leute, aber den richtigen Schmiß haben sie dann letztlich in dieser Richtung doch nicht hingekriegt. Man braucht für ein solches Motorrad nicht unbedingt zum Formgestalter und damit zur Blechbanane à la Raketen-Zeitalter zu kommen, um es zu verkaufen – auch das »klassische« Motorrad kann »Linie« haben und wird dabei und darum immer ein echtes Motorrad bleiben. Der richtige Motorradfahrer will eben kein Blech – er will seinen Untersatz so haben, daß er auch noch als richtiges Motorrad zu erkennen ist. Man schaue sich eben diese Gilera hier an.

Der Viertaktmotor ist ebenso aufgebaut wie der Motor der kleinen 100 cm³-Gilera Die beiden Ventile hängen parallel zueinander senkrecht über dem Zylinder, so daß die Kanäle hier einen 90° Knick machen. Lange Stoßstangen reichen auf der linken Zylinderseite von der Nockenwelle und den Stößeln hinauf zu den Kipphebeln. Man könnte das einen Viertakt-Schulmotor für die Physikstunde nennen. Der Lauf dieses Aggregates ist denkbar vibrationsfrei! Tatsächlich ist es ein ganz kultivierter Motor in dieser Hinsicht. Der Verlauf der Kennlinien ist absolut ohne Extravaganzen, und mit Recht, denn PS-Mätzchen, Drehmoment-Kunststückchen und asketische Verbrauchs-Tricks muß man bei einem soliden Gebrauchsmotor aus dem Spiele lassen. Der muß brav tagaus, tagein seinen Dienst tun, muß brav seinen Reiter tragen und ebenso brav sein Futter haben.

Fans werden lächeln, wenn sie das Wort »brav« vernehmen. Mögen sie. Aber vielleicht kann ich mal einen mitnehmen. Er wird feststellen, daß diese 175 »giubileo« nicht allein eine fleißige Arbeitsbiene ist! So ganz ohne Temperament ist dies Motorrad gar nicht! Oh, nein – mit 1,80 m Länge und 140 Pfund Lebendgewicht ohne Rennfahrer-Sitzposition ging die immer ihre 90 km/h! Auch die Beschleunigungszeiten sind so mies gar nicht. In der Stadt langte es immer, jedem eine Nase machen zu können! Auf der Landstraße waren auch schnell fahrende LKWs kein Problem, auf der Autobahn konnte man

Keine Steckachse. Auswechselbarer Zahnkranz, hartes Federbein und sehr, sehr wirkungsvoller Schalldämpfer.

sich aus den Pulks der Drömel, die da so mit 78,827 km/h 150 % doof und »sicher« dahinträumen, immer raushalten. Nur – Autobahn würden wir möglichst nicht dauernd mit einem Fahrzeug befahren, dessen höchste Spitze knapp über 100 km/h und dessen Dauertempo man bei 90 km/h liegen hat. Es wird langweilig.

Damit man nun viel Freude mit der Maschine haben kann, sind fünf verschiedene Zahnkränze am Hinterrad zum Auswechseln erhältlich. Von 55 bis zu 59 Zähnen. Serienmäßig ist ein 58er Zahnkranz montiert. Auf diese Weise kann man das Gesamtübersetzungs-Verhältnis fünfmal verändern und praktisch auf jedes Fahrergewicht, auf jede Fahrergröße und Zuladung bemessen. Im Handbuch sind hier alle nötigen Daten angegeben. Es ist ja klar, daß ein Zweizentner-Mann von 2,00 Meter Höhe einen ganz anderen Fahrwiderstand bietet als ein Männchen von 100 Pfund und 1,70 Meter Größe. Bei diesen Maschinendimensionen und in diesem Leistungsbereich merkt man das ganz erheblich. Der Zweizentner-Mann würde vielleicht noch den dritten Gang ausfahren, den vierten Gang jedoch kaum noch benutzen können, wo der kleine Kerl im vierten wie ein Wirbelwind vorbeibraust. So geht das Motorrad bei Höchstdrehzahl der Kurbelwelle mit dem 55er Zahnkranz und also ganz knapper Gesamtübersetzung für leichte Fracht von 6,84 im vierten Gang gute 108 km/h, während bei einem 59er Zahnkranz für schwere Last und einer Gesamtübersetzung im vierten Gang von 7,35 bei 7000 U/min knapp 100 km/h herauskommen. (Hinterradbereifung 3.00-17, Radumfang 1,75 m.)

Die Lage der Gänge ist nicht extrem straßenrennmäßig. Man hat berücksichtigt, daß man im Stadtfahrbereich zwischen 40, 50 und schnellen Ausfallstraßen 70 km/h fahren muß, und hier hauptsächlich den zweiten Gang zum Hochbeschleunigen und den dritten Gang zum ruhigen Dahintrudeln braucht. Die Fußschaltwippe ist allerdings unter Überlegungen bemessen worden, die ich nicht erforschen konnte. Selbst für meine großen Füße waren die Schalthebelenden sehr weit auseinander, und der enorm lange Schaltweg rauf oder runter ließ es nicht zu, daß man von der Fußraste aus schalten konnte. Mit dem Hacken trat man die Gänge vorn beim Aufwärtsschalten, mit der Fußspitze das hintere Wippen-Ende beim Runterschalten. So ließen sich leider auch die Fußrasten deswegen kaum verstellen, weil die geknickten Rohrenden die weiten Bewegungen der Schaltwippe anders als in serienmäßig angeordneter Stellung behindert hätten. Der Getriebekonstrukteur sollte mal bei einem englischen Getriebebauer in die Schule gehen!

Das Fahrwerk ist ein unten offener Doppelrohrrahmen. Vorn eine ausgezeichnete Teleskopgabel, hinten eine Schwinge mit Federbeinen. Wenn man ein Motorrad für zwei Personen konstruiert, dann muß man diese Belastung natürlich zugrunde legen

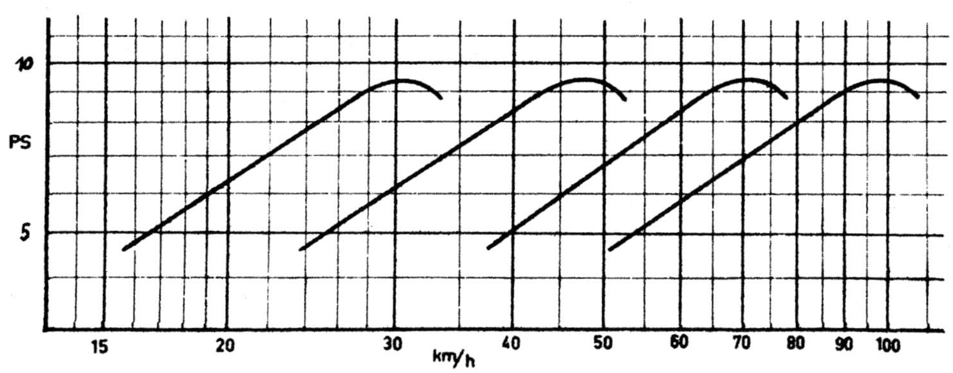

Das Gangdiagramm für einen 58er Zahnkranz am Hinterrad.

bei der Bemessung der Federhärte. Die Härte der hinteren Federn an der Gilera muß aber für vier oder sechs Personen berechnet worden sein, oder der Konstrukteur hält jeden anderen normalen Mitteleuropäer für einen Zweizentner-Elefantenmenschen. Wäre die wirklich gute Sitzbank nicht, dann wären 100 km auf schlechteren Straßen Folterqualen. Oder kennt man in Italien vielleicht keine bundesdeutschen Seebohm-Straßen? Und »Stufen«-Autobahnen? Aaaber: wenn jemand von unseren Reifenleuten einmal wissen möchte, wie wir uns ein Reifenprofil für Motorräder denken, die man vornehmlich auf der Straße fährt, dann soll er sich einmal sehr aufmerksam das phantastische Profil dieser Pirelli-Reifen der Gilera betrachten! *Das* ergibt eine Haftung! Selbst bei nassem Blaubasalt noch! Die Reifen im ganzen müssen aber aus einer ziemlich weichen Gummimischung bestehen, die zwar zusätzliche Haftung, aber auch schnellere Abnutzung ergibt. Ich bin mit mir selbst aber einig, daß ich lieber nicht auf die Nase plumpse, wenn ich diesen Vorteil auch mit einer etwas kürzeren Laufzeit eines Reifens bezahlen muß. Ist immer noch billiger! –

Wie bei den meisten italienischen Maschinen ist der Hauptspaß die Kurvenfahrerei. Die Gilera kann man bis auf die Rasten legen, da ist keine Gefahr dabei, und wenn sich auch bei diesem Anblick die Haare biederer Zuschauer sträuben. Besonders in Linkskurven – in Rechtskurven ist der Schalldämpfer eine Idee eher unten als die Fußraste. Dieser Schalldämpfer mit der kleinen Austrittsöffnung ist übrigens nach den Erwartungen unserer gestrengen TÜV-Leute gemacht: er trägt wesentlich zu dem kultivierten Eindruck bei, den nicht nur Motor und Motorgeräusch beim Fahren, sondern die ganze Maschine macht. Auch was Ölnebel an den Gehäusenähten angeht, so ist da nur Erfreuliches zu sagen. Aus den Radlagern trat nach ersten scharfen Bremsversuchen etwas Fett nach außen und beschmutzte die Bremstrommeln und Radfelgen, sonst gab es kein Öl- oder Fettsabbern.

Bei einem Fahrzeug, das hauptsächlich mit wirtschaftlichen Augen betrachtet werden soll, wollen wir auch wieder einmal über den Benzin- und Ölverbrauch sprechen. Die 2,5 Liter/100 km, die man lt. Propaganda nur benötigt, sind natürlich mit viel Raffinesse errechnet und ausgeknobelt. Trotzdem blieb ich immer unter 3,7 Litern, auch bei Vollgasfahrerei! Ölverbrauch gleich null! So sind es billige Kilometer, die man mit diesem Motorrad fährt – solange es an sonstigen Details nicht hapert. Man kann da schlecht irgendwelche verbindlichen Worte sprechen, schon weil man dazu eine solche Testmaschine nicht lange genug fahren kann – aber dem Gefühl und dem Gesamteindruck nach ist die Gilera ein sehr solides und qualitativ gutes Erzeugnis, das ganz bestimmt nicht irgendwelche Vorurteile rechtfertigt! Ihr Geld ist sie wert.

Nach dem Gesagten ist es eigentlich nicht zu verstehen, wenn gerade ein Fahrzeug dieser Art in seiner Klasse heute bei uns schwerer an den Mann zu bringen ist! Es ist auch ein »richtiges« Motorrad, auch als Zweitfahrzeug für den Spaß an der Freud! – Aber – so meine ich – es wird schon so sein, daß einer, den der Spaß an der Freud' quält, eben nicht das »Brave« sucht. Man sucht das »Feurige«, das Abenteuerliche, man sucht PS, km/h – und man fragt nicht selten erst in zweiter Linie, wie lange so was hält.

Ob das richtig ist? Denn es ist nicht wahr, daß ein Motorrad wie diese Gilera hier, nichts zu bieten hat! – Da steckt eine ganze Menge Motorradfreude drin, man soll da nicht den Kopf in den Sand stecken! Diese Freude ist hier nämlich billiger als bei manchem anderen schönen »großen« Donnervogel!

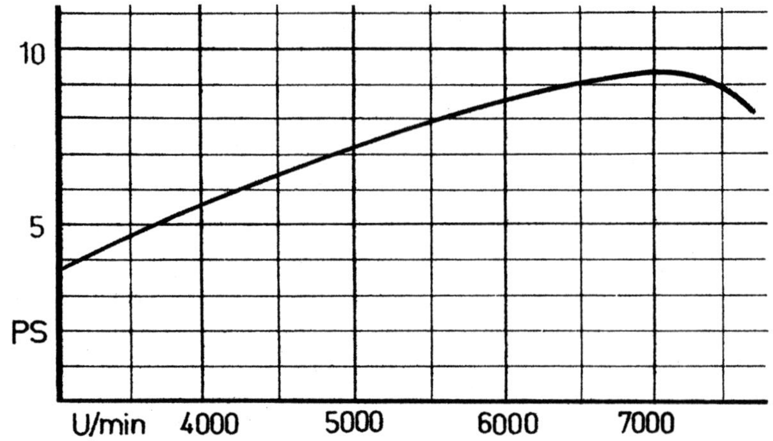

Die Motorleistung gemessen am Hinterrad. Danach dürften an der Kurbelwelle weit über 10 PS vorhanden sein.

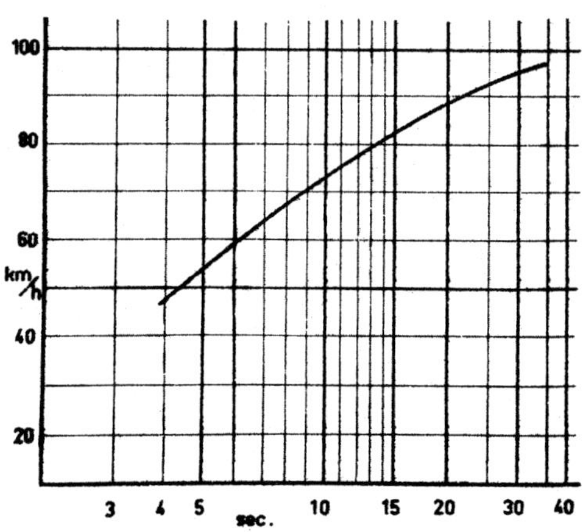

Die beste gemessene Beschleunigung.

Walter Sommer mit der Testmaschine auf dem Nürburgring. Mit diesem Motorrad, das dem Straßenrennsport in seiner ganzen Charakteristik entliehen ist, wollten wir auch einmal einen unserer guten Straßenrennfahrer und Nürburgringkenner fahren sehen.

Aermacchi

Ala Verde 250 cm³/5-Gang

Es ist eigentlich erstaunlich, daß ein Motor mit liegendem Zylinder trotz seiner vielen Vorteile von nicht sehr vielen modernen Motorradherstellern eingebaut wird. Tiefe Schwerpunktlage, günstige Möglichkeiten für Montagen, sehr gute Kühlungsbedingungen und anderes sollten einen Konstrukteur doch reizen können. Außerdem liegt in einer solchen Anordnung des Motors das Geheimnis zu einer besonders sportlichen Linie verborgen. Motorradfahrer von heute suchen diese Attribute bei ihren Maschinen, und deswegen liegt das Haus Aermacchi Harley-Davidson in Varese mit dem Typ Ala Verde genau richtig. Die Ala Verde ist ein echtes italienisches

Die Aermacchi Ala Verde ist eine kleine, niedrige Maschine, die nur 119 kg auf die Waage bringt.

Sport-Motorrad. Es hat alle typischen Merkmale wie die so flach verlaufende Leistungskurve des Motors, die sehr knappe Gesamtübersetzung, die italienische Sitzposition und das Temperament. An der äußeren Linie kann ein Motorradnarr sich schon begeistern. Man sieht der Maschine an, daß Erfahrungen und Bilder des Straßenrennsportes Paten waren. Selbst die braven Tourenmaschinen der Italiener haben ja alle diese äußere Linienführung und sehr sportlichen Zeichen. Und das ist wohl auch der Hauptgrund, daß sie sich gegenüber anderen Marken behaupten konnten. Brave »Krafträder« (laut Behördendeutsch) – brav im Aussehen und Temperament – sind der Jugend ein Greuel. Der Einzylinder-Viertaktmotor (Bohrung 66 mm, Hub 72 mm) von 247 cm^3 Hubraum wurde bislang mit sehr unterschiedlichen PS-Angaben bedacht. Einmal sollte er

Das Original-Fahrtschreiberblatt einer Runde um die 22,8 km lange Nordschleife des Nürburgringes. Angezeigte 120 km/h entsprechen 130 km/h in Wirklichkeit. Die umrundeten Zahlen geben die gleichen Streckenstellen des Nürburgringes wie auf dem Nürburgring-Diagramm an. Maßgeblich beteiligt an der enormen Fahrleistung für 16 Getriebe-PS sind die flache Leistungskurve, das niedrige Gewicht und die Handlichkeit der Maschine.

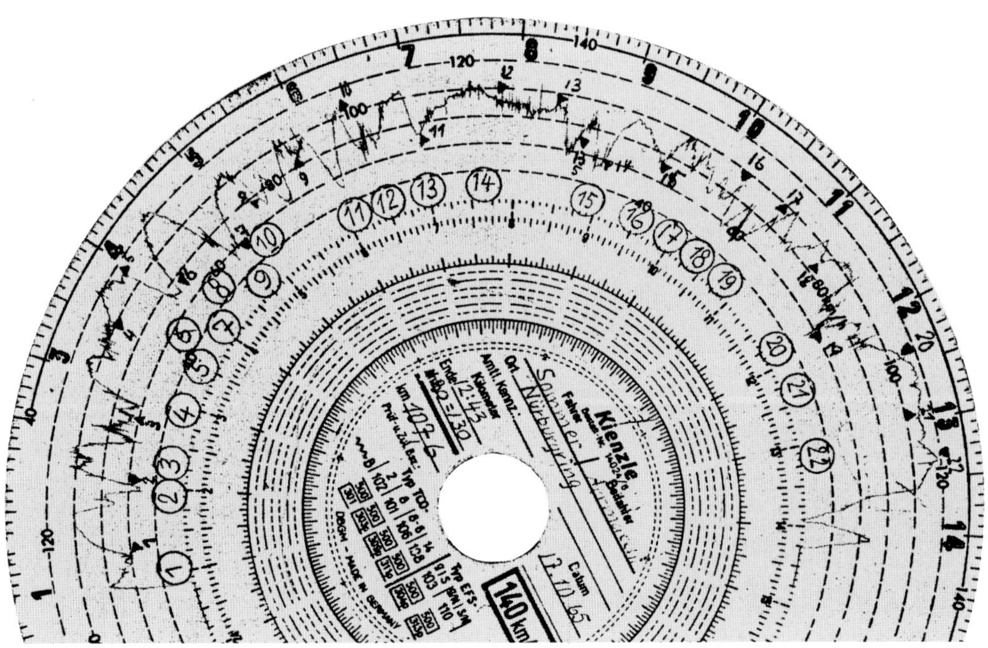

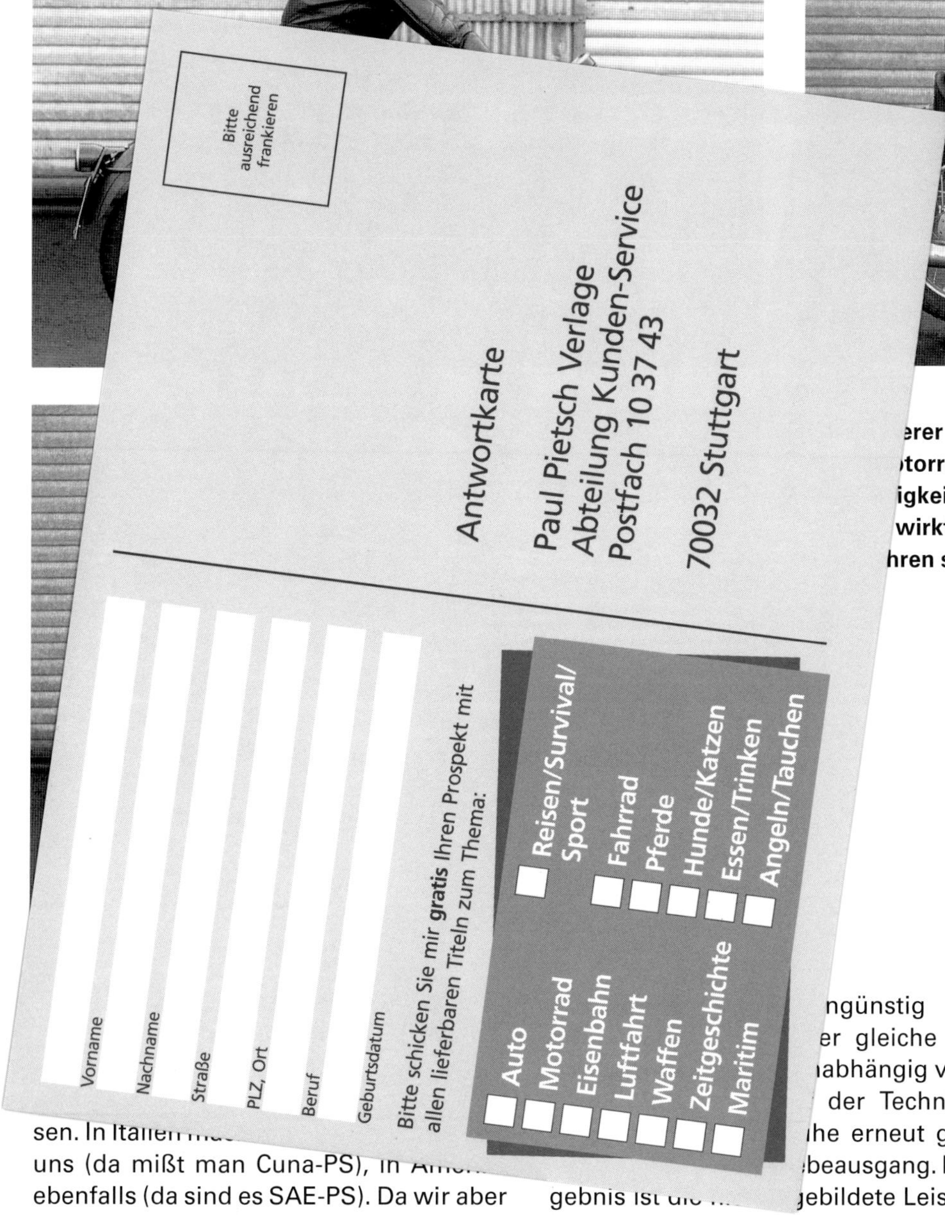

…erer Fahrer paßt wie angegossen auf dieses …otorrad, ein größerer Mann hat etwas …igkeiten. Eine aufrechte Sitzposition … wirkt nicht nur unschön, sondern ist auch …hren sehr unglücklich.

sen. In Italien ma… uns (da mißt man Cuna-PS), in Ame… ebenfalls (da sind es SAE-PS). Da wir aber einen echten Vergleichswert zu unseren in Deutschland gemessenen Leistungsdaten (DIN-PS) für einen Test benötigen, stellten wir die Maschine auf den Rollenprüfstand der Akademischen Motorsportgruppe an der Technischen Hochschule in Stuttgart. Ergebnis: knapp 16 PS am Hinterrad bei großer sommerlicher Hitze und zum Teil durch Schaumbildung des Sprits in der

…ngünstig beein- …er gleiche Motor …abhängig von un- … der Technischen …he erneut gemes- …ebeausgang. Das Ergebnis ist die … gebildete Leistungskurve. Mit zu fetter Vergaser-Einstellung, 22° Meßtemperatur: 16 PS bei 6500 U/min. Man kann ruhig bis zu 7200 U/min weiterdrehen lassen, ohne daß die Leistung wesentlich abfällt. Das Drehmoment liegt mit 1,95 mkg zwischen 4000 und 5000 U/min, ein genauer Punkt läßt sich bei dem ungewöhnlich flachen Verlauf der Kurve nicht angeben. Diese 16 PS am Getriebeausgang (etwa 19 PS an der Kurbelwelle demnach) sehen gar nicht nach einem Hochleistungs-Sportmotor aus. Aber wehe, wer da etwa geringschätzig mit den Achseln zuckt! Denn durch den flachen Leistungsverlauf, das geringe Gewicht von nur 119 kg mit halbleerem Tank aber vollständiger Ölfüllung und durch den geringen Luftwiderstand eines kleinen, schlanken Fahrers mit straff anliegendem Fahranzug bringen diese 16 PS allerhand Fahrleistung zusammen. Hinzu kommt, daß man den Motor klaglos über 7500 U/min drehen lassen kann, wobei er ein erstaunliches Stehvermögen zeigt, und daß man mit dem Fünfganggetriebe bei diesem

Der Zylinder scheint der eines Ultrakurzhubers zu sein. Die Laufbüchse ragt jedoch weit ins Kurbelhaus hinein, der Hub beträgt 72 mm, die Bohrung 66 mm. Der Fußschalthebel ist hier individuell für den Fahrer hergerichtet, die etwas weit ausladende und nicht gut liegende Schaltwippe hat man also gegen diesen handlichen Hebel eingetauscht. Leider sind die Fußrasten nicht verstellbar.

Der Zylinderkopf hat viele Ecken und Winkel. Aber er bietet keine thermischen Probleme und man kann bequem an die Ventile, an die Zündkerze und an den Vergaser.

Motor sehr viel anfangen kann. Das ergibt dann Zeiten auf der 22,8 km langen Nordschleife des Nürburgringes mit Fahrtschreiber zwischen 12:43 und 13:20 (= 107,6 km/h bis 102,65 km/h Durchschnitt). Die 12 Minuten und 43 Sekunden wurden von Walter Sommer (Köln), dem Sieger der 250 cm^3-Lizenz-Klasse (auf Honda) des Eifelpokal-Rennens 1965 auf dem Nürburgring gefahren, den wir einmal auf unsere Testmaschine setzten, um für diese dem Straßensport entlehnte Sportmaschine eine Vergleichszeit von einem guten Straßenrennfahrer und Nürburgkenner zu erhalten. Und diese Zeit (ohne vorheriges, besonderes Training mit der Testmaschine) ist ein Wort für 16 PS und ca. 7,4 kg/PS Leistungsgewicht auf dem Ring! (Hubraumleistung: 64 PS/Liter.)

Des weiteren beeindruckte uns die Zähigkeit des Motors. Bei 6500 U/min ist eine Kolbengeschwindigkeit von maximal 16,0 m/sek vorhanden, bei 7500 U/min sind es 18,5 m/sek. Schon diese Zahlen bei extremer Belastung lassen annehmen, daß die Lebensdauer nicht allzu kurz kommt. Wenn man aber den robusten Kurbeltrieb mit den 32 mm Durchmesser des Hubzapfens, den 25 mm Durchmesser der Kurbelwellenenden und deren breite Lager betrachtet, dann wundert man sich nicht mehr. Das Pleuel ist auf dem Hubzapfen in einem breiten Nadellager gelagert, der Kolbenbolzen-Durchmesser beträgt 18 mm. Kolbengewicht ca. 30,5 g, Stoßstangen-Gewicht 28 g. Zylinderverschleiß der Testmaschine nach 10000 km Laufzeit: 1/100 mm. Und sie wurde wahrhaftig nicht geschont. Motorräder mit derart stehfesten Motoren sind dringend aus europäischer Fertigung erwünscht, weswegen uns dieses Modell in dieser Hinsicht besonderen Spaß machte.

Ein wesentlicher Faktor, um Freude an der Aermacchi zu haben, ist die richtige Übersetzung. Von Hause aus wird sie mit 18 Zähnen am Getriebeausgang und mit 38 Zähnen am Hinterrad geliefert. Das ist für einen normal sitzenden, normal für eine Motorradfahrt bekleideten und mit 70 kg Normgewicht ausgestatteten Mitteleuropäer viel zu knapp. Damit kommt man

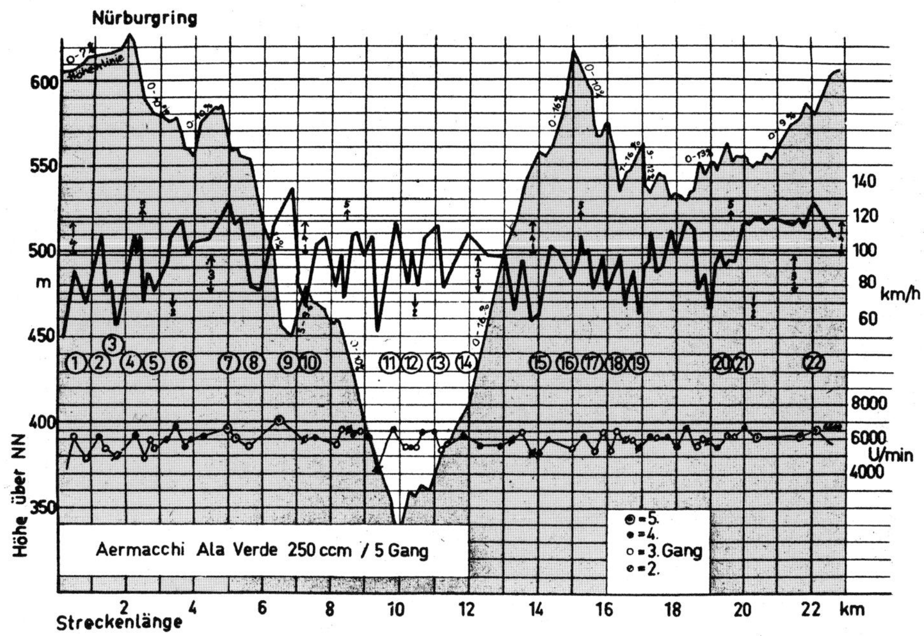

Höhendiagramm des Nürburgringes mit Geschwindigkeits- und Drehzahlverlauf sowie Einsatz der Gänge und deren Schaltpunkte. Durch die Möglichkeit, fünf Gänge einsetzen zu können, verbleibt der Drehzahlverlauf (unten) sauber zwischen 5000 und 6500 U/min. Es gibt also keine großen Sprünge, die Kraft und vor allem auch Zeit kosten. Kein Wunder, daß die Maschine schnell ist, wobei der Motor nicht mal überfordert wird. Doch bedingt die Aermacchi, daß man sich um genaueste Übersetzung kümmert (siehe Gangdiagramm). Die umrundeten Zahlen geben folgende Streckenstellen an: 1 = Südkehre, 2 = Nordkurve, 3 = Hatzenbach-Einlauf, 4 = Hatzenbach, 5 = Flugplatz, 6 = Schwedenkreuz, 7 = Arembergkurve, 8 = Fuchsröhre, 9 = Adenauer Forst, 10 = Metzgesfeld (die Nummern 4 bis 10 sind in diesem Diagramm irrtümlich einen Kilometer zu früh gezeichnet worden, was zu beachten ist), 11 =Wehrseifenecke, 12 = Ex-Mühle, 13 = Bergwerk, 14 = Kesselchen, 15 = Karussell, 16 = Hohe Acht, 17 = Wippermann, 18 = Brünnchen, 19 = Pflanzgarten, 20 = Schwalbenschwanz, 21 = Döttinger Höhe, 22 = Antoniusbuche.

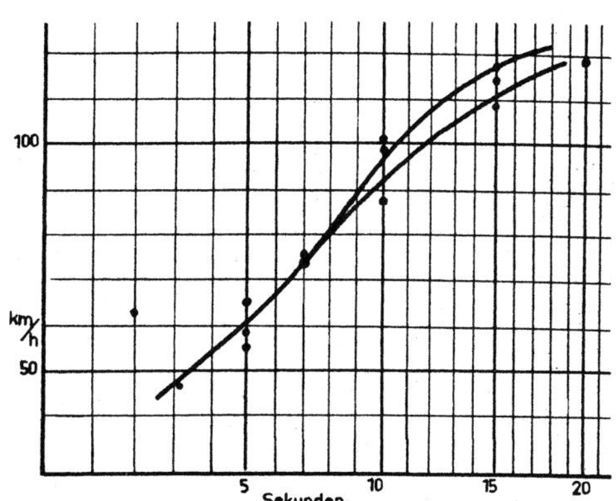

Die Beschleunigungskurve zeigt zu Beginn einen leichten Knick. Das muß von der knappen Übersetzung der ersten beiden Gänge herrühren. Je nach Belastung trennt sich die Linie dann.

höchstens bergab in den fünften Gang. Bei uns sah das so aus: 4. Gang in der Ebene im Mittel bei ca. 110 km/h, 5. Gang unter den gleichen Bedingungen ca. 105 km/h. Nun gibt es aber allein sechs verschiedene Getrieberitzel von 13 bis zu 18 Zähnen und vier verschiedene Hinterrad-Zahnkränze von 36 bis 39 Zähnen, so daß man 24 verschiedene Möglichkeiten zum Auffinden der passenden Übersetzung hat. Diese Arbeit sollte man sich unbedingt machen (beim Importeur Karl Witzemann in Karlsruhe gibt es dafür eine Tabelle, die die Suche erleichtert). Beachten muß man unbedingt, daß man die Übersetzung knapper wählen muß, wenn man mit einer Verkleidung fährt, weil diese den Luftwiderstand und damit den Fahrwiderstand verringert. Das macht zwar in diesem Bereich der möglichen Endgeschwindigkeit zwischen 120 und 140 km/h nicht sehr viel aus, wäre aber zur Erhaltung der Lebensdauer wichtig. Leider ist das Handbuch der Maschine nur in italienischer oder englischer Sprache verfaßt, es sollte bei uns in deutscher Sprache und mit einer Erklärung erhältlich sein, wie man die richtige Übersetzung wählt.

Das Fünfgang-Getriebe könnte man bei dem ohnehin weitgespannten Leistungsbereich des Motors weglassen, man käme mit vier Gängen schon aus. Aber das Drehmoment spielt ja auch eine Rolle, und dessen Ausnutzung bringt dadurch den »Spaß an der Freud'«, weil man durch die fünf Gänge für jedes Tempo und jede Belastung einen Gang zur Verfügung hat, der es gestattet, den Motor und seine Leistung

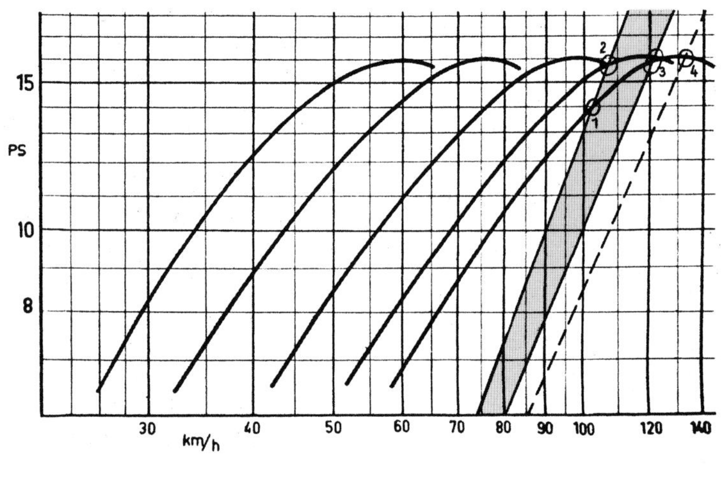

Lage der fünf Gänge zu den Fahrwiderständen bei serienmäßiger Übersetzung. 1 = Endgeschwindigkeit für einen 160 Pfund-Mann aufrecht sitzend im Fahrmantel in der Ebene im 5. Gang. 2 = Endgeschwindigkeit desselben Fahrers im 4. Gang. 3 = Endgeschwindigkeit eines 1,80 m langen und 70 kg schweren Fahrers kleingemacht im Lederzeug (4. und 5. Gang). 4 = Endgeschwindigkeit eines 50 kg schweren und 1,65 m langen Fahrers in enganliegendem Lederzeug langliegend. Man sieht also, daß die Maschine für normale Mitteleuropäer reichlicher übersetzt sein müßte.

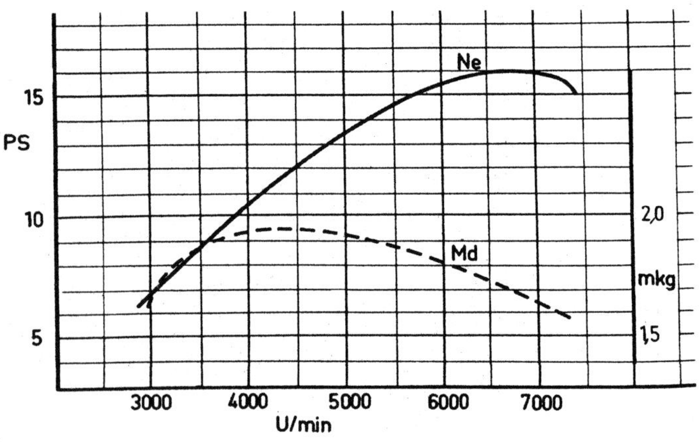

Leistungskurve das Motors, gemessen am Getriebeausgang. Dazu der Drehmomentverlauf.

am genau richtigen Punkt auszunutzen, ohne ihn zu überdrehen oder untertourig zu fahren. Man sieht den Effekt der Geschichte sehr deutlich am Drehzahlverlauf im Diagramm einer Nürburgringrunde unter den Tabellen. Man kann bis auf wenige Ausnahmen stets im Bereich zwischen 5000 und 6500 U/min bleiben. Dabei schadet man dem hohen Rundendurchschnitt nicht und überfordert auf der anderen Seite auch den Motor nicht. Was sich u. a. auch im Verbrauch bemerkbar macht. Man muß allerdings dann mit Drehzahlmesser fahren.

Für einen 1,80 m großen Fahrer kann allerdings die Sitzposition auf längerer Strecke quälend werden. Die Fußrasten lassen sich von Haus aus nicht verstellen, da sie in ihrer Lage durch Arretiernasen festgehalten werden. So muß man durch Rutschen auf der spartanisch harten und schmalen Bank irgendwo die Haltung suchen, die 200 km an einem Stück nicht zur Marter werden lassen. Das gelang mir nicht. Es wäre also für berechtigte Langstreckenansprüche normal gewachsener Reiter etwas zu tun. Das Werk möge sich erinnern, daß der größte Teil der Produktion in Länder geht, in denen die Menschen über 1,70 m groß und entsprechend stärker gebaut sind. (Mit dem Anbringen eines »Tourenlenkers« ist das nicht getan.) Also Fußrasten verstellbar und Fußhebel besser einstellbar machen und deren mögliche Verlegung vorsehen, dazu eine besser gepolsterte und breitere Sitzbank montieren u. a. Fahren mit zwei Personen ist zwar möglich, aber eben nur im Kinoverkehr.

Der Aufbau der Ala Verde ist denkbar einfach. Der Rahmen besteht nur aus einem sehr starken Mittelrohr, an dem praktisch alles aufgehängt ist. Die Steifheit ist ausreichend, nur wird man kleinste Unstimmigkeiten in der Federung, an den Rädern und Bremsen sofort merken. Das Motorrad beginnt mit Schlangenlinien in langgezogenen, schnellen Kurven, wenn an der Funktion dieser Teile etwas fehlt.

An dieser Stelle muß über den Fahreindruck gesprochen werden. Man darf den Vergaser nicht zu sehr fluten, sonst springt

der Motor nicht gleich an. Auch darf man dem kalten Motor nicht zu mageres Gemisch beim Starten anbieten, weil er sonst totsicher zurückschlägt. Der Kolben kommt dann bei der seitens des Werkes serienmäßig vorgenommenen Frühzündung (48° v. o. T. bei geöffneten Fliehgewichten) nicht über den oberen Totpunkt hinaus. Deshalb stellt man bei Witzemann die Motoren auf 40° v. o. T. ein, wobei diese Erscheinung fast verschwunden ist und die Leistung nicht nachläßt. Ein weiterer Nachteil ist die sehr schwer gehende Kupplung. Das liegt an der ungünstigen Übersetzung des Kupplungshebels, an der sehr starken Kupplungs-Zentralfeder, und außerdem sind 10 Lamellen vorhanden. Das macht sich besonders bei längerer Fahrt sehr ermüdend bemerkbar, man muß sogar bei ungenügender Kondition pausieren, um die Schmerzen im Handgelenk zu überwinden. Der erste Gang hat eine Gesamtübersetzung von 11,9. Das bedeutet beim Anfahren Schleifenlassen der Kupplung. Sowie die Maschine richtig in Gang ist, nimmt man fast automatisch eine geduckte Fahrerhaltung ein, und dann macht das kleine Rennpferd einen großen Spaß. Vor allem in Kurven und auf schnellen Bundesstraßen. Man kann da erfahrene alte Hasen ganz schön in Erstaunen versetzen. Der einfache Aufbau des Motors und aller seiner Teile, einschließlich der Elektrik, sind ein nicht zu übersehender Vorteil gegenüber manchen anderen Maschinen, die fahrleistungsmäßig auf gleicher Stufe stehen.
Darum einige Vergleiche von Nürburgringzeiten mit Fahrtschreiber-Dokumentation: Honda CB 72, 250 cm^3 1963 = 12:55/105,4 km/h; Yamaha YDS-3, 250 cm^3, 1965 = 13:15/103,3 km/h; BMW R 27, 250 cm^3, 1962 = 13:50/98,9 km/h. Dagegen Aermacchi Ala Verde, 250 cm^3, 1965 = 13:05/104,6 km/h. Alle von mir – also vom gleichen Fahrer – gefahren. (Walter Sommer fuhr dann mit Fahrtschreiber auf der Aermacchi eine Runde wie eingangs schon erwähnt in 12:43 = 107,9 km/h.) Es handelt sich um einen klassischen Viertaktmotor, an dem ein einigermaßen handwerklich auf der Höhe befindlicher Motorradfahrer nichts falsch machen kann. Besondere Werkzeuge sind zur Demontage und Montage nicht nötig. Alle Details sind ausreichend dimensioniert, Uhrmacherlupe und -werkzeug braucht niemand. Die Kabelanschlüsse der E-Anlage beispielsweise sind übersichtlich und leicht erkennbar bezeichnet bzw. numeriert und zugänglich. Die Aermacchi ist ein Musterbeispiel für Einfachheit, wenn auch der Zylinderkopf zerrissen und zerklüftet anmutet. Die Zylinderlaufbüchse ragt übrigens weit ins Kurbelgehäuse hinein, so daß es von außen aussieht, als handle es sich um einen extremen Kurzhubmotor. Das ist aber nicht der Fall.
M. E. ist es wichtig, daß man sich zur Aufrechterhaltung der Fahrfreude und der Spursicherheit regelmäßig um die Räder, Reifen, Bremsen, Federbeine und die Ceriani-Telegabel kümmert. Zum Beispiel ist es wichtig, daß die Telegabel ganz exakt die gleiche Ölfüllung in den beiden Gabelholmen hat, und daß die Öldämpfer der Federbeine gleichmäßig arbeiten. Außerdem sollen die Räder keinen seitlichen Schlag in der Felge haben, müssen die Bremsen gleichmäßig anziehen usw. – denn alle diese Kleinigkeiten beeinflussen bei einem Einrohrfahrwerk dieser Art die Spurtreue. Arbeiten wie das Einstellen des Ventilspieles, Zündeinstellung, Säubern des Vergasers (einfacher Lufttrichter ohne Luftfilterung) und anderes kann man ohne Schwierigkeiten bequem bei dem liegenden Motor vornehmen. Für Bordwerkzeug (am besten gleich im Werkzeugladen extra kaufen, denn das serienmäßig beigegebene Werkzeug ist nicht von besonderer Qualität) ist sehr schön Platz im Werkzeugkasten vorhanden, da gibt es keine Fingerverrenkungen.
Die Ala Verde hat – obwohl sie nicht erst gestern konstruiert wurde – eine große Chance unter den Motorrad-Liebhabern von 1966. Sie steht ebenbürtig neben ihren Konkurrentinnen in der Reihe der 250 cm^3-Sportmaschinen unserer Zeit.

Technische Daten:
Motor: Einzylinder-Viertaktmotor, mit liegendem Zylinder. Ventilantrieb über Stoßstangen (ohv). Bohrung/Hub = 66/72 mm. Höchstleistung ca 16 PS bei 6500 U/min am Getriebeausgang. Drehmoment 1,95 mkg zwischen 4000 und 5000 U/min. Vergaser-Durchmesser 24 mm, kein Luftfilter. Verdichtung: 8,5. Elektrische Anlage: 6 Volt.
Fünfgang-Fußschaltung. Gesamtübersetzung in den fünf Gängen bei serienmäßigem Getrieberitzel (18 Zähne) und serienmäßigem Hinterradzahnkranz (38 Zähne): 11,9/9,3/7,2/5,3.
Räder: 17 Zoll (Baujahr 1965), 18 Zoll (Baujahr 1966)
Bereifung: 3.00-17 bzw. 3.00-18 vorne und hinten. Es gibt 24 verschiedene Übersetzungsmöglichkeiten.
Gewicht der Testmaschine: ca. 119 kg.
Preis: DM 2500- (ohne Drehzahlmesser) mit Kfz-Brief ab Karlsruhe.
Die Testmaschine stellte der Importeur Karl Witzemann, Karlsruhe, zur Verfügung.

Moto Guzzi
V7 700 cm³

Schon vor dem Jahre 1963 beginnt die Urgeschichte des »Büffels«, eines Motorrades, das ich aus Anlaß dieses Tests noch einmal in kurzen Zügen unseren jungen Freunden und Lesern beschreiben muß. Folgende Forderungen wurden gestellt: Motorräder ab 500 cm³ Hubraum sollten nicht nur hinsichtlich der Leistung ihrer Motoren verbessert werden, sondern vor allem hinsichtlich ihrer Lebensdauer. Bei dem technischen Entwicklungsvermögen der europäischen Motorradindustrie in dieser Zeit ist das jedoch u. E. nur möglich, wenn man den Hubraum vergrößert. Und zwar so, daß die Hubraumleistung – also die Leistung in PS pro Liter Hubraum (PS/l) – möglichst *unter* 60 PS/Liter bleibt, da sich bei den größeren Maschinen europäischer Produktion herausgestellt hat, daß dies in etwa eine kritische Grenze zwischen Zuverlässigkeit und Unzuverlässigkeit ist. Ob ein Aggregat 500, 600, 650, 700, 750, 900, 1200 cm³ oder gar mehr Hubraum besitzt, spielt dabei eine untergeordnetere Rolle, da z. B. die Haftpflichtversicherungsprämien in der Bundesrepublik ab 475 cm³ gleich bleiben. Die Frage jedoch, ob ein Motorrad schon bei 5000 km oder erst bei 50 000 km reparaturanfällig wird, ist im Jahre 1966 bei allen Enthusiasten dieser Kategorie ein sehr wichtiger Faktor, besonders in unserem Lande, in

Der Motor der V7 wurde in seiner Grundkonzeption schon einige Jahre in einem Nato-Geländefahrzeug gefahren. Mächtiges Schwungrad, Zweischeiben-Trockenkupplung. Auf der linken Seite neben dem Fußbremshebel sieht man den elektrischen Anlasser, der an der Schwungscheibe angreift. Zwei große Kästen für Werkzeug und zwei Abdeckbleche für die 32 Ah-Batterie. Sturzbügel vor den Zylindern serienmäßig. 225er Langgewinde-Kerzen 14 mm.

dem man mit solchen Maschinen nicht nur von einer Kaffeebar zur anderen fährt. Aber man will – auch wenn man mit Seitenwagen fährt – in dem immer schneller gewordenen allgemeinen Verkehr auch nicht Mauerblümchen sein, man will auch dort König bleiben; und dazu gehören eben PS. 40, 50, 60 oder gar noch mehr. Je mehr Hubraum zu diesen PS gehören, desto geringer die Drehzahl, desto besser das Drehmoment, desto besser die Beschleunigung, desto elastischer und kultivierter der Motor. Ob man 160 km/h, 175 km/h oder 180 km/h fahren kann, ist dann in diesem Bereich schon witzlos geworden. Solches Tempo ist sowieso bei den engen und überfüllten Verkehrswegen kaum lange zu halten oder zu erreichen. Ein hoher Durchschnitt auf langen Reisen kommt auch nicht durch eine Super-Endgeschwindigkeit, dafür sind einige andere Faktoren viel ausschlaggebender.

Ein »Büffel« soll seitenwagenfest, aber auch kurvensicher für Solofahrten sein, er soll sich bequem fahren lassen. Sein Aufbau soll möglichst einfach und narrensicher sein; der Motor, das Getriebe, der Hinterradantrieb und deren Details sollen auf Dauer und Zähigkeit bemessen sein und höchstens solche pfiffigen Dinge aufweisen, die allein der Einfachheit und dem Stehvermögen zugute kommen. Schließlich soll aber auch die Maschine erschwinglich bleiben und ihr Preis nicht in astronomische Höhen klettern.

Es ist nicht so, daß es im Programm europäischer und anderer Fabriken in der Welt scheinbar ähnliche Modelle noch nicht gibt oder gegeben hat, nur fehlte es bei fast allen immer gerade an irgendeinem entscheidenden Punkt, um ein solches Motorrad als rassereinen Büffel ansprechen zu können. Und deswegen blieben wir auch im *MOTORRAD* nicht still, immer wieder für eine solche Maschine zu sprechen.

Während anderswo in dieser Richtung Versuche gemacht wurden, während sogar Versuchsmaschinen bis über 1300 cm^3 entstanden, die aber bis heute wieder von der Bildfläche verschwanden, weil die

Die Seitenstütze ist serienmäßig.

Hersteller auf Probleme trafen, mit denen sie nicht fertig werden konnten (und wenn es nur Preis- oder Absatzfragen waren), durchstand die Moto Guzzi V7, die »Bombe« aus Mandello del Lario am Comer See in Italien, diese Anfangsstadien und erschien auf der IFMA in Köln 1966 als eines jener Objekte, von denen Freunde großer Motorräder behaupteten, daß sie diese Ausstellung von der Fahrrad- zur Motorrad-Ausstellung aufwerteten.
Beim Erblicken des gewaltigen Trumms von einem Motorrad war es klar, daß es keine Ruhe geben würde, bis die V7 in meinen Händen war. Das Haus Moto Guzzi übergab mir die Ausstellungsmaschine vom Stand in Köln weg, wo vielleicht mancher noch glaubte, daß dies ein präpariertes Einzel-Show-Objekt sei. Man lud die Batterie auf, Benzin und Öl wurde aufgefüllt – ab ging die Reise, solange, »bis alle wichtigen Punkte eines Tests erfüllt wären«. Und das dauerte etwas länger als 4000 km. Jedenfalls so lange, bis der Importeur Fritz Röth in Hammelbach auch ungeduldig wurde, denn schließlich wollte er ja auch wissen, was mit dieser Kanonenkugel los ist.
Bis zu 2000 km war nichts Besonderes. Man war zuerst sogar enttäuscht, da der Motor für 50 SAE-PS doch reichlich lahm schien. Bei 148,3 km/h solo mit einer Person war anfangs die Endgeschwindigkeit erreicht. Aber dann, nach den ersten 2000 km, wurde die V7 plötzlich lebendig, und von da an war es ein mitreißendes Biest.
V-Motoren quer im Rahmen hat es schon oft gegeben, manche Fabriken wurden damit mehr oder weniger glücklich. Wir waren auf Querschütteleien und Vibrationen gefaßt, auf Wackelei beim Gaswegnehmen und beim Gasgeben, auf unruhiges Spurverhalten beim Bremsen. Die Schüttelei war auch da, und zwar im Augenblick, in dem man vom Leerlauf weg das Gas aufriß. Sowie jedoch die Schwungmassen in richtiger Bewegung waren, lief der Motor ruhig. Vibrationen waren spürbar, aber der Rückspiegel, der an der linken Scheinwerfer-Konsole befestigt war und mit einem sehr langen Arm nach außen stand, der blieb ruhig stehen, so daß man bis zu 140 km/h die Welt hinter sich gut betrachten konnte. Ab 140 km/h fing er an, im Fahrtwind etwas zu »flattern«. Bei längerem Halten von Überdrehzahlen im dritten Gang beispielsweise (bei 140 km/h Tachoangabe) merkte man Vibrationen nur daran, daß die lose aufgeschobenen Lenkergriffe nach außen wanderten. Uhu-Plus und ein untergewickeltes Lenkerband setzten dem Treiben radikal ein Ende.
Der Zweizylinder V-Motor, Viertakt ohv, hat genau 703,7 cm^3 Hubraum. Die beiden Zylinder stehen in einem Winkel von 90° zueinander quer im Rahmen der Maschine. Bohrung 80 mm/Hub 70 mm. Nenndrehzahl 6000 U/min. Verdichtungsverhältnis 1:9. Leistung 50 SAE-PS. Diese Leistung – SAE – wird ohne Luftfilter, ohne Schalldämpfer und ohne Zusatz-Aggregate an der Kurbelwelle gemessen. Sie dürfte vielleicht 45 bis 47 DIN-PS – mit allem Zubehör – entsprechen. Das wäre eine SAE-Hubraumleistung von ca. 70 PS/Liter (oder eine DIN-Hubraumleistung von ca. 64 PS/Liter). Die mittlere Kolbenge-

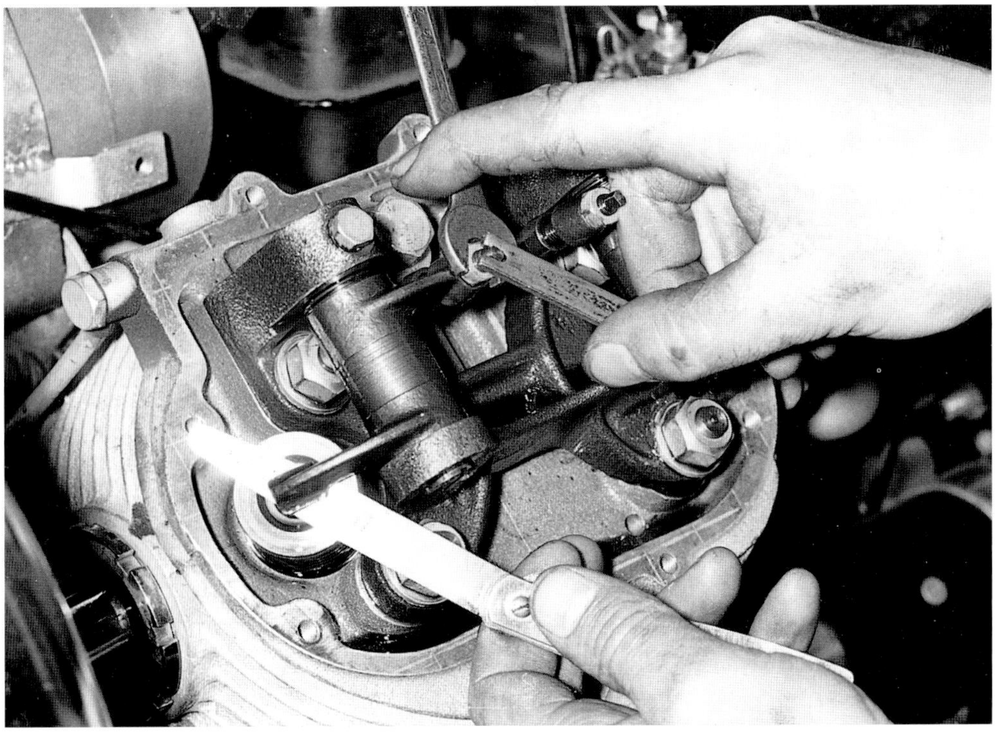

Das Einstellen des Ventilspiels ist sehr einfach – Kipphebel-Lagerbock pro Zylinder aus einem Stück, Kipphebel in Buchsen gelagert. Sehr große Ölkanäle.

Das Kardangehäuse. An der Testmaschine waren nicht verstellbare Federbeine, für Deutschland wird die Maschine mit dreifach verstellbaren Federbeinen geliefert.

schwindigkeit bei 6000 U/min beträgt nur 14 m/sec, was ein sehr geringer Wert ist und einen Hinweis auf bessere Zuverlässigkeit geben dürfte. Das Drehmoment liegt fast bei 6,5 mkg in einem weiten Bereich zwischen 3500 und 5000 U/min, und bei Nenndrehzahl 6000 U/min sind immer noch 6,0 mkg vorhanden. Die Leistungslinie verläuft im oberen Bereich sehr flach, und man konnte den Motor ohne weiteres bis über 7000 U/min drehen lassen, ehe kein Geschwindigkeitszuwachs mehr vorhanden war. Im vierten Gang von 50 km/h (etwas über 2000 U/min) bis zur Endgeschwindigkeit von etwa 160 km/h (= ca. 6800 U/min) gab es beim Beschleunigen kein Loch, kein Rucken. Verfolgt man die Leistungskurve in diesem Bereich, dann wird man sehen, daß das Drehmoment immer über 5,5 mkg bleibt! Das Leistungsgewicht von ca. 10 kg/PS sollte bei dieser Art von Motorrädern nicht überschritten werden, und mit 245 kg erscheint die V7 zuerst ein gewaltiger Haufen Metall zu sein. Man rechne aber nach: ca. 4,9 kg/SAE-PS und ca. 5,3 kg/DIN-PS. (Eine 150 kg schwere Maschine müßte für dieses Ergebnis 30 PS haben!). Klarer Fall, daß ich zuerst auch dachte, wie man wohl mit diesem Riesentier fertig werden würde. Der Radstand beträgt 145 cm, also 10 cm mehr als normalerweise Durchschnitts-Motorräder haben. Es sieht auch so aus, als würde der Schwerpunkt ziemlich hoch sein. Die beiden seitlich schräg hochragenden Zylinder verhelfen zu diesem Eindruck. Das Gegenteil ist der Fall: der Schwerpunkt liegt tiefer als sonst bei Motorrädern. Enge Kurven sind kein Problem, man kommt sogar brillant um die Ecken. Am Nürburgring hatte ich zuerst das Gefühl, mit einem viermotorigen Bomber auf Kunstflug zu gehen – unmöglich, schnelle Zeiten zu fahren. Aber dann kamen Zeiten mit Fahrtschreiber bis 13:00 heraus (105,23 km/h), stehend am Start, stehend im Ziel. Ohne Fahrtschreiber bis 12:50 (106,64 km/h) stehend am Start und stehend im Ziel. Mit fliegender Durchfahrt sogar schnellere Zeiten. Meine angetraute Sozia (Handgelenk-Durchmesser 60 mm, Größe 1,78 m, Gewicht 63 kg) fuhr mit

Zwei Personen haben bequem Platz, selbst wenn es lange Kerls sind.

dem Büffel zum Einkaufen in die nächste Kreisstadt (ei, da schauten die braven Schwaben!) und ein paar Tage in die Rhön-Berge (Seitenstütze und E-Anlasser!). Eine ganze Bildseite von Kurvenstudien am Nürburgring könnte ich bringen, um zu zeigen, wie weit man die Maschine in Schräglage bringen konnte und daß dies keine Schwerarbeit war. Das Überschriftsbild möge dafür genügen. Das Gewicht ist sicher da, natürlich. Aber es war leicht, die Kilos zu beherrschen. In den Kurven war man natürlich langsamer als vielleicht mit einem leichten und kürzeren Sprinter, aber das Fahren war trotzdem ein wundervoller Spaß.

Beim Starten gab es keine Schweißtropfen. Man setzt sich auf die Sitzbank, öffnet den linken Benzinhahn (der rechte bleibt für die zweite Tankhälfte und Reserve), flutet bei kaltem Motor ganz kurz die Schwimmerkammern der beiden Vergaser, dreht mit dem Zündschlüssel zuerst die Zündung an (rotes Licht und gelbes Licht für Öldruck-Kontrolle, dazu Leerlauf-Kontrollicht), dreht dann weiter, bis der elektrische Anlasser über die Schwungscheibe den Motor durchdreht (eine Maschine dieser Art und Größe ohne zuverlässigen E-Anlasser wird demnächst unverkäuflich sein!). Er sprang auch nach den ersten Frostnächten sofort ohne Mucken an. Die beiden Dell'Orto-Vergaser 29 mm Durchmesser waren sehr sauber auf gleichmäßigen Rundlauf einreguliert, und im Leerlauf gab es keine Unruhe. Gaszugverteiler sorgen durch kürzere Seilzüge für das Konstantbleiben der Gaszugeinstellung, was bei diesem Motor übrigens sehr wichtig ist für den gleichmäßigen Lauf. Nach dem Anspringen verlischt im Leerlauf sofort das Öldruck-Kontrollicht.

Keilriemen zum Antrieb der Lichtmaschine an der Vorderseite des Motors.

Es kam vor, daß beim ersten Gang zunächst die Zähne im Getriebe voreinander standen. Ein kurzes Hin- und Herruckeln ließ aber dann den Gang gut einrasten. War der Motor sehr kalt und das Getriebeöl sehr dick, dann mußte man zunächst ganz schön auf die Schaltwippe trampeln, daß der erste Gang einrastete! Das Getriebe scheint aber Lkw-Dimensionen zu haben, es nahm grobe Behandlung nicht übel und funktionierte immer zuverlässig. Die sehr weite Schaltwippe braucht Gewöhnung und ist mit den langen Schaltwegen zusammen auf genaues aber nicht rennmäßig schnelles Schalten hin ausgebildet. Die Getriebestufung trägt dem weiten Leistungsbereich Rechnung (2,33/1,61/1,23/1), wobei auffällt, daß der erste Gang bis über 65 km/h reicht, was eigentlich nicht notwendig wäre. Der zweite Gang ist ausnutzbar von 30 km/h bis über 90 km/h, in der Stadt bei 50 km/h (= ca. 3400 U/min) ist er goldrichtig. Trotzdem fuhr ich gern im dritten Gang (bei 50 km/h = ca. 2600 U/min), weil man damit dezent wie ein Rolls Royce durch die Alleen bummeln kann mit geringster Geräuschentwicklung und ohne auf den nötigen Sprutz verzichten zu müssen, wenn's sein mußte. Bei Überholmanövern konnte man den dritten Gang dann auf der anderen Seite bis zu ehrlichen 130 km/h hochziehen, so daß die Guzzi so eine Art Kanonenkugel wurde, auf der man als Baron von Münchhausen ritt. Denn von 50 km/h bis 130 km/h im dritten Gang brauchte man nur sieben Sekunden! Mit zwei Personen und Wochenend-Gepäck (bestehend aus Elefantenboy und kleinem Koffer auf der Gepäckbrücke) brauchte man etwas über 10 Sekunden, aber die Endgeschwindigkeit von etwa 160 km/h wurde durch diese Belastung nicht beeinträchtigt (!) und wenn 150 km/h solo in etwa 16,5 Sekunden erreicht wurden, kam man mit zwei Personen auf dieses Tempo aus dem Stand in 22 Sekunden. Das gewaltige Drehmoment gerade im günstigsten Drehbereich wirkt sich enorm aus. Einen leichten Seitenwagen müßte man ohne weiteres mit der Soloübersetzung fahren können. Einige erzielte Reisedurchschnitte: 400 km Autobahn in 3 Stunden 15 Minuten einschließlich Tankaufenthalt = ca. 123 km/h Durch-

Original-Kienzle-Fahrtschreiberblatt einer Runde um den Nürburgring (Nordschleife 22,8 km).

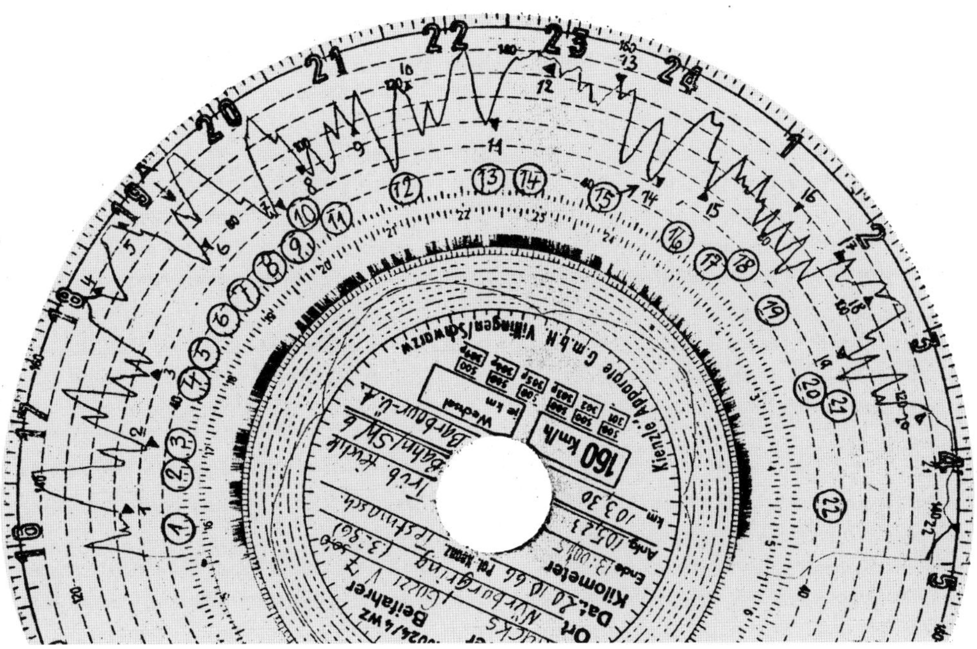

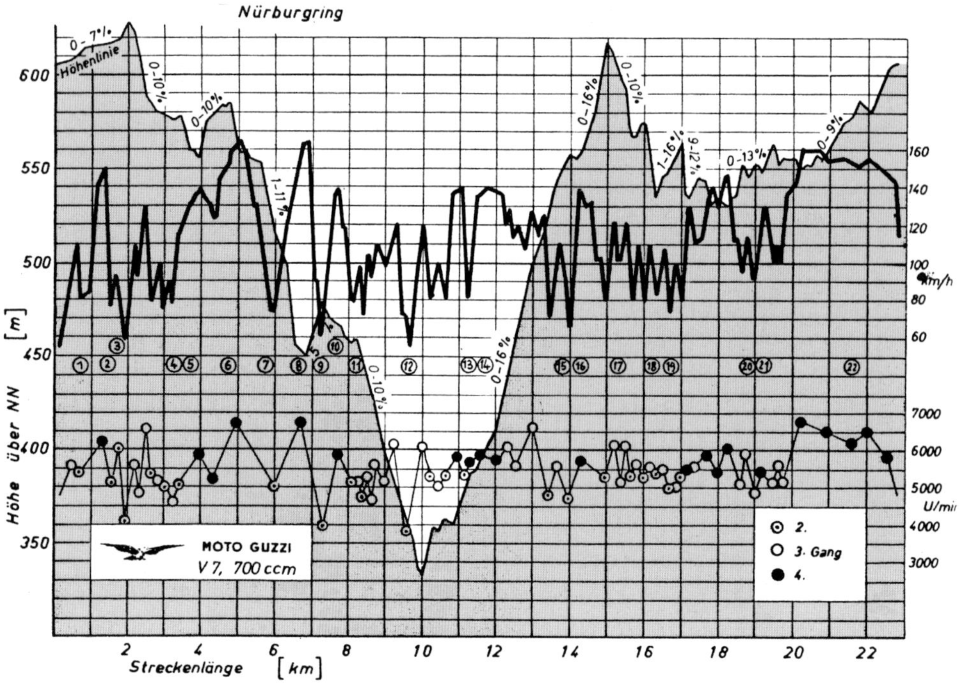

Nürburgring-Diagramm mit Höhenlinie, Geschwindigkeits- und Drehzahlverlauf. An den starken Abstrichen vor den Kurven und an dem steilen Geschwindigkeitszuwachs hinter den Ecken ergibt sich leicht die Charakteristik des Motorrades. Sehr gute Bremsen, sehr hohes Drehmoment, etwas zäh in den scharfen Kurven (245 kg Leergewicht, 145 cm Radstand). Die umkreisten Zahlen geben genau wie auf dem Fahrtschreiber-Blatt folgende Streckenstellen das Nürburgringes an: 1 = Südkehre, 2 = Nordkurve, 3 = Hatzenbach-Einlauf, 4 = Hatzenbach-Auslauf. 5 = Flugplatz, 6 = Schwedenkreuz, 7 = Arembergkurve, 8 = Fuchsröhre, 9 = Adenauer Forst, 10 = Metzgesfeld, 11 = Kallenhard, 12 = Wehrseifen-Ecke, 13 = Bergwerk-Kurve, 14 = Kesselchen-Steigung, 15 = Karussell-Steilwand, 16 = Hohe Acht-Auffahrt, 17 = Wippermann, 18 = Brünnchen, 19 = Pflanzgarten, 20 = Schwalbenschwanz, 21 = Döttinger Höhe, 22 = Antoniusbuche.

schnitt. Köln-Stuttgart über die Autobahn (= 375 km) in 3 Stunden 30 Minuten = ca. 107 km/h. Mit zwei Personen und Gepäck 280 km Bundesstraße und dazu 89 km Nebenstraßen mit vielen Kurven, Gebirge, Ortsdurchfahrten usw. in knapp vier Stunden = ca. 95 km/h Durchschnitt. Bei diesen Fahrten fuhr man nicht etwa hektisch und nervös, gejagt von tausend Blitzen – man fuhr wie ein Hausherr souverän und ruhig, man schaltete nicht viel, man schwang sich halt durch die Lande. Ich bin davon überzeugt, daß da noch ganz andere Reiseschnitte herauskommen würden, käme mal jemand, der im Gemüt und in der Drehgriffhand ein wenig »Überdruck« hat–! Komischerweise hatte ich aber gerade an diesem »ruhigen« Tempo weitaus mehr Freude. Auf dem Nürburgring zeigte sich dann ja auch, daß trotz der Sturheit dieses Büffels noch viel herauszuholen ist. In keinem Falle wurde bei diesen Fahrten ein Verbrauch von mehr als 6 Litern auf 100 km erreicht, Ölverbrauch beim Wechseln nicht meßbar. Durchschnitts-Dauertempo auf der Autobahn um 140 km/h herum, auf Landstraßen zwischen 120 und 130 km/h, das alles stur weg über viele hundert Kilometer. *Da* liegt der Pfiff bei der V7! Und gewaltige Kraftreserven immer noch auf Lager. Die Maschine wurde bei diesen Leistungen niemals überfordert oder kam auch nur in die Nähe ihrer Leistungsgrenze! Das sollte Lebensdauer bedeuten!

Als Fahrer vorn oder auch als Mitfahrer auf der zweiten Sitzbankhälfte hinten sitzt man tatsächlich bequem. Denn es ist in der Länge ja sehr viel Platz. Das kommt schon dadurch, daß der Fahrer wegen der seitlich aufragenden V-Zylinder weiter als üblich hinten sitzt – man braucht also die Länge. Die Beine sind bequem abgewinkelt, man berührt kein Motorenteil. Deshalb muß auch ein etwas größerer Lenker her, aber der wirkt keineswegs unsportlich oder unschön. Man kann vom Fahrersitz aus nicht mit der Hand bis zum Scheinwerferglas reichen, wenn man sitzt, und deswegen ist im Tachometer eine kleine Lampe, die anzeigt, wenn das Standlicht eingeschaltet ist. Der Schalter für die Scheinwerfer-Beleuchtung ist auch ein raffiniertes Stück: man kann ihn als Lichthupe und als normalen Abblend- oder Aufblendschalter benutzen, ohne irgendeine Daumen- oder Fingerverrenkung oder Umschaltung

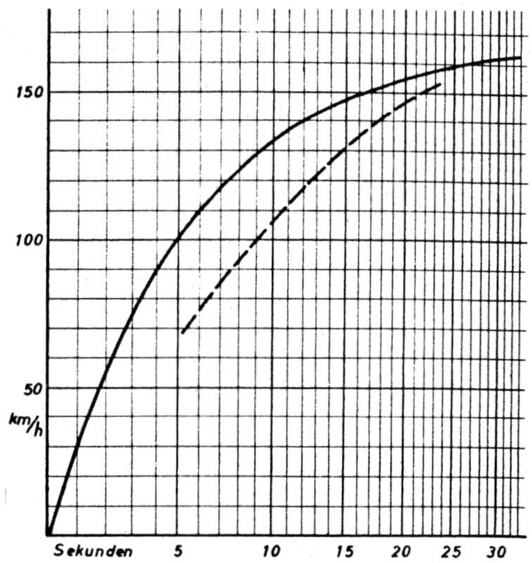

Beschleunigungslinien für Solobetrieb (durchgezogene Linie) und für die Belastung mit zwei Personen (gestrichelte Linie).

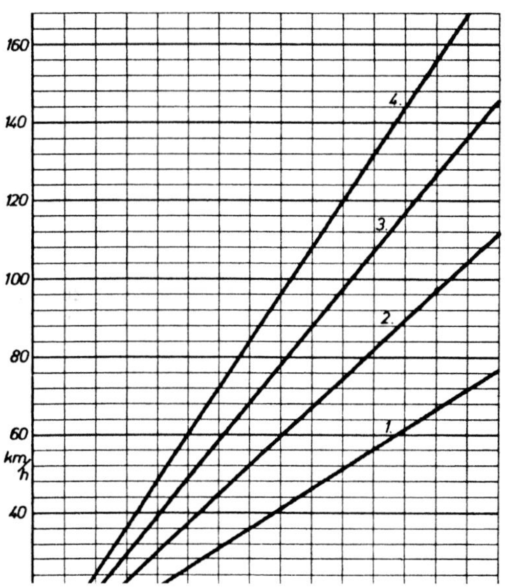

Die Lage der Gänge zur Drehzahl des Motors. 6000 U/min ist die Nenndrehzahl, bis etwas über 7000 U/min ließ sich der Motor drehen. Es ist kein zu knappes Renngetriebe und das Drehmoment des Motors sorgt dafür, daß es auch im mittleren Drehbereich keine Anschlußlücken gibt.

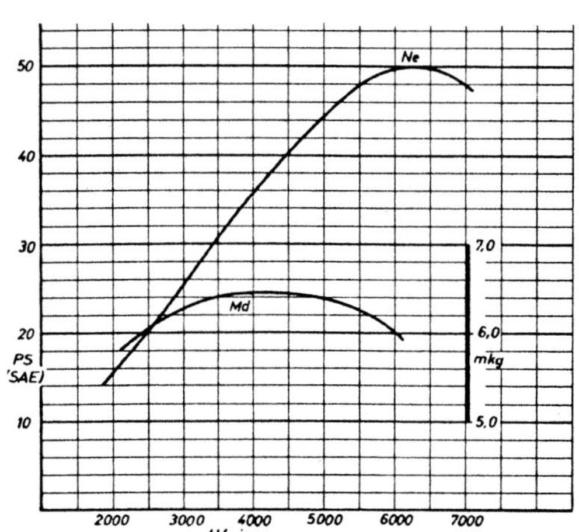

Das ist die Leistungskurve mit Drehmomentverlauf in SAE-PS.

machen zu müssen. Alle genau mit Farben bezeichneten Kabel haben einfache und sehr solide, wasserdichte Steckverbindungen. Die 12 Volt-Batterie mit ihren 32 Ah (!) ist die größte Batterie, die man bis heute in ein europäisches Motorrad einbaute.

Mit zwei Personen und Gepäck zeigte die Testmaschine in langgezogenen, vollkommen ebenen Kurven bei etwa 150 km/h in Schräglage ein Lenkerpendeln. Eine genaue Untersuchung zeigte einen kleinen seitlichen Schlag der Vorderradfelge (wahrscheinlich beim Abladen in Köln seitlich aufgeschlagen!). Außerdem wurde der weiter als üblich tief und *hinten* liegende Schwerpunkt der Maschine noch weiter nach hinten verlegt durch diese Besetzung und Belastung, und die Telegabel hatte auch nicht die richtige Ölfüllung. Letzteres wurde verbessert (160 cm^3 je Holm) und die Straßenlage war danach auch bei extremen Anforderungen befriedigend mit zwei Personen. Nur hatte die Testmaschine keine verstellbaren Federbeine, wie sie in den Druckschriften abgebildet sind. Für Deutschland wird die Maschine jedoch mit dreifach verstellbaren Federbeinen ausgerüstet.

Wie weit die Pirelli-Reifen 4.00-18 vorn und hinten bei Kurvenfahrten ausgenutzt wurden, zeigt ein besonderes Bild in diesem Test. Das Profil dieser Reifen ist ja außerordentlich fein und gut, die Gummimischung allerdings sehr weich, so daß man bereits nach 2000 km deutlich am Hinterrad Abrieb messen konnte. Aus dem Profil flogen uns keine Blöcke heraus, jedoch zeigten in regelmäßigen Abständen die Mittelblöcke des Hinterradreifens Anrisse. Man muß sich ja auch überlegen, welche Kräfte da bei 6,5 mkg Drehmoment am Werk sind!

Diese Überlegung gilt natürlich auch bei der Dimensionierung des Hinterradantriebes. Daher lag ein Kardanantrieb auf der Hand. Das Gehäuse, die Räder, die Welle in dem als Schwingenholm ausgebildeten Wellentunnel unterscheiden sich in nichts von anderen gleichen Antrieben. Man kann die Zahnräder bis zu 120 km/h ein wenig heulen hören bei glatter Fahr-

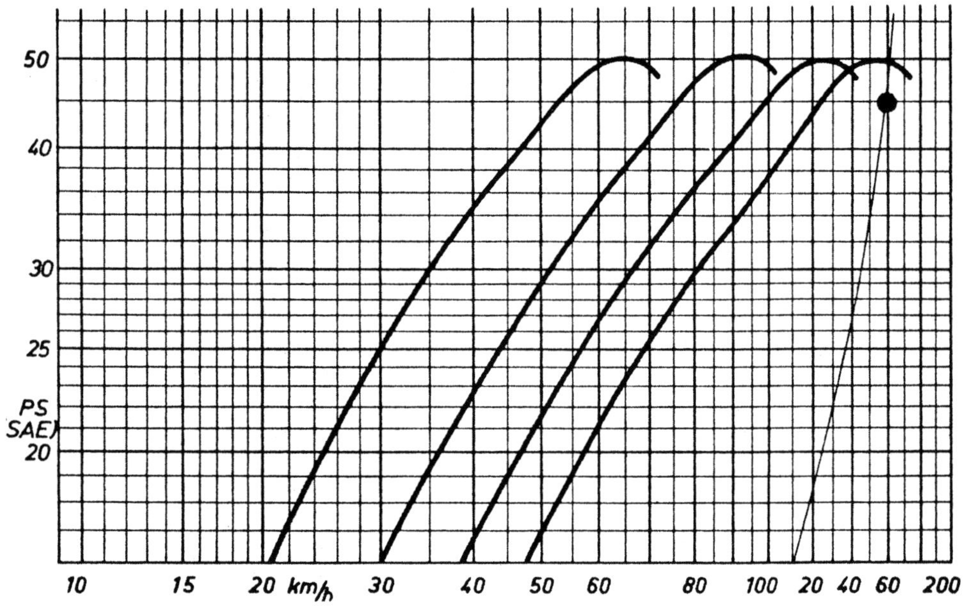

Die Lage der Gänge zum Fahrwiderstand in der Ebene (eine Person leicht gebückt 70 kg). An der Widerstandslinie gibt der Punkt die Stelle an, wo etwa der vierte Gang bei DIN-PS die Linie kreuzen würde. Es müßte möglich sein, die Maschine soloübersetzt mit einem leichten, windschlüpfrigen Seitenwagen (etwa Steib 250 S) zu fahren.

bahn. Beruhigend wirkte die Tatsache, daß es kaum Ölnebel dort gab und daß auch die Wärmeentwicklung in diesem sehr stark bemessenen Antrieb nicht erwähnenswert ist. Die Geradweg-Hinterradspeichen blieben alle fest, scheinen also auch ausreichend dimensioniert zu sein.

Die Zylinder und Zylinderköpfe sind aus Leichtmetall, die Zylinderlaufflächen hartverchromt. Die Lagerböcke für die Kipphebel bestehen für jeden Zylinderkopf nur aus einem Stück und tragen so zur inneren Festigkeit bei. Die Einstellung des Ventilspieles ist denkbar einfach, da die Zylinderköpfe ja wie auf dem Schreibtisch vor einem liegen. Die Schmierung erfolgt über eine Zahnrad-Ölpumpe, der Motor hatte drei Liter in der Ölwanne. Gefahren wurde einfaches 20er Motorenöl. Die 29er Dell'Orto-Vergaser müßten eigentlich über den Mischkammerdeckeln an der Einführung der Seilzüge eine Abdichtung gegen Wasser, Staub und Dreck durch entsprechend geformte Gummikappen haben. Nicht, daß wir bei schlechtem Wetter auf verschmierten Straßen Schwierigkeiten hatten, aber der Gedanke an den Winter, an die dann versalzenen und verdreckten Straßen würde mir da keine Ruhe lassen. Lichtmaschine 12 Volt, 300 (!) Watt und Elektrik (Zündverteiler) sind ansonsten gut gegen Staub und Dreck geschützt. Auch der Keilriemen zum Antrieb der Lichtmaschine an der Stirnfläche des Motors ist sehr gut abgekapselt durch einen Deckel. Der sehr hochwandige Motor (das Gehäuse erinnert ein wenig an die gewaltige Vierzylinder-Windhoff von 1929) ist in seinem Äußeren gut aufgeräumt und man kommt an jedes wichtige Detail bequem heran.

Ist die Maschine laut? Dazu sollte man natürlich ein Phonmeßgerät Auskunft geben lassen. Ich schätze jedoch, daß mit der serienmäßigen Auspuff- und Schalldämpferanlage keine besonderen Schwierigkeiten auftreten; vielleicht aber mit etwaigen mechanischen Geräuschen des Ventiltriebes im Zylinderkopf, wenn das Ventilspiel zu reichlich eingestellt ist. Die beiden Auspuffrohre haben kurz vor den Schalldämpfern eine Querverbindung, die für den gleichmäßigen Lauf nötig ist. Die Schalldämpfer selbst sind groß und müßten reichen. Das Ansauggeräusch hinter dem großen Luftfilter ist kaum wahrnehmbar.

Die Radmontage ist einfach. Steckachsen vorn und hinten. Allerdings müßte man bei Gespannbetrieb für die Herausnahme des Hinterrades einen demontierbaren Kotflügel haben. So wie das früher die Zündapp KS 601 hatte (kein Scharnier, das verrostet!).

Da der kleine Scheinwerfer von nur 150 mm Durchmesser bei einer so schnellen Maschine mit seinem Punktlicht nicht genügt, montiert der Importeur für Deutschland einen solchen von 200 mm Durchmesser mit einer breiten Streuung. Dazu die 45/40 Watt-Lampe! Außerdem kamen die verstellbaren Magura-Handhebel H 48 an die Lenkerenden.

Kommen wir zu einem Schlußwort. Als Hintergrund für den Absatz dieser Maschine stehen der Markt in Amerika, die italienische Polizei und ähnliche Gruppen. Es scheint reiner Zufall zu sein, daß Moto Guzzi die V7 so passend für einen Fahrerstamm in Deutschland baute. Doch gilt der Gedanke der Qualitätssteigerung durch Hubraumvergrößerung verbunden mit mehr Leistung ja für alle am Motorrad interessierten Kreise in der Welt. Das scheint man in Mandello begriffen und erkannt zu haben, zumal es dort bis zum heutigen Tag ja auch immer noch die 500 cm³ Einzylinder-Maschine mit 19 PS, die »Falcone«, mit liegendem Zylinder und außenliegender Schwungscheibe gibt, die für den zuverlässigen Betrieb bei der Polizei in Italien vor vielen, vielen Jahren entwickelt wurde. Vermutlich ist man über diesen Weg zur großen V7 gekommen. Hoffen wir, daß von dem schönen V7-Kuchen genug Stücke für den deutschen Markt übrig sind.

Da stand ich an der 27 % Steilauffahrt des Nürburgringes. Den ersten Gang eingelegt, die Kupplung gezogen, den Fuß auf der Bremse, daß der Brocken nicht nach hinten abstürzte. Mit der rechten Hand ein wenig den Drehgriff geöffnet (gebremst durch die Stellschraube), dann Drehgriff los und Zündschlüssel zum Anlassen gedreht – brumm, der Saurier lief! Jetzt etwas mehr Gas, vielleicht ein Viertel des Drehweges und die Kupplung losgelassen–!
Oben hatten sie natürlich das Tor geöffnet, aber da war ich schon im zweiten Gang, sie zog hinauf und hinaus auf die Strecke – Junge, ist das ein Brummer! Damit im Urlaub nur noch im Gebirge fahren und jeden Tag 500 km! Mal sehen, ob man davon genug bekommt?!

Im Rückspiegel: »Gewichtsprobleme«

Viele Kilometer, einschließlich einer Reise zur TT, lagen mit der Langstrecken-Testmaschine Moto Guzzi V7 700 cm^3 schon hinter uns, da kam Ernst eines schönen Sommer-Sonntags im Jahre 1967 auf die glorreiche Idee, bevor die Maschine wieder nach Italien zurück gebracht wird, muss man unbedingt feststellen, wie viel man nun wohl auf diesem Fahrzeug neben zwei Personen noch unterbringen kann und was der Brocken aushält.
Damals fuhren wir gerne mit einem Metzeler-Schlauchboot mit Außenbordmotor auf dem Neckar herum – mal eine andere Fortbewegung als immer nur Motorradfahren. Und so tauchte bei meinem Mann die Idee auf, diesen Trumm von Bootsteilen, einschließlich zwei Paddeln, Leinen, Werkzeug, Handpumpe usw. auf die Guzzi zu laden, und dann zum Neckar bei Pleidelsheim zu fahren – etwa 40 Kilometer von zu Hause aus.
Mein Kommentar: »Du bist verrückt, wenn Du das überhaupt unterbringst, landen wir bestimmt im Graben oder noch was Schlimmeres passiert!« Er dann wieder: »Tun wir nicht, Du wirst schon sehen! Pack' man noch ein Picknick in Deinen Rucksack!«
Ernst probierte, verstaute, packte wieder aus, versuchte es noch einige Male – schließlich war das Motorrad beladen, wie man auf dem oberen Bild sehen kann. Irgendwie quetschte ich mich mit Fotoapparat und Rucksack hinter ihn auf die Sitzbank – und los ging die Fuhre zum Neckar. Wie viele andere Verkehrsteilnehmer sich an die Stirn tippten, habe ich nicht zählen können. Gut, dass wir keinem Polizeiwagen begegneten, dann wäre der Unsinn schnell beendet gewesen.
Aber nein – wir kamen gut zum Neckar, die Maschine wurde aufgebockt – mit Mühe und Not entladen – die Guzzi atmete dann sichtbar auf (Bild unten).
Mein lieber Mann pumpte das Gummiboot auf, der Motor wurde drangehängt, Picknickbeutel hineingelegt und alles was noch dazugehört, dann die ganze Chose zu Wasser gelassen. Nun sollte die schwere Guzzi auch noch in das Boot gehievt werden, aber da habe ich lautstark protestiert, so dass dieser Plan endlich von Ernst aufgegeben wurde.
Jetzt konnte die arme Guzzi sich ausruhen – und ich auch. Nach unserer Mahlzeit im Boot auf dem Neckar ging die Sache rückwärts los, Boot aus dem Wasser, gut trockengerieben, eingerollt, der Motor sorgfältig von Schlinggewächsen befreit und die Guzzi bekam ihre schweren Pakete wieder aufgeladen – zurück ging's nach Hause. Von den Autofahrern wieder die gleichen Reaktionen wie auf der Hinfahrt, aber wir kamen gut wieder nach Hause.
Meine Reaktion auf dieses Unternehmen: »Du bist doch noch ein richtiger Halbstarker.« »Macht nichts«, war seine Antwort, »ich weiß jedenfalls jetzt, was diese tolle Testmaschine aus Italien aushalten kann.« Damit packte er alles wieder von der Maschine runter. Eine ungewöhnliche Testfahrt war gut zu Ende gegangen.

Inge

Technische Daten

Motor: Zweizylinder-Viertakt-Motor, Zylinder in V-Form 90° gegeneinandergeneigt, Zylinder und Zylinderköpfe aus Leichtmetall hartverchromt. Hängende Ventile über Stoßstangen und Kipphebel bewegt (ohv). Bohrung/Hub 80/70 mm, Verdichtung 9. Hubraum 703,7 cm^3.

Leistung: 50 SAE-PS bei 6000 U/min. Drehmoment 6,5 mkg bei 3500 U/min. Zwei Dell'Orto-Vergaser 29 mm Durchmesser, 12 Volt Marelli-Elektrostarter an der Schwungscheibe. Zweischeiben-Trocken-Kupplung. Angeblocktes Getriebe. Viergang-Fußschaltung. Getriebestufung 2,33/1,6/1,2/1. Gesamtübersetzung 11,33/7,82/5,98/4,86. Kolbengeschwindigkeit bei 6000 U/min=14 m/sec. Steuerzeiten des Motors: 24°/ 58°/58°/ 24°. Ventilspiel 0,1/ 0,2 mm.

Zündanlage mit Verteiler: Marelli 12 Volt. Lichtmaschine: Marelli 12 Volt, 300 Watt (!); Batterie: 12 Volt, 32 Ah (!).

Scheinwerfer: 150 mm Durchmesser (für die Bundesrepublik liefert der Importeur die Maschine mit einem 200 mm Scheinwerfer aus), Lampe 12 Volt 45/ 40 Watt.

Tankinhalt: 20 Liter

Ölmenge: im Motor 3 Liter, im Getriebe 0,7 Liter, im Hinterradantrieb 0,5 Liter.

Rahmen: Doppelrohrrahmen mit starkem Kastenprofil-Rückgrat; Teleskopgabel vorne, Schwinge hinten, hydraulische Dämpfung, Federbeine dreifach verstellbar.

Bereifung: vorne und hinten 4.00-18.

Radstand: 1,45 m; Leergewicht 245 kg.

Preis ab Hammelbach/Odw.: DM 4800.-.

Steuer (jährlich): DM 104.40.

Haftpflicht (jährlich): ab 330.- ohne Abzüge, je nach Gesellschaft.

Importeur: Firma Zweirad-Röth,
6949 Hammelbach/Odenwald.

Blick ins Büffelherz

Moto Guzzi V7

Es hat uns von Anfang an interessiert, den Motor der 700 cm³-Moto Guzzi V7 in allen Details betrachten zu können. In den letzten Wochen, in denen die Produktion anlief und der Verkauf einsetzte, kamen neben dem englischsprachigen Handbuch auch Zeichnungen des »explodierten« Motors heraus. Bei den Motorradfahrern fand sich dann auch bald ein malerischer Name für die große Maschine: wegen der silbergrauen Standard-Lackierung und der bulligen Leistungscharakteristik des Motors heißt das Motorrad »der graue Stier«. Auch ist eine offizielle Leistungskurve herausgegeben worden, die die DIN-PS angibt (Leistung des Motors an der Kupplung mit Ansaug-Geräuschdämpfer, Schalldämpfer und kompletter Auspuffanlage, außerdem mit allen am Motor befestigten vom Motor angetriebenen Aggregaten wie z. B. die Lichtmaschine, Verteiler, Ölpumpe). Als SAE-PS (ohne Geräuschdämpfung usw.) wurden an der Kurbelwelle 50 PS bei 6000 U/min gemessen. Zunächst interessiert natürlich die Lagerung der Kurbelwelle (8). Es sind Gleitlager mit ungewöhnlich stark dimensionierten Kurbelwellenenden und einem besonders starken Hubzapfen, auf dem beide Pleuel laufen, deren Füße zum Auswechseln der Alu-Zinn-Lagerschalen teilbar sind. Der Hubzapfen für zwei Pleuel ist 48 mm lang und hat einen Durchmesser von 44 mm. Der Kurbelwellenzapfen, der das Antriebsrad für die Nockenwelle, die Ölpumpe (2) und die Lichtmaschine trägt,

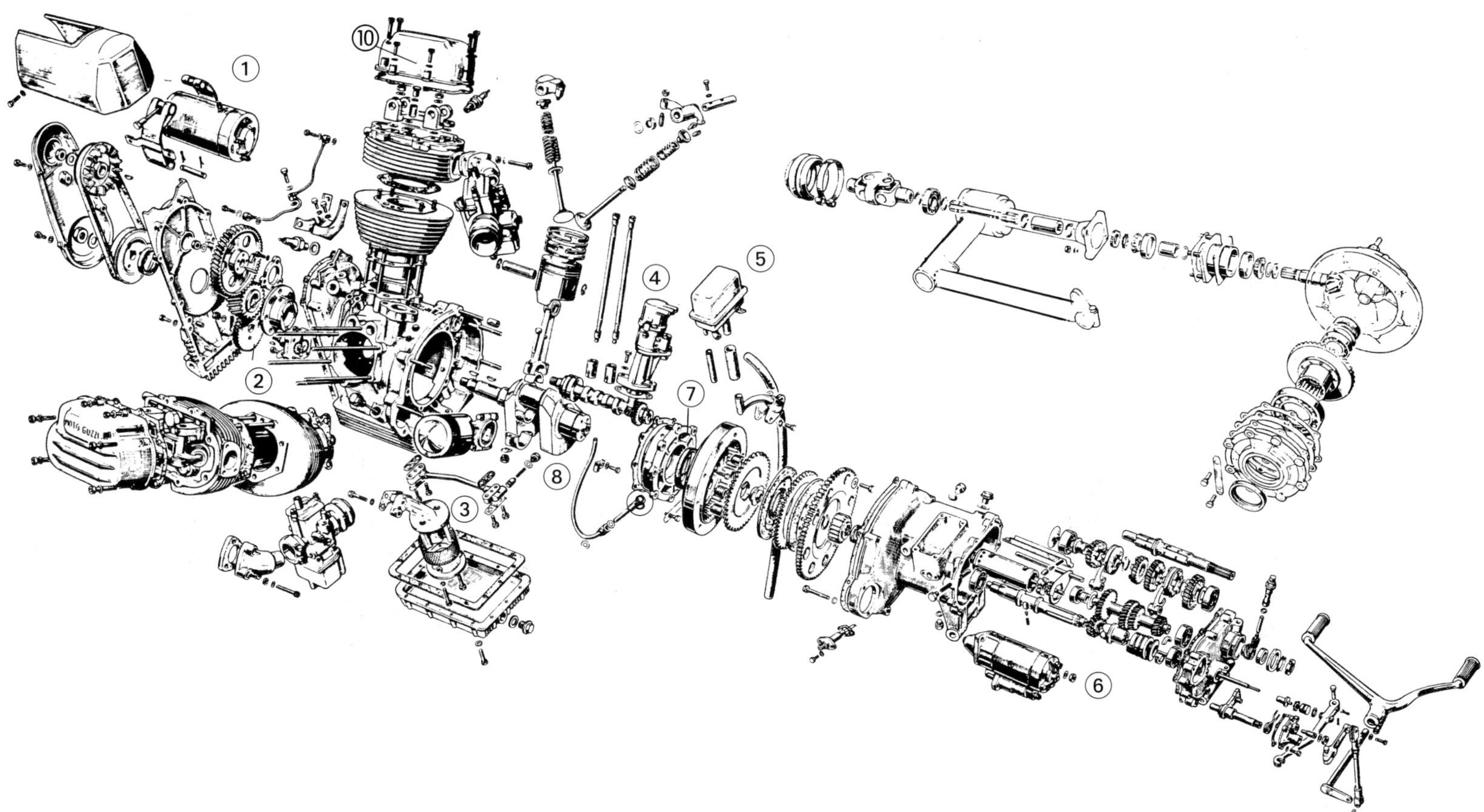

Das Nockenwellen-Antriebsrad ist aus Chromnickelstahl. Lichtmaschine, Elektrostarter, Verteiler und andere Details finden auch in Fiat-Autos Verwendung.

Die ersten sechs Guzzis V7, die nach Deutschland kamen.

hat einen Durchmesser von 38 mm (9 = Lagerschild). Der Kurbelwellenzapfen, an dem die Kupplung befestigt ist, hat einen Durchmesser von 54 mm (7 = Lagerschild). Die Kipphebel sind in einem großen Lagerbock (10) in den Zylinderköpfen gelagert, sie werden von der Nockenwelle über Stößel und Stoßstangen bewegt. Zum Einstellen des Ventilspiels sind keine Fingerverrenkungen notwendig, alles liegt wie auf einem Tisch vor uns. Von der Nockenwelle wird auch der Marelli-Zündverteiler (4) angetrieben, der übrigens der gleiche wie bei dem Wagen Fiat 500 ist. Die Ölpumpe (2) wird über ein Zahnrad von der Kurbelwelle angetrieben und ist direkt mit einem Ansaugsieb (3) verbunden, das in die Kurbelwanne hineinragt.

Die Kupplung ist eine Zweischeiben-Trockenkupplung im Schwungrad. Die Endplatte ist als Zahnkranz ausgebildet und auf dem Schwungrad aufgeschraubt. Dort greift der elektrische Anlasser an. Die Kupplungsdruckstange drückt die erste Platte nach innen in das Schwungrad gegen die Kupplungsfedern und trennt damit den Kraftschluß.

Das Viergang-Getriebe ist am Kurbelgehäuse angeflanscht. Die Getriebewellen und -räder sind entsprechend der Drehmomentleistung des Motors dimensioniert. Für etwaige Demontagen ist es wichtig zu wissen, daß Wellen, Räder und Schaltautomatik aus dem Getriebegehäuse leicht zu entfernen sind. Ebenso wie der Ausbau der Kurbelwelle durch die große Öffnung des hinteren Lagerschildes im Kurbelgehäuse nicht schwer ist. Die Entlüftung des Kurbelgehäuses trägt einen Ölabscheider (5).

Der Kardan-Hinterradantrieb hat ein kleineres und ein sehr großes Kugellager am Zahnkranz, zwei Kegelrollenlager am Kegelrad und ein langes und stark dimensioniertes Schiebestück zwischen den beiden Wellenhälften, die im rechten Schwingen-

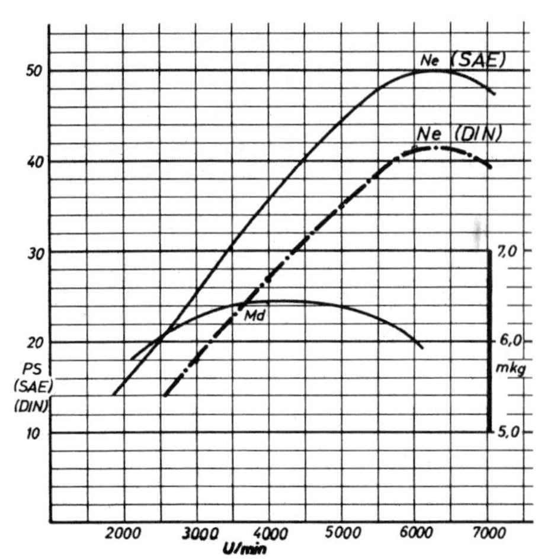

Das Diagramm zeigt die DIN-PS und die SAE-PS-Leistungskurve des V7-Motors.

holm der Hinterrad-Schwinggabel laufen. Am Kardangelenk ist ein weiteres Kugellager zur Unterstützung vorgesehen. Das Gelenk ist durch einen Gummibalg vor dem Eindringen von Wasser und Schmutz geschützt.

Vor dem Stirndeckel des Motors liegt der Antrieb der Marelli-Lichtmaschine, 12 Volt – 300 Watt (da kann man schon allerhand Verbraucher dranhängen!). Er besteht aus zwei Rädern und einem Keilriemen. Das Antriebsrad an der Lichtmaschine besitzt eingegossene Windflügel zur Kühlung. Der Stirndeckel und das Antriebsrad auf der Kurbelwelle haben Markierungen, nach denen man die Einstellung 10° v. OT der Kolben für die Zündeinstellung finden kann. Zur Einstellung des Zündzeitpunktes wird der Verteiler gedreht. Die Nockenwelle und die Ventilzeiten sind dann richtig eingestellt, wenn sich die entsprechenden Markierungen auf den Stirnrädern decken. Die Beschreibung dazu findet man sehr gut im Handbuch. Das alles macht die Pflege des Motorrades sehr narrensicher. Die Ventilzeiten betragen sonst: Einlaß öffnet 24° vor OT / schließt 58° nach UT; Auslaß öffnet 58° vor UT / schließt 22° nach OT.

Wer sich die Zeichnung des Getriebes genau ansieht, wird zwischen Kurbel- und Getriebewelle eine Übersetzung entdecken. Sie beträgt 1,352 (17:23 Zähne), und es ist eine Stoßdämpfung vorgesehen. Die Übersetzung im Hinterradantrieb beträgt 4,625 (8 Zähne auf dem Kegelrad, 37 Zähne auf dem Hinterradzahnkranz). Eine Seitenwagenübersetzung gibt es noch nicht, doch glaube ich, daß das enorme Drehmoment des Motors den Betrieb mit einem leichten Seitenwagen (etwa der alte Schalen-Steib S 250) auch bei Soloübersetzung erlauben wird. Die Gesamtübersetzung in den vier Gängen ist jetzt 11,33/7,82/5,98/4,56. Es ist zu erwähnen, daß dieses Motorrad in erster Linie nicht als Gespannmaschine entwickelt wurde, und daß es sich solo erstaunlich gut fahren läßt (siehe Testbericht). Ein Fernschnellzug auf zwei Rädern.

Die Maschinen kommen ohne Scheinwerfer beim Importeur an und werden dort mit einer 200 mm-Lampe ausgerüstet.

Diese 250er wirkt unter einem großen Fahrer wie ein »Rennerle«-Moped. Umso größer die Überraschung!

Motobi Benelli

250 cm³ Sprite

Würde es in Norddeutschland am Steinhuder Meer (b. Hannover) in Neustadt am Rübenberge nicht den Fritz Alexander geben, dann führe in Deutschland heute keine Motobi mehr, obwohl es sich bei diesem Motorrad nicht um einen Veteranen, sondern um eine der modernsten, schönsten und leistungsfähigsten Stoßstangen-Maschinen handelt. Denn das Werk in Pesaro (Italien) – zur Benelli-Gruppe gehörend – interessiert sich heute nach unseren Erfahrungen mit dem guten Kunden Onkel Sam im Rücken nicht mehr für den deutschen Markt. Und Alexander, der mit großer Begeisterung an die Konstruktion dieses Motorrades glaubt, schwenkt sozusagen die Motobi-Fahne fast ohne Unterstützung des Hauses Benelli. Er kann froh sein, wenn er überhaupt Maschinen geliefert kriegt. Dabei ist uns die Sprite in ihrem Ur-Typ als »Kraftei« schon seit 1959 bekannt, und die schnelle, schmale und leichte Italienerin erfreute sich einstmals als 125 cm³- und 175 cm³-Modell eines ganz besonderen Rufes. Heute bekommt man vom Werk auch als Fachzeitschrift keine Leistungskurve, keine verwendbaren technischen Daten, kaum werden Briefe beantwortet, und der Repräsentant muß sehen, wie er klar kommt. Obwohl er – ich nehme das an – bestimmt schon mehr als einmal daran gedacht hat, den Bettel den desinteressierten Leuten hinzuschmeißen, setzt er sich weiter für die kleine und schnelle Motobi ein. Trotz der sehr scharfen Konkurrenz nimmt er Schwierigkeiten in Kauf und unterhält für die wenigen in Deuschland laufenden Maschinen ein Ersatzteillager. Trotz alledem beschäftigen auch wir uns mit dem Motorrad. Warum? Weil wir der Ansicht sind, daß diese Konstruktion es wert ist. Wir möchten das gerade zu Beginn dieser Geschichte einmal klar sagen, die man übrigens auch als eine spannende Geschichte hinstellen könnte unter der Überschrift: »Das Abenteuer, zu einer Motobi-Testmaschine zu kommen und damit dann etwas anfangen zu können«.

Die Sprite war das Eigentum von Alexander. Sie war beileibe nicht mehr lackfrisch und hatte schon ein paar tausend Kilometer gelaufen, und das waren garantiert keine zahmen Kilometer gewesen. Nach dem ersten Anlauf zu diesem Test waren einige Arbeiten fällig, daß sie zu richtigem Leben erwachte (u.a. hatte irgendein freundlicher und besonders ordentlicher Zeitgenosse den offenen Lufttrichter des Vergasers bei einem Bahntransport für einen Luftstellschrauben-, Muttern- und Drahtfedern-Abfallkorb gehalten!). Die einzige mit Mühe zu erhaltende Leistungsangabe besagt, daß am Hinterrad 18 PS bei einer Drehzahl von 8500 U/min vorhanden sein sollen (die Tourenausgabe soll 15 PS bei 7500 U/min haben). Im Vergleich mit anderen sehr sportlichen 250 cm^3-Maschinen scheint das nicht besonders viel zu sein – es bedeutet etwa 20 bis 22 PS an der Kurbelwelle. Doch darf man sich dadurch nicht täuschen lassen, das Motorrad ist niedriger und schmaler als ein Fahrrad (!) und wiegt nur 110 kg (Leistungsgewicht 6,1 kg pro PS). Der Luftwiderstandsbeiwert dürfte noch etwas unter dem des Florett-RS liegen. Mit der knappsten Übersetzung (19 Zähne am Getriebeausgang und 40 Zähne am Hinterrad – für Straßenrennen) müßten bei 8500 U/min etwa 145 km/h zu fahren sein. Ein Blick auf die Fahrwiderstands-Berechnung: es könnte knapp möglich sein. Mit einem kleinen, lang gemachten, leichten Fahrer in eng anliegender Lederkombi wären 140 km/h immer drin. Schauen wir auf unsere Testmaschine: sie ging mit einem normalen Mitteleuropäer in schwerer Kleidung leicht gebückt (der Fahrtschreiber ließ ein Hineinkriechen in den Tank nicht zu) knapp 120 km/h in der Ebene, und mit Reinhard Scholtis (wegen seiner unwahrscheinlich schlanken Figur und der Fähigkeit, sich zusammenzufalten, der »Bleistift« genannt) in der Renn-Lederkombi lief das Dings fast 130 km/h. Diese Werte liegen ebenfalls im Fahrwiderstandsbereich und sind somit absolut richtig. Man kann also die 18 PS am Hinterrad glauben. Die Leistungskurve muß auch sehr flach verlaufen, denn auf dem Nürburgring ließ sich der Motor ohne Anstände in dem langen Gefälle der Fuchsröhre bis auf 142 km/h bringen, das

Der Motor mit dem liegenden Zylinder nach mehr als 1200 km sehr scharfer Fahrt bei Regen, Dreck und Nässe. Vorn Zylinderdeckel mit Entlüftung, dann Zylinderkopf, dann Zylinder (Laufbuchse ragt weit ins Kurbelhaus). Vergaser ohne Luftfilter mit Spritzschutz gegen Wasser.

Pate dieser bildschönen Maschine war der Straßenrennsport. Leider ist etwas Ähnliches in Deutschland nie gebaut worden.

Diese Telegabel und diese Bremsen werden seit mehr als acht Jahren in die im Grundprinzip stets gleichen Motobi-Modelle eingebaut.

setzung 18/41 zum Hinterrad ist eine Gesamtübersetzung von 21,7/13,75/10,45/ 7,94/6,84 in den fünf Gängen vorhanden. Das bedeutet 134,2 km/h bei 8500 U/min. Mit der knappsten Übersetzung 19/40 erreicht man im fünften Gang bei 8500 U/min ca. 145 km/h, mit der größten Übersetzung 16/42 sind es 117 km/h im fünften Gang bei 8500 U/min. Das ist ein großer Spielraum, und man muß sich als Fahrer je nach Gewicht und Körperfülle individuell darauf einstellen, wenn man Freude an der Maschine haben will, die man ja meist immer an der Grenze der Fahrwiderstände bewegen wird.

Der Motor ist ein extremer Kurzhuber. Bohrung 74 mm, Hub 57 mm. Kolbengeschwindigkeit bei 8500 U/min ca. 16 m/sek (bei 9500 U/min sind es ca. 18 m/sek), was bei diesem Stoßstangenmotor trotz der hohen Drehzahl bestimmt nicht zu viel ist. Wir wollen nicht vergessen, daß man das Gewicht der hin und her gehenden Massen sehr gering gehalten hat, die Stoßstangen wiegen mit Stößeltassen nur 49 g und sind sehr kurz. Für die Innenkühlung des liegenden Zylinders sorgt ein gewaltiger Ölumlauf (2 Liter Öl) mit einer Pumpenleistung von ca. 60 l/h in sehr groß bemessenen Kanälen. Die Hubraumleistung sind mit der von uns gefahrenen Sekundärübersetzung 18/41 ca. 9000 U/min. Wir sind sogar der Überzeugung, daß er noch klar weiterdreht, wenn alles in optimal mechanischem Zustand ist, und Vergaser, Zündung, Kerze ebenso optimal eingestellt bzw. gewählt werden. Die Rundendurchschnitte am Ring wurden leider durch sehr schlechtes Wetter beeinflußt – aber sie lagen immer zwischen 95 und 100 km/h. Die Vielzahl der möglichen Übersetzungen (es gibt vier Getrieberitzel und drei Hinterrad-Zahnkränze – also 12 Möglichkeiten) zeigen auch sehr deutlich, daß bei dieser vom Fahrwiderstand erheblich abhängigen Maschine die Wahl des richtigen Zahnkranzes und des richtigen Getrieberitzels von sehr großer Bedeutung sind. Wahrscheinlich ändert sich dies von Fahrer zu Fahrer. Mit der Serien-Über-

Lenkerpartie. Was uns nicht gefiel: die furchtbar dicken Griffpolster. Lange und im Durchmesser enge Griffe wären für diese feinfühlige Straßenmaschine besser. Zündschloß: einfacher geht's nimmer!

(nehmen wir einmal 20 PS an der Kurbelwelle an) mit 80 PS/Liter ragt natürlich schon in das Gebiet der heißeren Sportmotoren hinein, ist jedoch noch nicht so hoch, daß man nun unbedingt von der, einer langen Lebensdauer nicht sonderlich zuträglichen, Leistung reden muß. Man sollte sich einen Drehzahlmesser von Kröber besorgen –!

Der Begriff »Kraftei« stammt von der einheitlichen eiförmigen Bauart und deren glatten Linienführung her. Durch die liegende Anordnung fällt die extrem enge und tiefe Verrippung von Zylinder und Zylinderkopf nicht besonders auf. Der Zylinder ragt im übrigen mit der Laufbuchse noch einmal so weit in den Kurbelraum hinein, wie er vorn herausragt. Man wundert sich wirklich, daß der Motor so viel mitmacht, ohne zu streiken. Eigentlich erwartet man das Gegenteil.

Die früheren Motobi-Modelle hatten Schwingenholme mit einem ovalen Profil an der Hinterradschwinge, die Sprite heute hat normale Rohre ohne Profilierring. Auch an anderen Teilen sieht man, daß mit Rationalisierung gearbeitet und gerechnet wird, in den kleineren Maschinenklassen wird in Amerika seitens der Importeure eben feste auf die Preise gedrückt. Das geht bis ins letzte Detail; man sieht der heutigen Motobi an, daß mehr als früher gerechnet wird. Das bedeutet aber nicht, daß »billig« nun aber auch »schlechte Qualität« ist. Es ändert nichts daran, daß die Motobi auch weiterhin eine geniale Erscheinung unter den Motorrädern ist. Um beim Motor die Nockenwelle, den Kolben, Getriebeteile und anderes auswechseln zu können, braucht er *nicht* aus dem Rahmen ausgebaut werden. Die Modelle von 125 cm^3 bis 250 cm^3 sind vom Rahmen her identisch, die Motoren kann man also überall verwenden. Außerdem gibt es auch wieder für die 250 cm^3 Sprite eine Sport-Nockenwelle und eine Renn-Nockenwelle. Auch Kolben und Vergaser sind in verschiedenen Arten vorhanden, so daß man aus dem Motorrad wirklich mit wenigen Arbeiten eine Rennmaschine machen kann und umgekehrt. Der Variationsmöglichkeiten gibt es fast unendlich

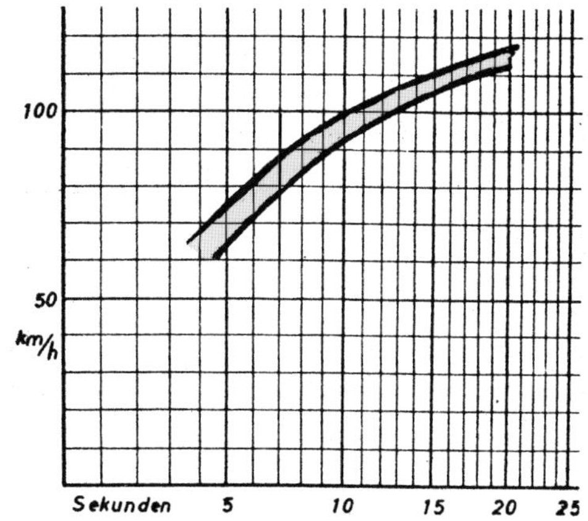

In diesem Raum lagen die gemessenen Beschleunigungen mit verschieden großen Fahrern.

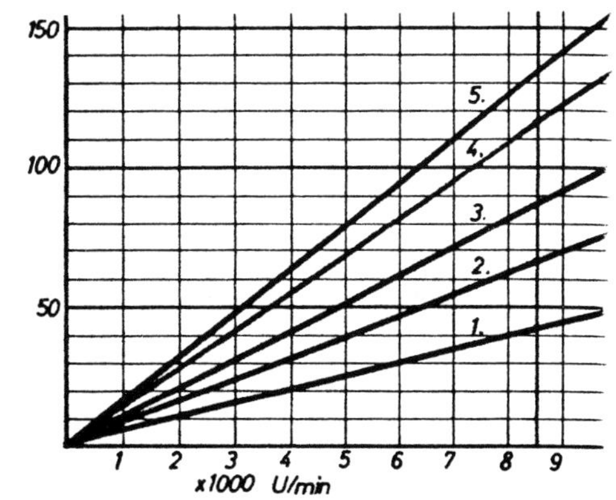

Gangdiagramm für das Fünfganggetriebe. Man erkennt zwei Übersetzungs-»Gruppen«: 1./2./3. Gang bildet die eine Gruppe. 4./5. Gang bildet die andere Gruppe. Beim Fahren wirkt sich das so aus, daß der dritte Gang fast nur für engere Kurven genommen wird. Das Drehmoment des Motors langt, um im vierten Gang von 6000 U/min aus noch beschleunigen zu können.

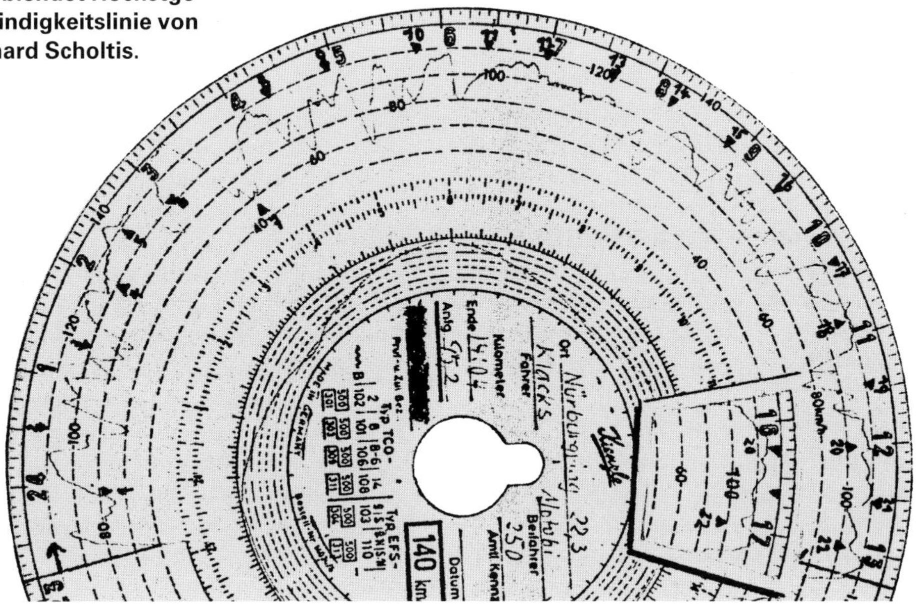

Original-Fahrtschreiberblatt. Eingeblendet Höchstgeschwindigkeitslinie von Reinhard Scholtis.

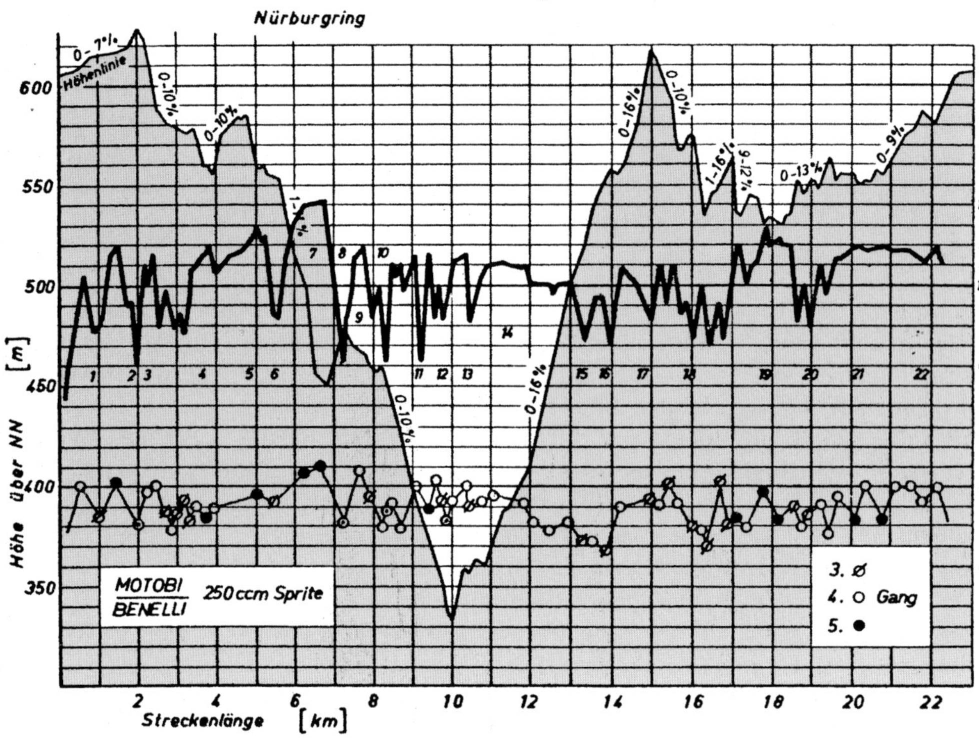

Höhendiagramm (obere Linie, bezogen auf Streckenkilometer) des Nürburgringes mit Geschwindigkeitslinie (fett, Mitte) und Drehzahlangaben in den gefahrenen Gängen (unten mit Schaltpunkten). Der vierte Gang ist der, auf den es ankommt! Die Zahlen an der Geschwindigkeitslinie geben folgende Streckenstellen an: 1 = Südkehre, 2 = Nordkurve, 3 = Einlauf Hatzenbach, 4 = Flugplatz, 5 = Schwedenkreuz, 6 = Aremberg-Kurve, 7 = Fuchsröhre, 8 = Adenauer Forst-Ecken, 9 = Metzgesfeld, 10 = Kallenhard-Kurve, 11 = Wehrseifen-Kurve, 12 = Breidscheid, 13 = Bergwerk-Kurve, 14 = Kesselchen-Anstieg, 15 = Steilstrecken-Kurve, 16 = Karussell-Haarnadel, 17 = Hohe Acht-Kurve, 18 = Brünnchen-Ecke, 19 = Pflanzgarten, 20 = Schwalbenschwanz-Ecke, 21 = Döttinger Höhe, 22 = Antoniusbuche.

viele. Es ist das Baukastensystem mit der größten Auswahl an Bauarten, das wir kennen.
Ende der fünfziger Jahre fuhr ich einmal auf einer Motobi 175 cm³ Catria (wird heute nicht mehr gebaut) in einer Nacht bei der Fernfahrt Brüssel-Prag-Brüssel an einem Stück mehr als 700 km. Nach Betrachten der mehr als spartanischen Sitzbank hielt ich das heute kaum mehr für möglich. Und doch täuscht man sich. Alexander, nicht als »schlank« zu betrachten, fuhr – um zu beweisen, daß die Maschine sogar für Touren zu gebrauchen ist – von Neustadt nach Olten in der Schweiz, dann zum Ring und dann wieder nach Neustadt. Von Neustadt nach Olten in einem Rutsch – mehr als 700 km. Ich selbst habe eine Fahrt von mehr als 280 km an einem Stück gemacht, wenn auch etwas geknickt – aber man kann schon. Zur Not. Es liegt daran, daß die Sitzhaltung sehr gekrümmt bleibt und die Schläge nicht senkrecht ins Kreuz treffen. Trotzdem – wenn man auch bestimmt nicht auf uns hört – eine etwas komfortablere und breitere Sitzgelegenheit wäre sehr zu begrüßen. Wir sind ja nicht alle wie Fritz Alexander oder ein indischer Fakir auf dem Nagelbrett.
Die Welt der Sprite liegt nicht auf den langen Strecken – sie liegt dort, wo die Straßen kurvenreich und bergig sind. Da jeder andere Verkehrsteilnehmer uns damit für einen Mopedfahrer hielt, gab es gehörige Überraschungen, denn mit dem Fünfgang-Getriebe ist man den Situationen, die sich bieten, großartig gewachsen. Mit dem vierten Gang konnte man glatt bis 120 km/h hinaufgehen, das war mit Tankrucksack und großer Fahrtenbekleidung beinahe schon Endgeschwindigkeit. Aber damit war man in der Beschleunigung beinahe so gut wie Hagons Sprinter-Kompressor-Jap 1000 cm³. Jedenfalls fühlte man sich so. Denn man konnte auf den

guten Anschluß an den dritten Gang rechnen, der bis etwa 90 oder 95 km/h reichte. War man dann oben auf der Bergkuppe angelangt, und dachte der andere nun, jetzt sei bei dem »Moped« aber bestimmt der Ofen aus, dann schaltete man flink in den fünften Gang und sauste mit 140 km/h den Berg runter. Dann ein paar enge Kurven, Zick-Zack-Ecken, enge Ortsdurchfahrt, noch mal eine Kurve (und wie man um Ecken wetzen kann, zeigt das Nürburgring-Diagramm!) – und der »Gegner« sah einen nie wieder. Der wird dann am Kegelabend bestimmt erzählt haben, daß die jungen Burschen mit ihren »Mopeds« haarsträubende Dinge machen. »Da hat mich doch einer bei 120 km/h überholt!« (Man kann sich das so richtig vorstellen.)
Auf der anderen Seite zwingt die niedrige Maschine sehr zum Aufpassen. Wäre es meine eigene, käme neben dem Drehzahlmesser ganz schnell eine Lichthupe her. Auch würde ich mich darum kümmern, daß man die Lage der Handhebel an den Lenkerenden verändern kann, denn so, wie sie jetzt liegen, erzeugen sie schon nach wenigen Kilometern Handgelenkschmerzen beim Kuppeln und Bremsen. Und da wir gerade über das sprechen, was uns nicht so gefiel: der Tachometer ist keine besondere Qualität, auch das Licht entspricht nicht unseren Vorstellungen. Warum hat zum Beispiel bei der Sitzbankbefestigung die Schraube auf der einen Seite einen 14er Kopf und auf der anderen Seite eine 12er Mutter? Kann man die Kotflügelstreben nicht stabiler machen? Denn so ganz ohne Vibrationen läuft die Rakete ja nicht. Auch meine ich, würde eine Luftfilterung gut tun. Die Lebensdauer wird doch wesentlich davon beeinflußt. Wer Straßensport betreiben will, kann die Filterung dann ja weglassen. Bei starkem Regen haben wir mehr als einmal den Ansaugkanal voll Wasser und Dreck gehabt – das ist besonders schön hinter einem drecksprühenden Bau-Lkw oder auf lehmverschmierter Straße.
Bremsen: prima. Die Konstruktion ist auch schon älter als 10 Jahre und immer noch up to date. Sie werden, wie auch die Telegabel und die Federbeine, von vielen italienischen Firmen eingebaut. Reifen: Ceat oder Pirelli. Über deren Führung und Haftung kann man nur Gutes berichten, sie sind der Fahrleistung angemessen.
Der Motor der Sprite ist als Stoßstangenaggregat ein einmalig schönes Ding. Er macht den Glanz des alten »Kraftei«-Namens. Das Fahrwerk erlaubt entsprechend der Motorleistung freches und schnelles Fahren. An der E-Anlage und an anderen Details sieht man den Preisdruck der Amerikaner, und man sollte deshalb in Pesaro bei der zukünftigen Entwicklung aufpassen, daß die japanische Konkurrenz nicht zu viel Vorsprung erhält. Über unsere deutsche Vertretung noch mehr zu sagen – na, ich glaube, das erübrigt sich bestimmt. Für die Motobi-Maschinen hatten schon immer besondere Fahrer ein Faible.

Technische Daten

Motor: Einzylinder-Viertakter mit liegendem Zylinder, luftgekühlt. HubxBohrung 57 x 74 mm. 245 cm^3 Hubraum. Verdichtung 8,7. Leistung (Werksangabe, am Hinterrad gemessen) 18 PS bei 8500 U/min. Kolbengeschwindigkeit ca. 16 m/sec bei 8500 U/min. Ölinhalt 2 Liter, Förderleistung der Ölpumpe ca. 60 Liter/h. Vergaser Dellorto 24 mm Durchmesser.
Getriebe: Fünfgang-Fußschaltung. Gesamtübersetzung (18/41) 21,7/13,75/10,45/7,94/6,84. Bereifung: vorne 2.75-18, hinten 3.00-18.
Elektrische Anlage: 6 Volt. Batterie 8 Ah.
Testverbrauch: ca. 4,5 – 5,2 Liter/100 km.
Bremsen-Durchmesser vorne 180, hinten 160 mm.
Hersteller: G. 0. Benelli S.p.A., Testione Offizine Benelli ,Via Mameli 22, Pesaro (Italien).
Die Testmaschine stellte die Firma Fritz Alexander, 3057 Neustadt am Rübenberge, Schmiedegasse, Tel. 05032-975, zur Verfügung.
Preis ab Neustadt mit Kfz-Brief: DM 2600.–. Steuer jährlich DM 32.–, Versicherung jährlich ca. DM 81.–.

Ducati Desmodromic 350 cm³

Dieses Motorrad gehört unbedingt in die Kategorie der Besonderheiten. Nicht allein wegen des desmodromischen Ventiltriebes und der Königswelle, nicht nur deswegen, weil es die Freunde des Einzylinder-Viertakters mit stehendem Zylinder alarmieren kann und für sie ein technischer und fahrerischer Leckerbissen wäre, sondern vor allem, weil es ein Motorrad ist, das sich für die sportliche Fahrerei auf öffentlichen Straßen verwenden und – eigentlich nur durch Montage des mitgelieferten (!) Megaphons – mit wenigen Handgriffen in eine richtige Rennmaschine verwandeln läßt, mit der ein guter Fahrer nicht nur bei Bergrennen erfolgreich sein könnte. Es ist ein ausgezeichnetes Anfangs-Instrument für einen Ausweisfahrer bei Straßenrennen, der sich eine Alltags-Trainingsmaschine so ohne weiteres neben der Rennmaschine nicht leisten kann. Der Motor leistet mit dem für unsere Bedingungen im Verkehr gelieferten mächtigen Schalldämpfer 29 DIN-PS an

Der Motor mit dem desmodromischen Zylinderkopf ist auch ein sehr formschönes Aggregat. Man beachte die Innensechskant-Schrauben an Gehäuse und Zylinderkopf. Drehzahlmesser-Antrieb durch die Nockenwelle.

Macht man sich auf dem nach innen gewölbten Tank klein, so hat man diese Aussicht. Der Drehzahlmesser ist gut im Blickfeld, übersichtlich und exakt ablesbar. Zwei Tankverschlüsse wegen der Symmetrie.

der Kurbelwelle bei 8500 U/min, mit dem offenen Megaphon für Rennzwecke erreicht man etwa 34 bis 36 PS bei derselben Drehzahl. Das Gewicht von nur 128 kg, das rennmäßig abgestufte Fünfgang-Getriebe und die vorhandenen Übersetzungsmöglichkeiten kommen einer Verwendung als Rennmaschine ebenso entgegen wie die Tatsache, daß ein geschickter Mann das Gewicht natürlich noch weiter verringern kann. Mit dem für eine italienische Maschine extrem lang ausgebildeten Schalldämpfer dreht der Motor trotz größerer Übersetzung unter einem normal groß gewachsenen und auch im Gewicht normalen Mitteleuropäer nicht ganz aus, verleiht der Maschine aber immer noch eine beachtliche Geschwindigkeit. Sie ist so leicht und handlich, sie hat eine so schöne Kurvenlage, daß man den etwas schwereren und stärkeren 350ern und mancher größeren Maschine unbedingt noch immer Konkurrenz machen kann, wobei die höchste Drehzahl im fünften Gang niemals erreicht wird, und also der Motor noch geschont wird. Das gefiel uns, und obwohl leider das offene Megaphon für die Testmaschine nicht zur Verfügung stand und wir also nicht auf die endgültig mögliche größte Fahrleistung (wie sie bei Straßenrennen möglich ist) bei unseren Meß- und Testrunden auf der Nordschleife des Nürburgringes gekommen sind, war der Spaß ehrlich und groß. Mit Fahrtschreiber an Bord gab es Runden mit 12:30 herum, und das bei zum Teil noch feuchter und mit dem ersten Herbstlaub bedeckter Bahn. Es sind Durchschnitte, die bei 107 km/h liegen, und wenn man überlegt, daß das Motorrad in diesem »zivilen« Zustand mit 160 Pfund schweren und 1.80 m langen Kerlen, die wegen ihrer Länge und des Fahrtenschreibers nicht vollständig lang und klein gemacht sitzen konnten, noch immer 140 km/h machte (7000 U/min bei der größeren Gesamtübersetzung von 5,72 – 15 Zähne am Getriebeausgang und 42 Zähne am Hinterradkranz), so sind das Werte, die nicht unter den Begriff »Ferner liefen ...« fallen. Bei 7000 U/min sind 27 DIN-PS an der Kurbelwelle vorhanden, und nach Werksangabe

Ölinhalt des Motors: 2,5 Liter. Die Ölwanne ist vorne mit Kühlrippen versehen.

wären das 23,4 am Hinterrad. Diese Meßwerte stimmen mit den vorhandenen Fahrwiderständen zusammen. Wählt man bei offenem Megaphon für Straßenrennen und damit 36 PS die knappere Übersetzung von 15 Zähnen am Getriebeausgang und 40 Zähnen am Hinterrad (= im fünften Gang 5,4 Gesamtübersetzung), so würde das Motorrad bei Erreichen der möglichen 8500 U/min der Kurbelwelle unter einem kleineren, leichteren und schlanken Mann 175 km/h laufen müssen. Damit könnte man im Rennsport schon ganz gut mitmischen.

Weitere Meßwerte: mit Schalldämpfer durchfährt man die 400 m nach stehendem Start mit der größeren Übersetzung in etwa 17 Sekunden mit einem gewichtigen Fahrer. Ohne Schalldämpfer mit offenem Megaphon liegen unter leichten Leuten Werte bis 15 Sekunden vor. Bei Überholmanövern im normalen Verkehr (gefahren natürlich mit Schalldämpfer) kommt man von 80 km/h auf 120 km/h in ca. 8,5 Sekunden, wenn man das im dritten Gang bis

Die Federbeine haben einen nach unten klappbaren Verstellbügel. Auswechseln des Zahnkranzes macht keine Mühe.

zur Erreichung der höchsten Drehzahl von 8500 U/min macht, dann geht es noch schneller.
Nun muß man wissen, daß der Motor sein höchstes Drehmoment mit Schalldämpfer von 3,3 mkg schon bei 4000 U/min hat, und daß man mit offenem Megaphon 3,8 mkg bei 6200 U/min erreicht. Mit Schalldämpfer ist es also noch durchaus ein Motor, der trotz sportlicher Attribute mit einer gesunden Leistung auch bei niedrigen Drehzahlen glänzt. Es ergibt sich daraus die Tatsache, daß man trotz nicht erreichter voller Drehzahl im fünften Gang durch außerordentlich gutes Durchzugsvermögen und damit sehr guter Beschleunigung zu den oben aufgezeichneten Fahrleistungen kommt, Immerhin – als Beweis dafür notiert – ging die Ducati-Desmo die lange Steigung durch das Kesselchen und bei Kilometer 13 an 7 % Steigung noch mit einer Geschwindigkeit von über 120 km/h hinauf, und an 16 % waren es sogar noch mehr als 110 km/h im vierten Gang. Diese Fahrleistung möge man einmal mit Maschinen der gleichen Hubraumklasse vergleichen.
Der Hubraum des Motors beträgt 340,2 cm^3 (Bohrung 76 mm, Hub 75 mm), mit Schalldämpfer erreicht er eine Hubraumleistung von ca. 85 DIN-PS/Liter, was wirklich gegenüber anderen Hochleistungsmotoren ein Wert ist, der nicht auf Überzüchtung hindeutet. Bei 8500 U/min beträgt die Kolbengeschwindigkeit ca. 17,65 m/sek, die Verdichtung ist 9,5. Etwa ab 6000 U/min zeigen sich Vibrationen, die bei unseren Fahrten dazu führten, daß sich das Nummernschild, der hintere Kotflügel und später die Deckelschrauben über den Stirnrädern des Nockenwellenantriebes am Zylinderkopf lösten (was dann mit gesichertem Bolzen behoben war). Ein so leistungsstarker Einzylinder, zudem mit dieser Ventilsteuerung, erkauft scheinbar seine überragenden Fähigkeiten auch nicht ohne Probleme, die man jedoch im Werk in Bologna zu beherrschen gedenkt. Dagegen läßt sich ja auch etwas unternehmen, indem man für entsprechende Absicherung aller Befestigungen sorgt. Und – es ist ja schließlich kein Motorrad zum »Transport des Angel-Gerätes« –!
Wie wir zu sagen pflegen, ist Pfeffer in der Sache, und mit etwas anderem kann man ja auch bei sportlich eingestellten Motorradfahrern wohl kaum einen großen Blumentopf auf die Dauer gewinnen. Das wunderbar abgestufte Fünfgang-Getriebe (2,58/ 2,24/ 1,82/ 1,42/ 1,0) ist für Straßenrennen entworfen und paßt auf kurvenreiche und gebirgige Strecken ebenso wie auf kurvenarme Kurse mit längeren Geraden in der Ebene. Für den normalen Betrieb auf unseren Straßen ist es ebenso ausgezeichnet abgestuft, nur merkten wir, daß der erste Gang für die harte Bean-

Wie ein 350 cm^3-Motorrad sieht die Ducati-Desmo infolge ihrer Zierlichkeit gar nicht aus.

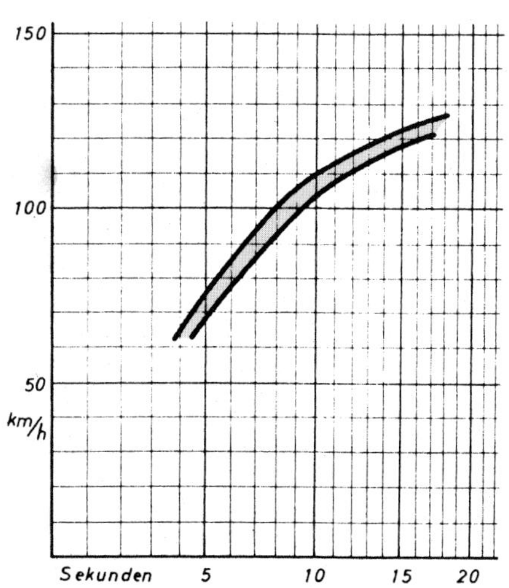

Beschleunigungsbereich.

Prinzip-Skizze des desmodromischen Ventilantriebes (hier von Mercedes, von Ducati war keine Zeichnung erhältlich). Die große Nockenscheibe betätigt den Kipphebel für den Schließvorgang, die kleinere Nocke öffnet das Ventil. Bei der Ducati ist allerdings zwischen der kleineren Öffnungsnocke und dem Ventil noch ein Kipphebel zwischengeschaltet, weil eine Nockenwelle beide Ventile betätigt.

spruchung und die erstrebten Meßwerte bei den Beschleunigungsmessungen etwas knapp übersetzt ist (bei Straßenrennen schiebt man ja an und fährt nicht aus dem Stand los). Nach den Messungen mit etwa zwölf scharfen Starts vom Stand weg und nach ca. 20 sehr harten Nürburgringrunden rutschte die Kupplung und mußte nachgestellt werden.

Man kommt auf Straßen mit vielen Kurven nicht oft in den fünften Gang, und selbst mit der größeren Hinterradübersetzung 15:42 in den unteren Gängen kommt es kaum vor, daß der Zeiger des Drehzahlmessers die rote Marke bei 8500 erreicht. Man hat es auch nicht nötig, den Motor so zu belasten, um zu einem guten Durchschnitt zu kommen. Vielleicht wäre eine größere Übersetzung zu überlegen, die dann jedoch die Drehzahlen erhöhen würde, was bei dem vorhandenen Drehmoment in den unteren Drehbereichen gar nicht einmal erstrebenswert wäre. Erst mit offenem Megaphon und Verschiebung des Drehmoments in die oberen Drehbereiche wird das Experimentieren mit Übersetzungen passend zur Strecke, zur Figur und Gewicht des Fahrers unbedingt wichtig.

Betrachtet man das Profil dieses Motorrades, so fällt einem auf, daß die Oberfläche der Sitzbank mit der Tankoberfläche eine ungewohnt nach innen gewölbte Linie bildet. Es ist keine Kante am Tank vorhanden, der Fahrer soll sich also richtig in diese Wölbung mit einer Abstützung nach hinten hineinlegen können und damit weniger Luftwiderstand bieten. Das mag für einen schlanken Hundertpfund-Mann von nicht mehr als 1,60 m Größe genau passen, für größere Leute ist es problematisch. Man erkennt jedoch daran, daß die Erbauer die Maschine im Hinblick auf die Anforderungen konstruierten, die beim Straßenrennen auftreten. So ist auch der Drehzahlmesser ein großes, sehr deutlich ablesbares Instrument, während der Tachometer klein gehalten und ungenau ist (an der Testmaschine kreiselte der Zeitanzeiger rundum). Auch die Form und Lage der Lenkerstummel und Handhebel entsprechen den Bedingungen des Straßenrennsportes, so daß einem Mann mit Formgefühl die für unseren Straßenverkehr vorgeschriebenen Blinkerochsenaugen (wie bei fast allen Maschinen – hier aber besonders) an den Lenkerenden weh tun. Aber dafür kann ja das so sportlich eingestellte Herstellerwerk nichts. Die beiden Tankverschlüsse hat man offensichtlich auch wegen der Symmetrie und aus optischen Gründen gewählt, nachdem ein Verschluß allein in der Mitte für Auflagepolster und flach liegenden Fahrer eine Behinderung gewesen wäre.

Das Fahrwerk ist ein offener Rohrrahmen, hat aber genügend Eigenstabilität. Die Nordkurve durchfuhr man mit einem Tempo von etwa 90 bis 95 km/h, die schwierige Rechtskurve am Hatzenbach-Eingang konnte man mit derselben Geschwindigkeit nehmen. Am Schwedenkreuz waren es 150 km/h ohne irgendwelche Schwierigkeiten, und in der Fuchsröhre erreichte man 155 km/h. Mit ca. 125 km/h hopste man ohne Lenkerpendelei über die kleine Querkuppe bei Kilometer 10,2 vor der Bergwerk-Kurve, die Wippermann-Schlängelei mit ab-

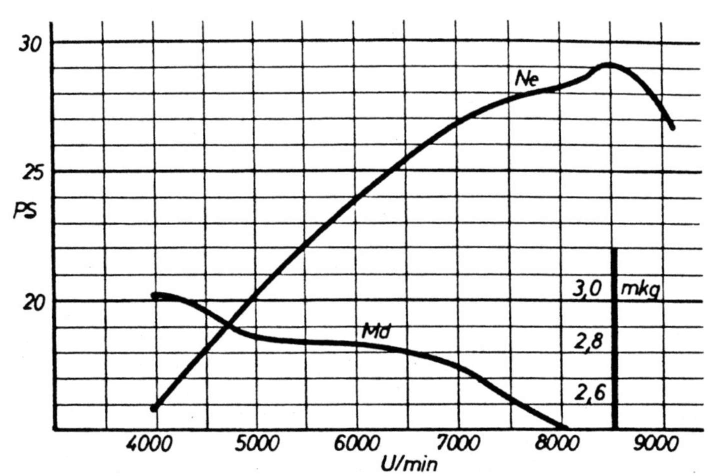

Diese Leistungskurve zeigt DIN-PS an der Kurbelwelle an und dazu den Verlauf des Drehmoments. Mit dem Spezial-Megaphon für Straßenrennen werden bis zu 36 PS erreicht.

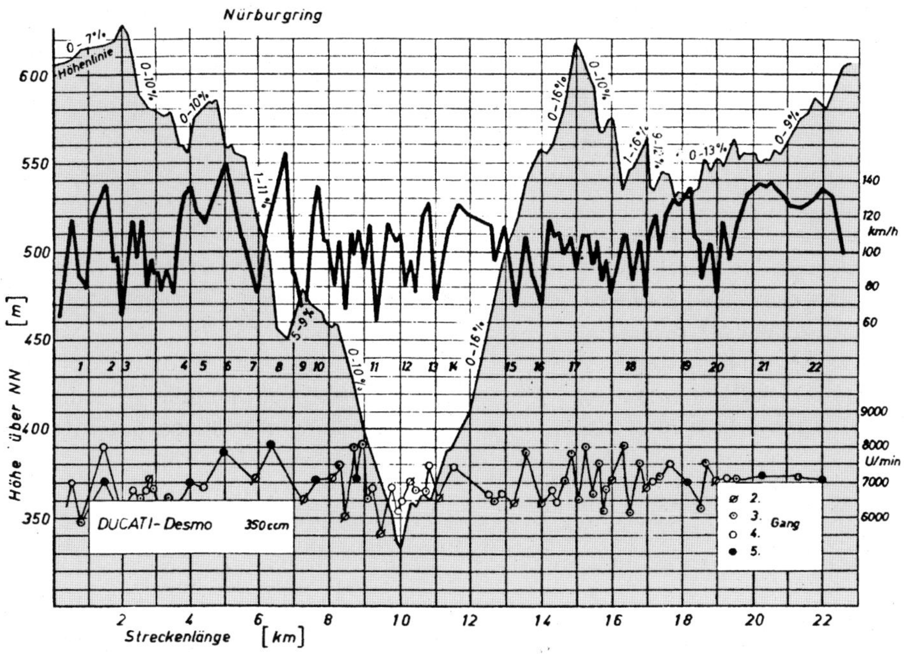

Das Höhendiagramm des Nürburgringes mit Geschwindigkeits- und Drehzahlangaben in den einzelnen Gängen. Mit Schalldämpfer erreichte man nicht die höchste Drehzahl, aber trotzdem ist der gefahrene Durchschnitt beachtlich. Die Zahlen unter der Geschwindigkeitslinie geben folgende Streckenstellen an: 1 = Südkurve, 2 = Nordkurve, 3 = Hatzenbach-Einlauf, 4 = Flugplatz, 5 = Quiddelbacher Höhe, 6 = Schwedenkreuz, 7 = Arembergkurve, 8 = Fuchsröhre, 9 = Adenauer Forst, 10 = Metzgesfeld, 11 = Wehrseifenecke, 12 = Breidscheid, 13 = Bergwerk-Kurve, 14 = Kesselchen, 15 = Kurve Karussell-Anstieg, 16 = Karussell, 17 = Hohe Acht, 18 = Brünnchen, 19 = Pflanzgarten, 20 = Schwalbenschwanz, 21 = Döttinger Höhe, 22 = Antoniusbuche.

schließender Eschbach-Kurve (bei Kilometer 15,8) erlaubte Geschwindigkeiten zwischen 85 km/h und 110 km/h, im Pflanzgarten waren bis zu 135 km/h möglich, und der Einlauf zur langen Geraden am Galgenkopf bei Kilometer 19,5 ließ 95 bis 100 km/h zu. Das sind gute Werte für diese Rahmenbauart.

Bei allen diesen Zahlen spielen natürlich auch Steuerwinkel, Nachlauf, Federung und die Bremsen eine große Rolle. Die hydraulisch gedämpfte Telegabel (Ölfüllung 100 cm^3 je Holm) ist sehr wirksam und spricht gut an, die hinteren Federbeine sind dreifach verstellbar, der notwendige Verstellhebel ist gleich angebracht und kann weggeklappt werden (!). Die Vorderradbremse hat einen Durchmesser von 180 mm. Es ist keine Doppelnockenbremse. Ihre Ausdauer entspricht der möglichen Fahrleistung, während unserer Fahrten gab es keine Beanstandungen. Vielleicht könnte man sich bei hartem Rennbetrieb etwas leisten, was ein paar Mark mehr kostet, vorerst scheint es aber nicht notwendig. Die Hinterradbremse hat einen Durchmesser von 160 mm und ist mit dem Fußbremshebel durch einen Seilzug verbunden. Das ist für den Hersteller einfacher als ein Hebel- und Gestängesystem, welches die Bewegungen der Hinterradschwinge berücksichtigt, jedoch für ein so schnelles Motorrad zuverlässiger wäre. Die Räder – vorn 2.75-18, hinten 3.00-18 bereift – waren mit den sehr feinprofilierten und gut führenden Pirelli-Reifen versehen. Diese Reifen haben nicht nur sehr gute Profile, sondern auch eine besonders weiche Gummimischung. Sie nutzen natürlich ein wenig schneller ab als Reifen mit härteren Mischungen, aber sie haften dafür noch in extremer Schräglage enorm und sind bei Nässe und Feuchtigkeit sehr sicher. Auch sie profitieren von den Erfahrungen des italienischen Straßenrennbetriebes, an den sich die meisten Motorrad-Konstruktionen dieses vom Motorsport begeisterten Landes anlehnen.

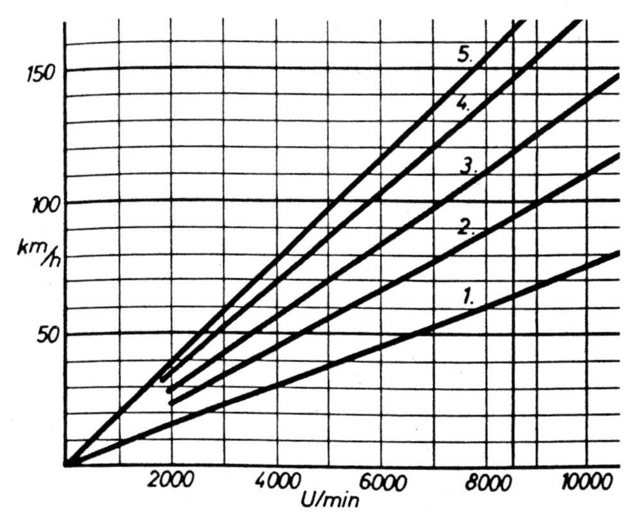

Gangdiagramm des Getriebes mit 15 Zähnen am Getriebe und 42 Zähnen am Hinterrad.

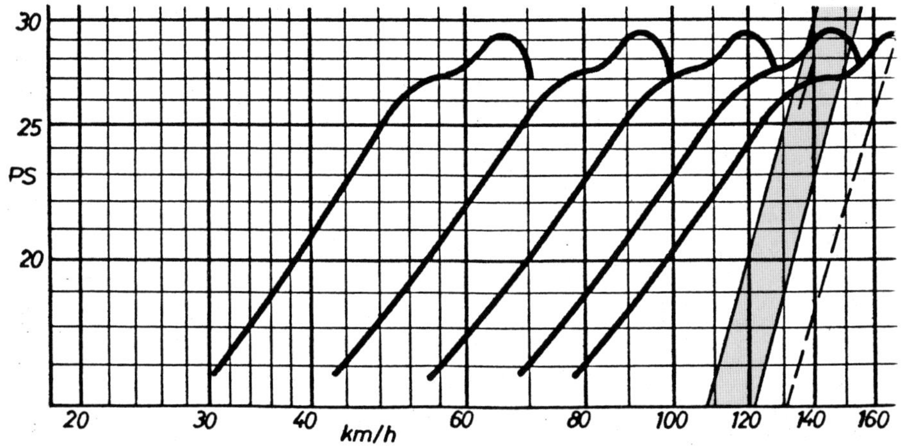

Lage der Gänge zum Fahrwiderstand in der Ebene (DIN-PS). Der getönte Raum gibt den Fahrwiderstand eines großen Fahrers aufrecht sitzend (linke Linie) und klein gemacht (rechte Linie) an. Gestrichelte Linie ganz rechts: ein kleiner leichter Mann, völlig langgemacht im engen Lederzeug.

Der Ölinhalt des Motors beträgt 2,5 Liter, der Tankinhalt besteht aus 14 Litern. Läßt man zuerst den Tank bis auf den Rest von einem Liter in einer Hälfte ablaufen, so kann man mit diesem Restliter bei vorsichtiger Fahrweise noch etwa 20 bis 25 Kilometer fahren. Der Testverbrauch auf dem Nürburgring lag zwischen sechs und sechseinhalb Liter auf 100 km, und das ist wirklich nicht viel, wenn man die erreichten Durchschnitte bedenkt. Auf längeren Überlandfahrten müßte man dann aber trotz dieses geringen Verbrauches alle 200 bis 250 km eine Tankstelle aufsuchen. Das fällt aber wiederum kaum ins Gewicht, denn eine 400 Kilometer-Nonstop-Fahrt ohne Rast und Gliederrecken würden m. E. nur Fakire fertig bringen. Es ist eben ein Motorrad, das man weniger für eine Urlaubsfahrt als für echten Sport fährt, denn das allein ist seine Domäne. Alle Anlagen sind darauf ausgerichtet, und es hat auf dem Markt für unseren sportlichen Nachwuchs seit langer Zeit ein solches Fahrzeug gefehlt. Als mitreißendes Wochenend-Spielzeug wird es aber außerdem bestimmt noch manche begeisterte Freunde finden. Wenn man es ausdrücken könnte, welchen Spaß die kleine und leichte Maschine in Kurven und im Gebirge macht, ohne daß eine solche Aussage subjektiv klingt – ich würde es aussprechen.

Technische Daten
Motor: Bohrung/Hub 76/75 mm; Hubraum 340,2 cm³; Verdichtung 9,5; Ventilsteuerung ohc desmodromisch. Vergaser-Durchmesser 29 mm.
Angeblocktes Fünfgang-Getriebe. Gesamtübersetzung 14,5/10,2/7,96/5,72.
Sekundär-Übersetzung: 15:42.
Elektrische Anlage: 6 Volt/70 Watt. Batterie 13,5 Ah.
Bereifung: 2,75-18 vorne, 3.00-18 hinten.
Bremsen: vorne 180 mm, hinten 160 mm Durchmesser.
Offener Rohrrahmen, hydraulisch gedämpfte Teleskopgabel, Hinterradschwinge mit hydraulisch gedämpften, dreifach verstellbaren Federbeinen.
Tankinhalt ca. 14 Liter. Gewicht leer 128 kg.
Hersteller: Ducati Meccanica, Bologna (Italien).
Die Testmaschine stellte die Firma Fritz Alexander, 3057 Neustadt a. Rbge., Schmiedegasse 30, zur Verfügung.

Moto Guzzi
»Ambassador« 750 cm³

Es gibt mehrere Bezeichnungen für diese – auf der Basis der 700 cm³ V7 mit dem quergestellten V 90°-Motor aufgebauten – neuen 750er von Moto Guzzi in Mandello am Comer See. »V76« oder »V7 Spezial« oder »Ambassador«. Der Name »Ambassador« bedeutet soviel wie »Botschafter« – eine etwas ungewöhnliche Benennung dieses wuchtigen Motorrades, doch mag es gelten, denn die Maschine ist nicht nur im Guzzi-Programm, sondern für den italienischen Motorradbau insgesamt ein guter Botschafter und Repräsentant.

Die 700 cm³ V7 fand in unserem Lande auf Anhieb viel Interesse, und mit dem neuen Modell 750 cm³ wurde der Gedanke des bulligen und doch temperamentvollen Motorrades, des »Büffels«, wie wir zu sagen pflegen, ein gutes Stück weitergebracht. Grundgedanke: ein Motorrad, dessen Antrieb nicht durch zu hohe Drehzahlen, sondern durch hohes Drehmoment bei mittleren Drehzahlen glänzt. Weiterhin: durch größeren Hubraum ohne Einbuße von PS zu geringerer Hubraumleistung und dadurch zu größerer Zuverlässigkeit zu kommen. Und noch: bei aller nicht zu umgehenden bulligen Art so viel Handlichkeit und Eleganz zu erhalten, daß das Solofahren in erster Linie und der Gespannbetrieb in zweiter Linie rangiert. Bei Moto Guzzi tat man ein übriges – man wählte den fast wartungsfreien und zuverlässigen Kardanantrieb zum Hinterrad (schon wegen der vorhandenen für ein Motorrad sehr hohen Drehmomente bis über 6 mkg), man suchte die Details für die elektrische Anlage unter vorhandenen Automobilteilen.

Seit etwa Herbst 1967 beschäftigte man sich mit der 750er-Version dieses 90° V-Motors, der für ein Motorrad gedacht war, dessen Domäne die großen Strecken und Entfernungen sein sollten. 1968 im Frühjahr konnten wir erstmals einen solchen

Nach den wirklich sehr scharf gefahrenen Kilometern auf dem Nürburgring, nach Autobahnjagerei und 2500 km: kein Öltropfen unter dem Motor, kein Ölnebel an den Gehäusenähten, einwandfreier Leerlauf, kein Ventilgeräusch! Fußbremse jetzt auf der rechten Seite.

Prototyp mit Seitenwagen probieren, die Entwicklung zur Produktionsreife dauerte jedoch bis heute, denn man probierte mit Sorgfalt und Überlegung. Jetzt also ist die erwartete »Bombe aus Mandello«, der »Bahn-Burner«, wie die Engländer die V7 aufgrund der erfolgreichen Langstrecken-Autobahntests nannten, auf dem Markt. Wir erprobten die Maschine zunächst auf dem Nürburgring, um zu Fahrleistungs-Vergleichen zu kommen. Auch der Langstreckentest hat schon begonnen.

Wie das Haus Moto Guzzi arbeitet, das mag auch die Tatsache beleuchten, daß bereits ein Mustergutachten mit DIN-Leistungskurve (mit Schalldämpfern, Luftfilterung und allen Nebenaggregaten) für Deutschland erstellt wurde. Und diese Leistungskurve zeigt bei 6500 U/min 51 DIN-PS. Dabei ist bescheidenerweise das geringere Ergebnis mehrerer Messungen herangezogen worden, die bis ca. 55 DIN-PS reichen. Die 700 cm^3-Maschine V7 hat – zum Vergleich hierzu – 42 DIN-PS bei 6250 U/min. Also ein Gewinn von 9 DIN-PS. Das Leistungsgewicht der V7, 700 cm^3, von ca. 5,8 kg/PS (bei 243 kg Leergewicht) ändert sich damit bei der neuen 750er Ambassador auf 4,8 kg/PS (bei 244 kg Leergewicht). Die Hubraumleistung von 60 PS/Liter (703 cm^3) der V7 steigert sich bei der neuen 750er auf gute 68 PS/Liter (752 cm^3). Da man sagen kann, daß aufgrund unserer Erfahrungen die Zuverlässigkeit um so kritischer wird, je höher die Hubraumleistung steigt (wir haben heute Serienmaschinen mit 120 PS/Liter!), muß man auch der neuen 750er theoretisch ein sehr gutes Stehvermögen zugestehen. Der größere Hubraum wurde durch eine größere Bohrung gewonnen, statt 80 mm hat der 750er Motor 83 mm Bohrung. Der Hub von 70 mm blieb erhalten und damit auch die Kolbengeschwindigkeit, was als Gewinn hinsichtlich der Zuverlässigkeit bei gestiegener Leistung angesehen werden sollte. Bei 6500 U/min beträgt die Kolbengeschwindigkeit nur ca. 15,2 m/sec. Also ein ganz ziviler Wert. Wenn man bedenkt, daß bei 3000 U/min bereits 22 PS und – vor allem – 5,4 mkg Drehmoment vorhanden sind, wird man begreifen, daß man zu einem hohen Reisedurchschnitt keinesfalls die höchste Drehzahl des Motors einsetzen muß.

Was ist nun bei dieser Konzeption von dem übrig geblieben, was uns auch bei einer 240 kg schweren Maschine so sehr zu begeistern vermag, daß ein Motorrad-Narr davon Wunschträume spinnt? – Es ist verblüffend viel. Fast nicht glaubhaft, wenn nicht Fahrtschreiber und Uhren die Bestätigung dafür lieferten. Man hat ein wenig am Fahrwerk der V7 gefeilt, als man es auch für die 750er vorsah. Der Lenkungswinkel wurde geändert, die Steuerkopfpartie erhielt eine zusätzliche Querstütze zu den vorderen Rahmenrohren. Die Dämpfung der Telegabel ist besser. Das Motorrad hat eine herrliche Kurvenlage, die allerdings noch durch Seitenstütze, Ständer und Schalldämpfer begrenzt ist. Der lange Radstand von 1435 mm (V7 1445 mm) hindert keineswegs wirklich freche Fahrerei in engen Ecken, und in langgezogenen, sehr schnellen Kurven – selbst mit welliger Straßenoberfläche – fegt der Büffel wie auf Schienen gezogen in Schräglage ohne jedes Lenkerpendeln, ohne jede Unart über die Straße. Darüber kann man noch fast mehr begeistert sein als über den Gewinn an Leistung. Jeder, der diese große Maschine zum ersten Male sieht, hält eine solche sichere Handlichkeit und mögliche Schnelligkeit nicht für möglich. Lassen wir einmal unsere gefahrenen Zeiten auf der Nordschleife des Nürburgringes bis zu Kilometer 22,3 an der Schikane vor Start und Ziel sprechen: Am Flugplatz von Kilometer 4 bis ca. Kilometer 4,8 und am Wippermann bei Kilometer 5,5 bis Kilometer 5,7 waren zwei größere Baustellen auf der Strecke, bei denen es Wartezeiten oder stark herabgesetzte Geschwindigkeiten gab. Dafür aber hatten wir sehr schöne Sonne, geringen Wind und überall trockene Strecke. Die gefahrenen Zeiten steigerten sich von 12:55 bis zu 12:10 (von 103,6 km/h bis zu 110,0 km/h), alle Hindernisse wie z. B. die beiden Baustellen und deren Lkw-Verkehr einbezogen. Neutralisiert man diese Behinderungen, so liegen die gefahrenen Zeiten zwischen 11:50 und 11:20 (zwischen 113,1 km/h und 118,2 km/h). Eine erstaunlich schnelle Zeit mit 11:12 (= 119,5 km/h) war während einer Runde zu messen. Doch sollen uns die Gesamtzeiten schon genügen – 12 Minuten und 10 Sekunden = 110,0 km/h Durchschnitt

Der Fußschalthebel liegt nun auf der linken Seite. Den ersten Gang zieht man hoch, alle anderen Gänge werden abwärts geschaltet. Das ist für Gespannfahrer (Seitenwagen rechts) vorteilhafter und entspricht unseren Normen. Wer sich an eine Schaltwippe gewöhnte, wird allerdings den rückwärtigen Hebelarm vermissen. Der Anlasser der Testmaschine war noch von Marelli – Umrüstung auf Bosch ist vorgesehen und möglich. Kritischer Punkt: der Magnetschalter.

Der Lenkungswinkel wurde geändert und der Steuerkopf erhielt eingeschweißte Stützbleche (Pfeil) quer zu den beiden Rahmenrohren.

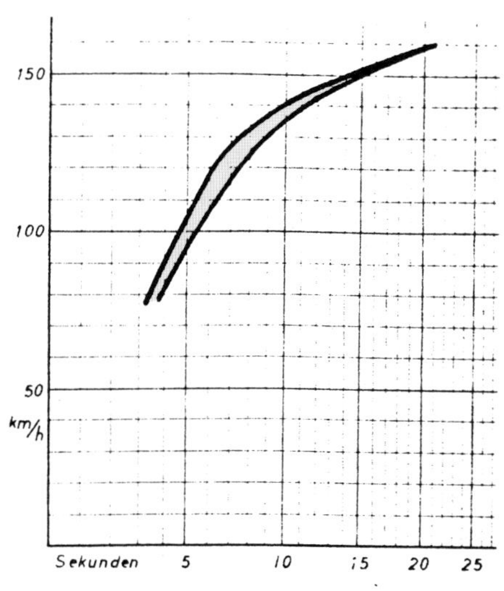

Die Beschleunigung liegt in dem Raum, den die beiden Linien begrenzen. Bei den Messungen mußte aufgepaßt werden, daß das Vorderrad nicht in die Luft ging!

sind eine gewaltige Zeit für dieses gewaltige Motorrad, dessen Klassifizierung das Leistungsgewicht und die Hubraumleistung sind. Ein zufällig anwesender Beobachter wollte diese Durchschnitte nicht glauben.
Das also ist das mögliche Leistungsniveau auf kurvenreicher und gebirgiger Straße, unsere Autobahn-Durchschnitte unter unseren ersten 2500 Testkilometern (200 km in 1:20,0; 1:25,0 bis 1:18,0) liegen zwischen 142 km/h und 155 km/h mit zwei Personen und Gepäck, was etwa einem Mindestdauertempo von 160 km/h entspricht. Das sind im vierten Gang ca. 6000 U/min (Kolbengeschwindigkeit nur 14,0 m/sec). Welches Temperament weiterhin in dem Büffel steckt, das zeigt das hier veröffentlichte Fahrtschreiberblatt auch sehr gut. Mit guten 85 km/h kommt man aus der Südkehre heraus, und ohne nun ganz besondere Rennerei zu demonstrieren, hat man die Maschine beim Anbremsen der Nordkurve hinter dem Start- und Zielhaus nach 700 m und ca. 18 Sekunden auf über 160 km/h. Das kurze Stück hinter der Rechtseinlaufkurve zum Hatzenbach (Kilometer 2,5) langt, um den Brummer schon wieder auf 140 km/h und mehr zu beschleunigen, die Fuchsröhre rast man mit 180 km/h hinunter, was nicht nur eine Sache der Motorleistung, des Gewichtes und des Luftwiderstandes, sondern in diesem Fall vor allem auch eine Angelegenheit der sturen Spurhaltung ist! Die Zick-Zack-Ecke am Adenauer Forst (Kilometer 7) kann man noch mit 70 km/h bewältigen, dazu wirft man den Stier kurz von links nach rechts – es geht. Nein, der sieht nur so stur und gewaltig aus, wer mit ihm anbändelt, der wird sein blaues Wunder erleben. Hohe-Acht Kurve (Kilometer 15): knapp über 90 km/h Brünnchen-Ecke: 80 km/h. Pflanzgarten-Rechtskurve über die Kuppe mit anschließender Linksbiegung und Gefälle (Kilometer 17,2 bis 17,7) 112 km/h bis 140 km/h. Dies, um einige besonders interessante Kurven zu erklären. Beschleunigungsvermögen: an etwa 7 %-10 % Steigung von der Bergwerks-Kurve (Kilometer 10,8) bis zum Kesselchen (Kilometer 12,0) aus etwa 85 km/h bis

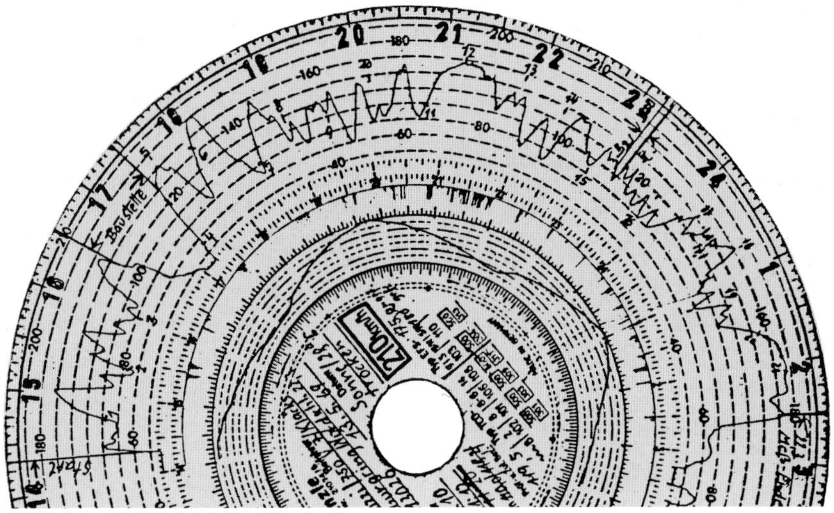

Original-Kienzle-Fahrtschreiberblatt einer Runde um die Nordschleife des Nürburgringes bis Kilometer 22,3 vor der Endschikane. Der Start mußte »sanft« vonstatten gehen, da durch die Leitplanken vor den Boxen und einen Berieselungstest von Wagen auf der übrigen Startbahn kein Raketen-Losschießen möglich war. Zwei Baustellen. Gesamtzeit 12:10. V7 im Jahre 1966 um 13:00 herum.

gute 155 km/h in 30 Sekunden. Endgeschwindigkeit auf der langen Geraden von der Döttinger Höhe (Kilometer 20,0) bis vor der Antoniusbuche (Kilometer 21,0) trotz leichter Steigung ansteigend von 160,0 km/h bis ca. 178 km/h, wobei der Fahrer wegen des Fahrtschreibers nicht völlig lang gemacht liegen kann. Drehzahlmesserangabe 6800 U/min (geeichter, elektrischer Kröber-Drehzahlmesser).

Was könnte man aus dieser Bombe noch herausholen? Ohne Baustellen und Verkehr? Wenn da z. B. ein Ferdi Kaczor draufsäße, wenn die Seitenstütze, der Ständer und die Schalldämpfer nicht bei jeder Kurve auch ohne Durchfedern gewaltig auf dem Boden kratzen wüden? – Ja, ja – aber das Erreichte langt uns wirklich. Oder etwa nicht?! –

Gegenüber der V 7, 700 cm^3, hat man im Getriebe den ersten und den zweiten Gang und im Hinterradantrieb die Übersetzung geändert. Dadurch sieht die Gesamtübersetzung bei der 750er wie folgt aus: 13,4, 8,0, 5,7, 4,51. Hinterradantrieb von 8:37 = 4,625 auf 8:35 = 4,375 (SW 7:37 = 5,286) geändert. Getriebespannweite also jetzt: 2,98, 1,77, 1,27, 1,0. Der Sprung zwischen dem zweiten und dem dritten Gang ist ein wenig größer – insgesamt aber liegen damit der dritte und vierte Gang etwas näher beisammen. Das ist günstiger und macht sich bezahlt. Der Fußschalthebel wurde auf die linke Maschinenseite verlegt und ist keine Schaltwippe mehr. Den ersten Gang zieht man mit der Fußspitze hoch, die anderen Gänge werden heruntergedrückt. Das Schalten geht leicht und genau, wer sich jedoch an eine Schaltwippe gewöhnt hat, der vermißt zuerst den rückwärtigen Hebelarm. Für Gespannfahrer ist der Schalthebel auf der linken Seite vorteilhafter.

Demzufolge liegt der langarmige Fußbremshebel nun auf der rechten Seite. Man kann im übrigen wählen, auf welcher Seite man welche Hebelei haben möchte, denn durch die einfache Konstruktion der Schaltwelle mit der in der Mitte der Welle liegenden Betätigung zum Getriebe (erreicht das Getriebe hinter der rückwärtigen Gehäusewand) läßt sich dies sehr leicht bewerkstelligen. Weitere hauptsächliche Änderungen und Neuerungen gegenüber der 700er: die Instrumentierung besteht aus Tachometer und Drehzahlmesser in der oberen Gußverkleidung der Gabelbrücke. Tankinhalt von 20 Liter auf 23 Liter vergrößert. Luftfilter und Batterie sind durch vergrößerte Abdeckbleche verkleidet. Anlasserschalter aus dem Zündschloß herausgenommen und ans rechte

Um eine Abdeckung der Verteilerkappe gegen Wasser kommen wir doch nicht herum. Die neuen Dell'Orto-Vergaser haben Flachschieber und Ringschwimmer. Auswechseln der Düsen, Einstellung der Schieberhöhe, Justierung der Luftstellschraube sind sehr bequem möglich. Ebenso einfach ist die Kontrolle und das Einstellen des Ventilspieles. Das Kurbelgehäuse besitzt starke Stützrippen und Versteifungen. Die Ölwanne ist ebenfalls stark verrippt und hat Gleit- und Schlagschutz.

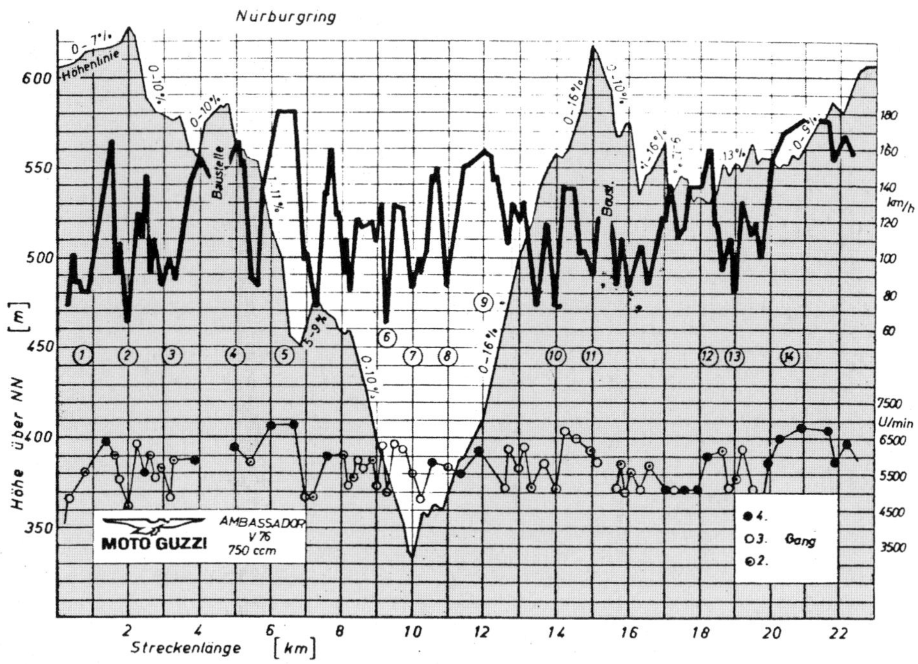

Höhendiagramm des Nürburgringes mit Geschwindigkeits- und Drehzahlangaben. Deutlich ist zu sehen, daß es nicht notwendig war, für die hohen Durchschnitte den Motor dauernd zu überdrehen. Das Durchzugsvermögen ist sehr gut. Man braucht keineswegs bis an 6500 U/min gehen – schon ab 3000 U/min ist genug Kraft vorhanden. Die umkreisten Zahlen geben dazu folgende Streckenstellen an: 1= Südkehre, 2 = Nordkurve, 3 = Hatzenbach-Ausgang, 4 = Schwedenkreuz, 5 = Fuchsröhre, 6 = Wehrseifen, 7 = Breidscheid, 8 = Bergwerk, 9 = Kesselchen, 10 = Karussell, 11 = Hohe Acht, 12 = Pflanzgarten, 13 = Schwalbenschwanz, 14 = Döttinger Höhe.

Lenkerende als Druckknopf vorgesehen. Sitzbank mit zwei bequemen Stützkanten für Fahrer und Beifahrer. Da die 700er neuerdings mit Bosch-Anlagen ausgerüstet wird, kann man annehmen, daß auch die 750er in Kürze mit Bosch-Anlasser, -Lichtmaschine, -Verteiler usw. gebaut wird. Lichtmaschinenleistung nach wie vor 300 Watt! 12 Volt-Anlage.
Sehr wesentlich erscheint aber die Tatsache, daß man aus dem 700 cm³-Motor durch Austauschen folgender Teile den neuen 750er-Motor machen kann: 4 Dichtungen, 2 Zylinder, 8 Gummiringe, 2 Kolben, 8 Kolbenringe, 2 Beschleunigungspumpen (Vergaser).
Der 700er-Motor erstaunte uns seinerzeit durch geringe Vibrationen, dem 750er unserer Testmaschine merkt man jedoch den Kraftgewinn auch daran an, daß er etwas stärker vibriert als die V 7. Beide Motoren reagieren in dieser Hinsicht sehr auf die Zündeinstellung. Das sollte man wissen und bei sehr stark erscheinenden Vibrationen nachsehen, ob nicht zu viel Frühzündung eingestellt wurde. Diese Arbeiten sind ja an diesem Motor denkbar einfach. Ebenso die Ventilspielkontrolle. Bei unserer Testmaschine waren nach den ersten schnellen Kilometern die Marelli-Kerzen 275 Wärmewert sehr hell. Hauptdüse 145. Es wurden 150er-Düsen montiert – noch zu hell, allerdings bei der Nürburgring-Jagerei. Dann montierten wir 310er Bosch-Rennkerzen – Ergebnis: noch zu hell.
Der Zündzeitpunkt 10° wurde daraufhin auf 7° verstellt und die Marelli-Kerzen wieder montiert. Die Vibrationen wurden schwächer, die Kerzen wurden nicht so extrem hell. Es ist erstaunlich, wie gutmütig sich der Motor bei diesen Experimenten zeigte. Aber eine gewisse Gutmütigkeit haben Dickhäuter ja an sich.
Die neuen Dell'Orto-Vergaser haben ein viereckiges Schiebergehäuse, Flachschieber und Ringschwimmer. Es gibt als Starthilfe nur noch einen Choke wie beim Automobilmotor. Damit sprang der Motor bis heute sehr zuverlässig an. Man sollte sich aber ab und zu um saubere Kontakte im Anlasserschalter kümmern, und wenn die Sache dann noch nicht zufriedenstellend funktioniert, muß man den Magnetschalter am Anlasser selbst einmal ins Auge fassen. Diese beiden Details werden wir bei unserer Langstrecken-Testmaschine genau beobachten. Das ist etwa so wie mit der – nun einmal notwendigen – wasserdichten Abdeckung des Verteilers, um die man sich kümmern muß, wenn man bei starkem Regen unterwegs keine Überraschung erleben will. Gleichzeitig kümmere man sich um wasserdichte Kerzenstecker. Das Zündschloß hat jetzt eine sehr schöne Abdeckkappe, die man nach Abziehen des Schlüssels zuklappt, so daß die

Die Doppelnocken-Vorderradbremse wird dem Gewicht und den Geschwindigkeiten gerecht. Wichtig ist die genaue Einstellung, damit beide Backen gleichzeitig und voll anliegen. Der Seilzug hat einen Gummibalg zur Abdeckung erhalten. Mit dem Eindringen von Wasser hatten wir trotz Gewitterschauern nichts zu tun.

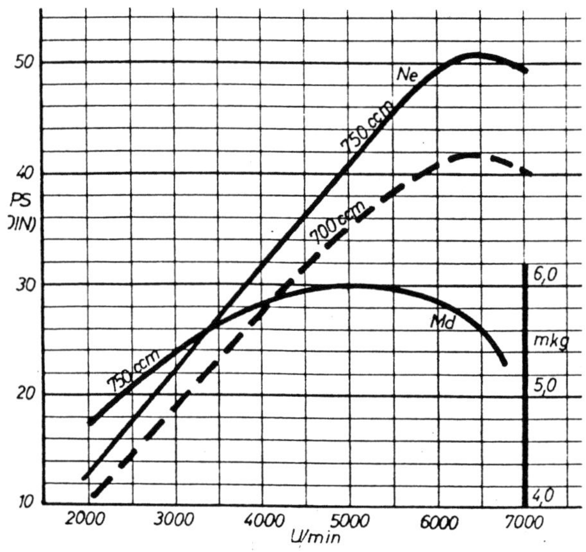

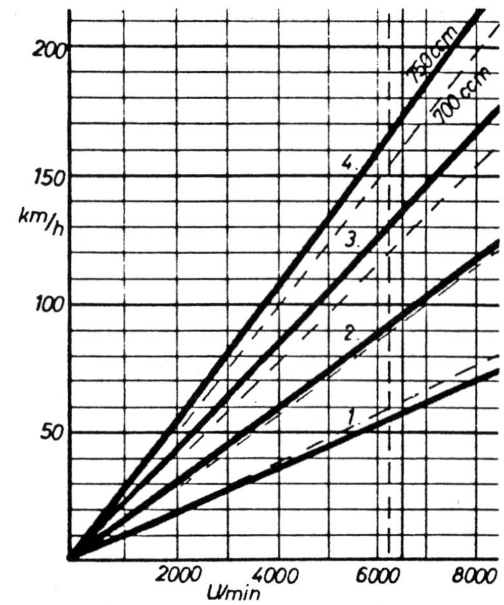

Die DIN-Leistungskurve (mit für Deutschland zugelassenen Schalldämpfern, Luftfilterung und allen Nebenaggregaten, Lichtmaschine usw.) wurde für das Mustergutachten aufgenommen (nach DIN 70020). Die SAE-Leistung wird mit 60 PS angegeben.

Das Gangdiagramm der Solo-Übersetzung der 750 cm³ »Ambassador«. Der Motor dreht mit dieser Übersetzung (8:35 im Hinterradantrieb) auch in der Ebene mit einer Person fast aufrecht sitzend (soweit der Fahrtwind das zuläßt) bis 7000 U/min. Mit zwei Personen drehte die Testmaschine noch ohne Schwierigkeiten 6200 U/min im vierten Gang auf der ebenen Autobahn. Das Getriebe läßt sich bei Überholmanövern schnell und genau schalten.

Maschine auch im Regen parken kann, ohne nachher Ärger mit dem Zündschloß zu produzieren, das man sonst mit dem Krachhut oder einer Plane abdeckte.
Die Maschine ist mit 4.00–18 Pirelli-Supersportreifen auf dem Vorder- und Hinterrad bestückt. Diese Reifen haben ein wunderbares Profil und haften enorm gut – auch bei Nässe, sie nutzen jedoch schnell ab und man muß bei stundenlangen Autobahnjagden vorher den Luftdruck auf dem Hinterrad bis auf 2,5 atü erhöhen. Bei jeder Tankpause bitte den Reifen (auch jeden anderen Reifen wie Conti, Metzeler, engl. Dunlop) untersuchen. Wenn er Risse zeigt oder wenn Profilstücke herausgeflogen sind, dann muß ein neuer her! Bei allen Motorrädern dieses hohen Leistungsniveaus, dieser Drehmomente und Geschwindigkeiten muß man den Reifen eine ebensolche Aufmerksamkeit widmen wie dem leeren Tank und dem Ölstand des Motors. Die Industrie – auch unsere deutsche – kommt erst langsam zu Erkenntnissen, die aus diesen Dimensionen stammen. Für die 750er-Guzzi ausnahmslos geprüfte High-Speed-Decken verwenden – aber keine Rennreifen, deren Gummimischung nicht zum normalen Straßenbetrieb entwickelt wurde. Zunächst schätzen wir die Pirelli-Lebensdauer auf dem Hinterrad auf ca. 3000 km bei normaler Fahrweise. Wie das ausgeht, das wird unser Langstreckentest ja zeigen – 2500 km sind schon rum. Es wird schnell gehen mit diesen Kilometern, denn die Maschine läßt einem keine Ruhe. Man kann sie nicht herumstehen sehen.
Bei diesem Motorrad ist der Begriff »Zuverlässigkeit« besonders zu beleuchten, weil ja vieles auf eine für ein Motorrad sehr gute Lebensdauer hinweist und fast alles mit den entsprechenden Gedanken daran konstruiert worden ist. Von der 700 cm³ V7 wissen wir, daß im Verhältnis zu den bis heute ausgelieferten Maschinen, im Verhältnis zu den erreichten km-Leistungen der Prozentsatz an anerkannten Reklamationen (fahrerische Fehler, Bastel-Fehler und Unfälle ausgeschlossen) gering ist. Während der ersten 2500 km ist – man bedenke die wirklich erbarmungslose

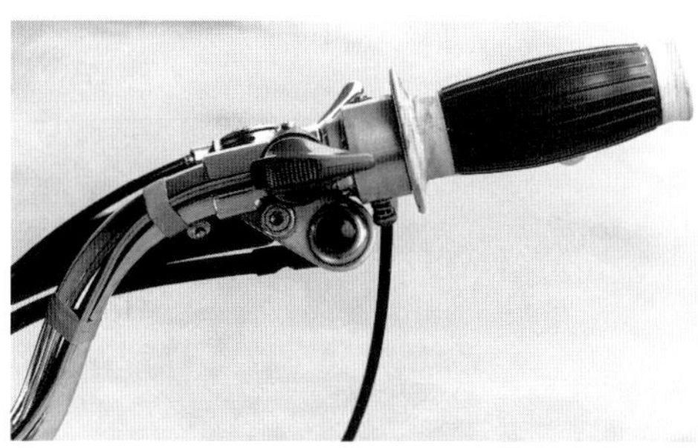

Am rechten Lenkerende befindet sich in bequemer »Daumenlage« der Anlasserschaltknopf. Dessen Kontakte müssen immer klar sein, gelegentliches Nachsehen macht sich immer bezahlt. Der Blinkerschalter wurde von uns montiert. Bei der großen Maschine und der starken Lichtmaschine empfehlen sich Blinker vorne und hinten.

Schinderei der 750er auf dem Nürburgring und während eines Autobahntests – folgendes zu vermelden: zerschüttelte Lichtmaschinen-Halterung (Lichtmaschine wurde durch Unterlegen eines Blechstreifens fester montiert), abgebrochener Ölmeßstab (Ölwanne demontiert, Stab rausgeholt – jetzt wird mit markierter und präparierter Speiche gemessen, ein Meßstab kann nicht wieder reinfallen), losgeschüttelte Schrauben nach dem Nürburgring angezogen, zweimal durch falsch eingeschätzte Spritmenge bei Reserveschaltung (kaum 10 km Radius!) stehengeblieben (neuer 23 Liter-Tank – passiert garantiert nicht mehr), Ventilspiel- und Zündkontrolle, Ölwechsel(Castrol 20/50). Das ist alles. Wir werden sehen, was bei unserem Langstreckentest herauskommt. In dieser Richtung enthalten wir uns der Vorschlußlorbeeren. Nur eines: es ist wirklich ein *toller* Brummer!

Fazit dieses Fahrvergleichs: trotz des Gewichtes, trotz des bulligen Charakters ist die 750er Ambassador von Guzzi eine ganz überraschend wendige, temperamentvolle und handliche Maschine. Sie kommt sogar ausgesprochenen Sprintern mit günstigerem Leistungsgewicht sehr nahe. Als Reisemaschine für die ganz großen Touren bietet sie zudem eine enorme Zähigkeit. Der V-Motor (die Zylinder gegeneinander um 90° versetzt – 60° V-Motoren sind hinsichtlich Vibrationen z. B. weitaus schwieriger zu behandeln) hat mit der Überdimensionierung aller Details (man beachte u. a. die enormen Durchmesser von Kurbel- und Hubzapfen an der Kurbelwelle) so viel Qualitätsreserven, wie das noch lange im Motorradbau nicht zur Norm gehört. Außerdem: für den Gespannfahrer gibt es mit 51 DIN-PS und 6,0 mkg einen erneuten Anreiz. Aber davon später – das Gespann fuhren wir mit dem Hollandria-Wagen auch auf dem Ring. Alles an diesem gewaltigen Motorrad, das außerdem eine sehr feine und bildschöne äußere Linie zeigt, ist faszinierend für Fahrer, die etwas Kompaktes einem nervösen Hüpfer vorziehen.

Technische Daten:

Bohrung: 83 mm; Hub: 70 mm. Hubraum: 752 cm³. Zwei Zylinder in V-Form um 90° gegeneinander versetzt. Ventilsteuerung o.h.v. **Motorleistung** 51 DIN-PS bei 6500 U/min (60 SAE-PS); höchstes Drehmoment 6,0 mkg bei 5000 U/min – bei 3000 U/min 5,4 mkg. Kolbengeschwindigkeit bei 6500 U/min ca. 15,2 m/sec. **Verdichtung:** 8,8. Zylinder aus Leichtmetall mit hartverchromter Lauffläche, Kurbelwelle in Gleitlagern, Pleuelfüße in Gleitlagern, Füße teilbar. Pumpenschmierung. Ölfilter im Kurbelgehäuse.

Lichtmaschinen-Leistung 300 Watt.

Viergang-Fußschaltgetriebe, Schalthebel links. **Gesamtübersetzung** in den vier Gängen: 13,4/8,03/5,7/4,51 (Hinterrad-Übersetzung 8:35 im Hinterradantrieb). Zweischeiben-Trockenkupplung in der Schwungscheibe.

Radstand: 1435 mm / Breite: 79 cm / Höhe: 1,05 m. Gewicht (leer) 244 kg. Tankinhalt 23 Liter; davon nur ca. 1,5 Liter Reserve beim Umschalten auf zweite Tankhälfte. **Testverbrauch** durchschnittlich zur Zeit: 6,2 Liter auf 100 km (normale Straßenfahrt); 7,6 Liter bei scharfer Autobahnhetze. 150er Düsen. Radius mit einer Tankfüllung (Reserve nicht gerechnet!): 250–300 km.

Steuer (jährlich) DM 111,60. Haftpflicht (jährlich) ca. DM 385.–.

Preis ab Importeur in Hammelbach/Odw.: ca. DM 5.500.– (noch nicht endgültig). Die Testmaschine stellte die Firma Zweirad-Röth, 6949 Hammelbach.

Im Rückspiegel: »Hupps – da waren sie weg!«

TT 1969. – Ernst und ich hatten es uns schön vorgestellt, mit der neuen Testmaschine von Moto Guzzi, der »Ambassador 750 cm³« zur Isle of Man zu fahren, diese Maschine war doch schön bequem für zwei Personen und Gepäck!

Ein Freund aus Braunschweig mit einer BMW R 69 S hörte davon, rief sofort in der Redaktion an und fragte meinen Mann, ob er nicht mit uns fahren könnte, er sei noch nie auf der Insel gewesen und würde sich über eine gemeinsame Reise sehr freuen. Verabredet wurde ein Treffen im Rasthof »Ferntal« an der Autobahn nach Köln.

Na ja, man traf sich, alles war »ein Pott und ein Ei«, wie man in Norddeutschland sagt, da meinte mein guter Ernst zu dem Freund: »Hör gut zu, dies ist leider ernst gemeint. Wenn Du eventuell Schwierigkeiten mit Deiner Maschine bekommen solltest, muss ich Dir sagen, dass Du Dir dann selber helfen musst. Wir können in keinem Fall auf Dich warten, denn ich muss, komme was da wolle, rechtzeitig zu den Rennen auf der Insel sein, und auch rechtzeitig wieder in der Redaktion, denn leere Seiten im *MOTORRAD* kann ich mir nicht erlauben. Du musst das verstehen, es ist mein Beruf. Was würden die Leser sagen, wenn ich sie auf die nächste Ausgabe vertrösten müsste«. Der Freund verstand die Situation, zumal Klacks sonst immer hilfsbereit war.

Das war nun die lange Vorrede. Die eigentliche Geschichte geht jetzt los:

Wir fuhren am nächsten Morgen bei scheußlichstem Regenwetter los in Richtung belgische Grenze. Zunächst passierte nichts, aber kurz vor der Grenze fing die Guzzi gräulich an zu stottern. Mit List und vielen Tricks schleppten wir uns so eben und eben über die Grenze zum ersten Ort in Belgien. Es war noch dämmerig, wir suchten und fanden ein beleuchtetes Ladenschaufenster und atmeten auf.
Endlich konnte Ernst nach dem Vergaser sehen, der von Straßendreck ganz verschmiert war. Aha, das wird's wohl sein! Sand und Wasser im Vergaser.
Die »Ambassador« hatte einen viereckigen Vergaser, ein neuartiges Modell von Dell'Orto. Mein Mann hatte bislang noch nichts damit zu tun gehabt. Er schraubte – gar nicht mal so vorsichtig, sondern eilig – den Deckel ab, da – hupps, was ist das denn – springt irgendetwas im hohen Bogen heraus – weg war es!
Der langen Rede kurzer Sinn – zwei Stunden haben wir gesucht und gefummelt, bis wir die Feder aus einem Schacht vor dem Schaufenster geangelt hatten und Ernst den ganzen Kram gesäubert und wieder zusammengesetzt hatte.
Unser Freund murmelte immer mal wieder vor sich hin: »Ich seh' ja schon die leeren Seiten im nächsten *Motorrad* vor mir – was soll das nur geben?!«
Ernst kämpfe verbissen mit der tückischen Feder. Schließlich war alles wieder an Ort und Stelle und wir brausten mit Volldampf nach Rotterdam. Von dort aus ging es mit einem Frachtschiff, das auch sechs Passagiere mitnahm, nach Hull an der Ostküste von Yorkshire.
Gott sei Dank! Von Hull über Manchester nach Liverpool zum Anschluss an die vorbestellte Fähre von dort nach Douglas würde nun wohl zu schaffen sein.
Pustekuchen! Am frühen Morgen dieses Sonnabends streikten die Schleusenwärter, und auch die Hafeneinfahrt nach Hull war dicht. Schleuse zu! Was sollte nur werden, am Nachmittag des Tages lief das erste Rennen auf der Isle of Man. Unser Freund murmelte hörbar vor sich hin :»Ich sehe schon die leeren Seiten im Blättchen!«
Vom Deck aus erlebten wir, wie der Kapitän auf den Schleusenwärter einredete und schimpfte. Nach etwa drei Stunden öffnete sich endlich die Schleuse und der Dampfer lief ins Hafenbecken ein, die Motorräder wurden an Land gesetzt.
Jetzt aber schnell Richtung Manchester, vielleicht schaffen wir es ja noch bis zur Abfahrt nach Liverpool! Da verfuhren wir uns in Manchester – die Straßen waren schlecht beschildert in der Stadt. Ratlos standen wir am Straßenrand, und wieder das Gemurmel hinter uns: »Oh, oh, oh, was wird bloß mit den leeren Seiten?!«
Unsere Rettung war dann ein englischer Motorradfahrer, der uns ansprach und durch die Stadt in Richtung Liverpool lotste. In letzter Sekunde erreichten wir das Fährschiff nach Douglas, hinter uns zogen die Matrosen die Planken ein – wir schafften also diese letzte Etappe und kamen gerade noch rechtzeitig zum Rennbeginn bei Start und Ziel an.
Gemurmel des Freundes:» Keine leeren Seiten im *MOTORRAD*. Geschafft!«

Die BMW R 69 S hatte bis jetzt tapfer durchgehalten, die Guzzi machte immer mal wieder Sperenzien irgendwelcher Art. Da traf uns das nächste Missgeschick, der Nippel vom Kupplungsseil riss ab, und wieder hieß es: Hupps, der ist weg! Kein passender Nippel auf der Insel aufzutreiben!
Gemurmel im Hintergrund: »Was wird bloß mit den leeren Seiten?«
Im Schweiße unseres Angesichts schoben wir den schweren Brocken zum Fahrerlager. Zum Glück war diese erneute »Tücke des Objekts« in einer der umliegenden Straßen passiert. Helmut Fath im Fahrerlager war dann unser rettender Engel. Er meinte: »Lass die Maschine eine Stunde bei mir, ich habe zwar keinen passenden Nippel dabei, aber ich mach einen passend. Ein Rennfahrer kriegt so etwas allemal hin!«
Er bekam das hin – und dieser, von Helmut Fath bei der TT hergestellte Nippel war an der Moto Guzzi Ambassador, bis sie nach vielen Testwochen wieder nach Italien zurückgebracht wurde.
Mein Mann aber hat damals das erste weiße Haar bekommen, von denen er später so viele besaß. »Leere Seiten im *MOTORRAD*« hat er auch nie wieder erwähnt.

Inge

»Noch zwei Minuten bis zum Start ...«. Von links nach rechts – Hugo Schmitz mit Sozia, Erwin Müller, Roland Brecht und Fritz Röth.

24 Stunden Marathon

Guzzi 750 Test: Autobahn Hamburg–Wien–Hamburg– usw.

Es muß irgendeine Möglichkeit gefunden werden, den Qualitätsstand moderner Motorräder anzuheben. Obwohl die Menschheit heutzutage in der Lage ist, auf dem Mond zu landen, hat die Intelligenz vermutlich noch nicht ausgereicht, in großer Serie Motorräder zu bauen, die eines wie das andere, Stück für Stück, gleichmäßig ohne jede Ausnahme, Laufzeiten bis zu 50 000 km ohne Reparaturen auch unter den eigenartigsten Fahrern zu erreichen. Natürlich gibt es dafür viele Gründe, und diese Gründe sind den Technikern der Industrie wohl bekannt, die im ständigen Kampf gegen die rationalisierenden Kaufleute stehen müssen. Auch wir glauben, diese Gründe zu kennen. Da aber moderne Automobile in dieser Hinsicht unsere Anforderungen immer höher schrauben (» ... er läuft, und läuft, und läuft, und läuft, und läuft ...«), sehen wir nicht ein, daß ein solches Niveau nicht auch bei normalen Serien-Straßen-Motorrädern ohne zu hohe Kosten zu erreichen sein sollte. Und deswegen suchen wir immer wieder Wege, die das Niveau dieser Maschinen aufzeigen können, bei irgendeiner übermäßigen Belastung zum Beispiel. Damit irgendein Maßstab, ablesbar, erreicht wird, der Ansporn sein sollte.

Hugo Schmitz und seine Sozia im Morgengrauen des 28.9. an der Kontrollstelle »Rhön« auf der Rückfahrt nach Hamburg. Beide machten einen erstaunlich frischen Eindruck nach fast 2000 km.

Man kann auf modernen Prüfständen fast alles simulieren, und doch sieht es in der harten Praxis immer wieder anders aus. Wir denken, daß die grausamste Belastung für ein Motorrad u.a. eine Vollgasjagd über die Autobahn ist, und Motoren, die so etwas über einen längeren Zeitraum aushalten, können dann als diskutabel im internationalen Angebot angesehen werden. Doch es ist nicht einfach, unvorbereitete Maschinen für einen solchen Test zu erhalten, und nur sehr wenige mutige Leute aus den Kreisen unserer Fabriken stehen einem solchen Test und seinen Ergebnissen mit Interesse und wohlwollend gegenüber. Denn schon ein zu kleiner Tank, der zu vielen Pausen zwingt, ist ein großes Handicap. Reifen, die eine Dauergeschwindigkeit zwischen 160 und 180 km/h klaglos aushalten, sind noch rar. Auch notwendige Kettenpflege drückt einen guten Reisedurchschnitt, und so gibt es allein bei diesen Kleinigkeiten schon eine Menge Punkte, die jemanden von einer solchen Prüfung abhalten könnten. Ernsthafte Erprobungen wurden daher mit uns in dieser Richtung bis heute nur von vier Marken gemacht: Kreidler, Moto Guzzi, Triumph (England) und Yahama.

Besonders das Haus Moto Guzzi hat einen solchen Test nie gescheut und wertvolle Erkenntnisse daraus gewonnen. Mehrfach haben Fahrer der großen 700er und der neuen 750er V7 mit Wissen der Fabrik, aber rein privat, schon unheimliche Leistungen vollbracht, die zum Teil aus Anlaß von Stern- oder Zielfahrten entstanden. Im Sommer 1969 fuhren die Fahrer Erwin Müller aus Leideneck (Hunsrück) und Hugo Schmitz aus Bad Ems mehrfach zur Probe mit ihren großen Guzzis zwischen Hamburg und Wien auf der Autobahn unerhörte Durchschnitte heraus, hatten aber meist noch Schwierigkeiten mit verschiedenen Reifenfabrikaten. Ähnlich wie bei dem Test mit der Dreizylinder-Triumph-Trident 750 cm^3, bei dem unter anderem auch das Reifenproblem über Wohl und Wehe entschied. Nachdem aber Metzeler mit dem neuen 4.00-18 Block C 6 Reifen herausgekommen war, schienen solche Dauererprobungen noch mehr Erfolg zu bringen. Die Guzzi-Leute wollten daher – sozusagen zum Abschluß der Testreihe – noch einmal hochoffiziell eine 24 Stunden-Autobahn-Dauerjagd riskieren und ganz groß in die Sache einsteigen. Die neuen 750 cm³-V7-Maschinen von Erwin Müller und Hugo Schmitz wurden dafür ausersehen, nachdem die eine Maschine ca. 2500 Kilometer und die andere ca. 4000 Kilometer gelaufen war. Dazu meldete Fritz Röth aus Hammelbach sein 750er V7-Gespann, das ca. 3000 km »alt« war. Man tat sich mit dem ADAC (ein Sportkommissar als Starter in Hamburg), dem Deutschen Motorsport-Verband e. V. (DMV) und mit dem ARBÖ in Wien zusammen, um jede Durchfahrt, jede Tankpause, jeden gebrauchten Liter Benzin, jedes besondere Vorkommnis usw. »sportamtlich« registrieren zu können. Der DMV sorgte während der 24 Stunden mit seinen Clubs MSC Weser-Solling e. V., MTC Rhön e. V., TMC Noris e. V. und der Landesgruppe Südbayern für die Kontrollstellen in Deutschland, und der ARBÖ-Linz und der ARBÖ-Wien waren unsere österreichischen Freunde, die ein wachsames (Arnold-)Auge auf die Vorkommnisse warfen. Man organisierte also erheblich und aufwendig, was sich auch bezahlt machte.

An den Maschinen waren gegenüber der Serie folgende Änderungen bzw. Ergänzungen vorgenommen worden: Windschutzscheiben, schmaler Spritzschutz für die Knie, an einer Solomaschine zusätzlich Halogen-Lampen, am Gespann Halogen-Lampe und Reserverad. Auf den Hinterrädern aller Maschinen wurden Metzeler-Reifen Block C 6 und vorne der Pirelli-Supersport-Reifen gefahren. Die Elektrik bestand z. T. aus Bosch-Aggregaten. Die Solomaschine von Hugo Schmitz wurde zusätzlich mit einem reizenden 100 Pfund-Mädchen »belastet« (Jeannie, Adresse nur über den Hugo zu bekommen, meine Herren!), als zweiten Fahrer nahm Fritz Röth im Seitenwagen den Mannheimer Roland Brecht mit. Am Samstag, dem 27.9.1969, um 15.00 Uhr war der Start in Hamburg-Stillhorn in Richtung Wien angesetzt.

Nach dem vermutlichen Benzinverbrauch waren die Kontrollen eingerichtet. Sie lagen in Abständen zwischen 170 und 220 km. Erste Kontrolle Seesen, zweite Kontrolle Tankstelle »Rhön« zwischen Fulda und Würzburg, dritte Kontrolle Tankstelle Greding zwischen Nürnberg und Ingolstadt, vierte Kontrolle Rosenheim zwischen München und Salzburg, fünfte Kontrolle Linz und Wendepunkt-Kontrolle Wien. Die Karten-Entfernung Hamburg – Wien beträgt 1235 km, wovon 5 km nach Stillhorn abzuziehen sind. Aber man konnte zählen, amtliches Material sichten und verschiedene Karten wälzen, immer kam eine andere Zahl zwischen 1150 und 1200 Kilometer heraus. So wollen wir – unter Vorbehalt möglicher Mißweisungen, die jedoch diesmal erstaunlich gering sind – der Einfachheit halber die Tacho-Kilometer zählen, und da kamen zwischen Hamburg-Stillhorn und Wien bei den beiden Solo-Guzzis fast genau jeweils 1166 Kilometer zusammen.

Kurz vor dem Start hatte Lufthansa-Flugkapitän Günter Häussler, der als V7-Fahrer aus Spaß an der Freud' extra zum Start nach Hamburg gekommen war, unseren

Flugkapitän Häussler gibt unmittelbar vor dem Start einen ausführlichen Bericht über die Wetterlage. Seitenwind mit 35 Knoten, Regenböen, Nebel und in Wien Sonnenschein und Wärme. Alsdann –!

Delinquenten einen haargenauen Wetterbericht vorgetragen, nach dem gleich hinter Hamburg Böen aus westlicher Richtung mit einer Geschwindigkeit bis zu 35 Knoten, später wolkenbruchartiger Regen, nachts in den hessischen Bergen und in der Rhön Regen und Nebel sowie Kälte zu erwarten waren, während zur Stunde des Startes in Wien schönes Wetter mit 21 °C ein liebliches Herbstbild zauberte. Ich weiß nicht, ob den Fahrern darob der Mut etwas sank, Jeannie auf Hugo Schmitz' Soziusplatz lachte. Dann ging die Post unter dem Beifall einiger Schlachtenbummler ab (woher die Leute so was immer gleich wissen?!).

In Seesen nach 209 km war mit einer Fahrzeit von 1: 27 Erwin Müller als erster, zwei Minuten später Hugo Schmitz mit Sozia. Durchschnitte gut 144,0 km/h bzw. 141,0 km/h. Dabei war der angekündigte Seitenwind eine grausame Belastung, hinzu kamen z.T. wolkenbruchartige Regenböen.

Doch wurde der Wind in südlicher Richtung weniger, und auch der Regen nahm wieder ab. Aber diese Durchschnitte zeigen schon, was die Fahrer sich vorgenommen hatten. Das Gespann kam – nachdem unterwegs aus zwei mitgeführten Kanistern 10 Liter schon nachgetankt werden mußten – nach 1:48 in Seesen an. Schnitt mehr als 116 km/h. Der Verbrauch bis dahin: die beiden Solomaschinen 19,4 bzw. 20,4 Liter, das Gespann 28,4 Liter (ca. 9,2 Liter/100 km bzw. ca. 9,7 Liter/100 km und das Gespann ca. 13,5 Liter/ 100 km), woraus man auch sehen kann, *wie* am Quirl gedreht wurde, wobei der Wind zu beachten ist. Außerdem fuhr Hugo Schmitz links eine 148er und rechts eine 150er Hauptdüse.

Nach der Kontrolle Rhön, die nach 3 Stunden von Erwin Müller und nach 3:09 von Hugo Schmitz erreicht wurde (gefahrene Kilometer bis dahin 429), waren die Durchschnitte bei 143,0 km/h bzw. 136,2 km/h, und die Dunkelheit setzte ein. Fritz Röth hatte sich mit dem Gespann an der Abzweigung hinter Kirchheim verfahren und war in Richtung Frankfurt weitergesaust. Als er es merkte, waren natürlich einige Zeit und einige Umweg-Kilometer weg. Er kam mit 180 Kilometer Zuwachs nach 5:34 zur Rhön-Tankstelle. Das war Pech, und ein ähnliches Pech ereilte Erwin Müller bei der Durchfahrt durch München, nachdem er nach 4:45 bereits in Greding (nach insgesamt 643 Kilometern = gut 136 km/h Durchschnitt) gewesen war. Gegen halb neun Uhr etwa bemerkte er eine undichte Stelle an der Ölleitung zu den Zylinderköpfen des V-Motors. Das kostete ihn eine gute Stunde Bauen unter einer Münchener Straßenlaterne, zum Glück hatte er eine Ersatz-Ölleitung (!) eingesteckt. Eine Kontrolle weiter in Rosenheim bemerkte auch Fritz Röth an seinem Gespann den gleichen Defekt an derselben Stelle, und das bedeutete wiederum Zeitverlust.

Für diesen »Serien«-Fehler, der nach 23:30 – also eine halbe Stunde vor Schluß der Tortur – auch an Hugo Schmitz' Maschine an der gleichen Stelle auftrat und die Guzzi-Techniker aufhorchen ließ, gibt es m. E. zwei Erklärungen: Fabrikationsfehler (zu schnelle Abkühlung nach dem Hartlöten) oder die feinen Vibrationen, die bei der serienmäßigen Zündeinstellung von 10° vor OT auftreten (unsere Langstrecken-Testmaschine 750 cm^3 V7 läuft mit 8° Vorzündung, zeigt keinen Leistungsverlust,

Sehr lange hielten sich die Fahrer an den Kontrollen nicht auf. Jeannie trank einen Becher heißen Tee aus, Schmitz rauchte eine halbe Zigarette, die Maschine wurde betankt – schon ging's weiter.

Fritz Röth und Roland Brecht bewegten das Gespann nach Wien. Durchschnitt: mit Umwegen ca. 1344 km in 13:25 = 100,17 km/h. Ohne Pauseneinrechnung 108,97 km/h.

kaum noch Vibrationen). Inzwischen aber war Hugo Schmitz mit der immer lachenden und unermüdlichen Jeannie in Wien. 1166 km in 8 Stunden und 54 Minuten einschließlich aller Aufenthalte = 131,01 km/h Durchschnitt. Reine Fahrzeit ohne Aufenthalte 8 Stunden und 37 Minuten = 135,32 km/h. Sozusagen eine ähnliche Zeit wie Peter Karlau von Wien nach Hamburg (8:37) ohne Einrechnung der Pausen mit der Triumph-Trident im April 1969, nur daß die Triumph dann einen längeren Aufenthalt infolge eines Kettenbruchs erforderlich machte – Gesamtzeit damals 9:40, welche Zeit mit 8:54 und zwei Personen (!) Reiselast nun gewaltig verbessert wurde. Aber da Zeitvergleiche ziehen zu wollen, ist infolge der unterschiedlichen Witterung, der veränderten Baustellen, des Gesamtverkehrs usw. nur bis zu einem gewissen Grade objektiv möglich. Es geht heute noch mehr darum, welche Defekte in dieser Zeit auftreten oder nicht. Schmitz hatte bis Wien noch keinen Schlüssel angefaßt. Auch besser.

In Hamburg und in Wien lagen für jede Maschine je ein Reservehinterrad mit neuer Bereifung bereit. Schmitz brauchte diese Hilfe nicht, nach 15 Minuten Pause drehte er seine Guzzi in Gegenrichtung und brauste wieder in Richtung Hamburg zu den zweiten 1166 Kilometern weiter! Auch Erwin Müller, der etwa knapp eine Stunde später in Wien war, brauchte kein Reserverad und drehte nach 16 Minuten Aufenthalt sofort wieder um.

Nun ereilte das Gespann ein noch größeres Pech: vor Rosenheim auf der Rückfahrt nach Hamburg bekam die Maschine einen nicht zu reparierenden Tankriß. Ende der Fahrt nach etwa 1700 Kilometern (schon mal was von Kaugummi gehört? Red. *MOTORRAD*). Einen Hinterradreifen brauchte man nicht.

Um 9 Uhr 34 Minuten erschien Hugo Schmitz mit Sozia am Morgen des 28. Septembers wieder in Hamburg-Stillhorn. Kein neuer Hinterradreifen notwendig, zurückgelegte Kilometer zweimal 1166 = 2332. Maschine allright, keine besonderen Vorkommnisse. Nur hatte die Morgenkühle und plötzliches Glatteis auf den Rhönbrücken sowie Nebel und Schauer auf den Durchschnitt gedrückt. Nach 20 Minuten Pause drehte Schmitz die Nase der Guzzi wieder in Richtung Wien – jetzt galt es bis 15.00 Uhr so weit noch zu fahren wie man kam. Jeannie lachte. Ist das ein Ding?

Um 10 Uhr 31 erschien Erwin Müller in Stillhorn. Maschine ging prima, kein Rad-

wechsel, aber unterwegs auch Kälte, Glatteis auf den Brücken und Nebel. Nach 26 Minuten Pause wurde in Richtung Wien gewendet. Der Schlauch begann aufs neue!
Dieses ungeheure Marathon endete für Schmitz und seine Sozia nach 24 Stunden (die letzte halbe Stunde fuhr er wegen der defekten Ölleitung nur noch mit halber Kraft) bei der Kontrolle »Rhön« nach 2766 zurückgelegten Tacho-Kilometern (2916 Karten-Kilometer). Erwin Müller brauste noch bis in die Gegend von Würzburg und schaffte 2827 Tacho-Kilometer (2989 Karten-Kilometer).

Ergebnis in Zahlen
(gerechnet mit angezeigten Tachometer-Kilometern)

Erwin Müller:
2827 km = 119.1 km/h
Durchschnitt mit Pausen,
= 125.4 km/h
Durchschnitt ohne Pausen.
Hugo Schmitz + Sozia:
2766 km = 115,25 km/h mit Pausen,
= 123,23 km/h ohne Pausen.

Die Helfer der DMV-Clubs waren die ganze Nacht auf den Beinen und sorgten für reibungslose Betreuung und genaue Notizen. Hier wischt einer Erwin Müllers Windschutzscheibe sauber, während die 750er betankt wird.

Es war kein Reifenwechsel notwendig! Von den 7 mm Profiltiefe der Metzeler-Reifen Block C 6 waren bei den Solomaschinen noch 3 mm übrig, beim Gespann (nach Rückkehr über Straße bis Hammelbach) noch mehr als 1 mm. Die beiden Solomaschinen verbrauchten (nach Tacho-Kilometer) bei Erwin Müller 8,73 Liter auf 100 km, bei Hugo Schmitz + Sozia 9,4 Liter/100 km. Kein Ausfall irgendeines elektrischen Teils, kein Defekt außer der lecken Ölleitung.
Zu der ungeheuren fahrerischen Leistung sei mir jedoch noch ein Wort gestattet. Es sollte kein Fahrertest, sondern ein Maschinentest sein! Lange vor Beginn dieser Testfahrt haben wir die Guzzi-Leute ausdrücklich darauf aufmerksam gemacht, daß zweimal ein Fahrerwechsel bei den Solomaschinen – einmal in Wien und dann in Hamburg – schon aus Sicherheitsgründen angebracht sei. Sie wollten nicht. Sie wollten partout ganz und gar nicht! Sie wollten – nachdem sie und andere Guzzi-Fahrer gleiche Erfahrungen gemacht hatten – unter Beweis stellen, daß man tatsächlich auf einer solchen Reisemaschine, sogar noch mit Sozia, derartig weite Strecken zurücklegen kann. Nun gut, man sitzt ja auch einmalig bequem und ermüdungsfrei, aber wußten sie vorher wirklich, was sie da unternahmen? Obwohl es aus dem Tourismus und aus dem Sport noch Beispiele gibt, gegen die diese Testfahrt als geringe Leistung anmuten könnte, sollte jeder, der so etwas plant, ganz klar und nüchtern vorher mit sich selbst zu Rate gehen, ob er fit genug dazu ist oder nicht. Wirklich.
Zu den Maschinen: diese zeigten sich so, wie man das von großen Motorrädern im Jahre 1969/1970 erwarten kann. Statt der starren Ölleitungen sollte man Panzerschläuche nehmen, wenn schon eine außen liegende Ölleitung notwendig ist. Die offizielle Zündzeitpunkt-Angabe sollte man wegen der Vibrationen überprüfen. Außerdem wäre eine ausreichende Fertigungskontrolle am Band von Vorteil. Mit den C 6-Reifen von Metzeler haben wir solche, die so leistungsstarken Maschinen nun gewachsen sind.

Ducati
Mark 3 »Desmo« 250 cm³
(auch mit offenem Rohr)

Die desmodromische Ventilsteuerung (= Zwangs-Ventilsteuerung, d. h., das Schließen des Ventils wird nicht durch Federdruck, sondern durch einen Schließnocken über den dazugehörenden Kipphebel bewerkstelligt,) ist bei Ducati mit einem Königswellenantrieb der Nockenwelle verbunden. Der Einzylinder-Viertaktmotor dieser äußerlich so formschönen Baureihe gewinnt dadurch nicht nur an Leistung, sondern bringt für den sportlich interessierten Fahrer noch mehr technische Finessen. Die Maschine wird zum astreinen technischen Spielzeug.

Schon vom Äußeren her reißt einen Enthusiasten die kleine Maschine herum, wenn sie in unwahrscheinlich möglicher Schräglage um eine Kurve saust. Die Italiener haben schon einen Sinn für das schöne, klassische Motorrad. Ein Freund des Einzylinder-Viertaktmotors wird mit diesem Leckerbissen noch glücklicher sein als andere Motorradfahrer, und wenn kurvenreiche und bergige Strecken auf dem Fahrplan stehen, dann möchte ich den Fahrer sehen, der sich an diesem Motorrad nicht freuen kann.

Die »einfachen« Königswellen-Ducatis 250 cm³, die 250er »Monza« und die 250er »Mark 3« werden vom Werk bisher mit einer Leistung von 18 bzw. 24 PS propagiert, die 250er »Desmo« soll 29 PS im Motor haben.

Nun, das sind Angaben, die gewiß ohne Luftfilterung, Nebenaggregate und spezi-

Die 250er Ducati-Desmo ist eine bildhübsche, sportliche Maschine. Durch das Baukastensystem der Konstruktion kann man in diesen Rahmen sieben verschiedene Motoren von 250 cm³ bis 450 cm³ einbauen. Die äußeren Abmessungen der Aggregate sind immer dieselben. Allerdings sind jeweils Schalldämpfer, z. T. Vergaser (450er), Übersetzungen u. a. unterschiedlich. Der kleine temperamentvolle Renner ist mit seiner desmodromischen Ventilsteuerung ein wunderschönes technisches Spielzeug.

Wir haben dem Motor Luft gemacht! Das Fahrtschreiberblatt zeigt für die Runde 30 Sekunden Gewinn und höhere Endgeschwindigkeiten an.

elle Schalldämpfung für den amerikanischen Markt hervorgezaubert worden sind, und wirklich echte DIN-PS-Angaben hat man in Bologna bei den Königswellen-Zauberkünstlern noch nie für Veröffentlichungen, Werbung und dergleichen gemessen oder gar publiziert. Es gibt überhaupt keine offiziellen Leistungskurven, und die für den TÜV-Musterbericht notwendigen Angaben mußten auf dem Prüfstand erst ermittelt werden, wobei aber zu sagen wäre, daß man dabei von Messungen am Hinterrad ausging.

Sei's drum. Der TÜV hat seine Zahlen (19,9 DIN-PS bei 8000 U/min) mit Luftfilterung und Schalldämpfung, wie sie im gesetzlich vorgeschriebenen Bereich liegen müssen. Wir aber sind gezwungen, das beim Test zu berücksichtigen, was unsere Maschine auf der Straße wirklich zu bieten hatte, wobei wir sagen müssen, daß diese »offiziellen« 20 PS eine echte Bescheidenheit wären, wenn man nicht wüßte, daß es Hinterrad-Pferdchen sind. Beim heiligen Schließnocken, es ist wahr –!

140 kg wiegt das Spielzeug fahrfertig mit vollem Tank (gute 15 Liter), und mit einem ausgewachsenen, etwas lang gemachten Mitteleuropäer von 75 kg Nettogewicht im Sattel fegt es mit echten 140 km/h über die lange Schlußgerade der Nürburgring-Nordschleife von Kilometer 19,5 bis Kilometer 21,5 an der Antoniusbuche. Mit 20 PS an der Kurbelwelle könnte das ein Mini-Europäer im enganliegenden Lederzeug in bäuchlicher Lage nach unseren Fahrwiderstands-Berechnungen schon schaffen, er darf aber nicht mehr als 55 kg wiegen. Für alle anderen, größeren und schwereren Burschen hätte der Motor noch ein paar PeEsse mehr dazu nötig – und das hatte unser Testmotor offensichtlich. Denn Heinzelmännchen hatten wir nicht im Tank, und Tiger auch nicht. Die Runden mit Fahrtschreiber lagen zwischen 12:20 und 12:40 (= zwischen 105 und 108,5 km/h Durchschnitt für die 22,3 km lange Meßstrecke), wobei es auffällig war, daß der Motor nur im Gefälle am Schwe-

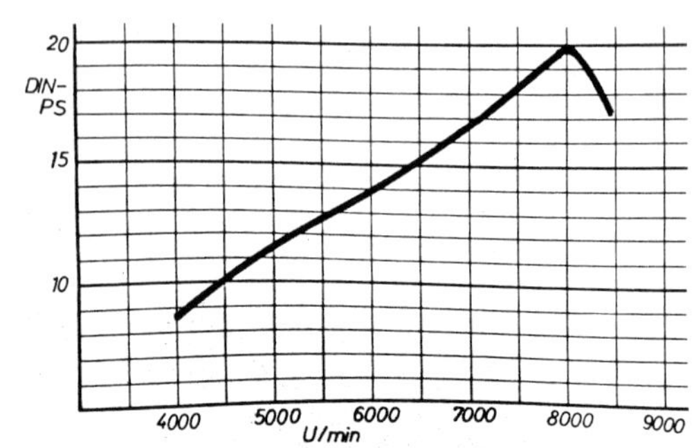

Gangdiagramm für ein 16er und ein 17er Ritzel am Getriebeausgang.

Mit offenem Rohr und offenem Ansaugtrichter des Vergasers sieht die nun für ein Sportereignis vorbereitete Maschine noch rasanter aus.

denkreuz und in der Fuchsröhre zu bewegen war, im 5 Gang über 8000 U/min hinaus zu drehen. Bei der Beschleunigungsmessung in der Ebene wollte er in den unteren Gängen nicht darüber hinaus drehen.
Die Zylinderbohrung mißt 74 mm, der Kolbenhub 57,8 mm. Bei 8000 U/min ist eine Kolben-Geschwindigkeit von 15,5 m/sec vorhanden Erst bei 10 000 U/min ist der Grenzwert für eine ungefährliche Kolbengeschwindigkeit erreicht: 19,3 m/sec. Man erwartet von der vielen Mechanik des Ventiltriebes entsprechende Geräusche, dies ist jedoch erstaunlicherweise nicht der Fall, der Motor ist unserem Gehör nach genauso ruhig wie die Ducati-Motoren ohne Desmodromic. Im Gegenteil: der Desmo-Trieb scheint eher für Ruhe zu sorgen, da der harte Ventilaufschlag entfällt. Auch äußerlich kann man den Desmo-Motor nicht vom normalen Motor unterscheiden, denn die desmodromische Ventilsteuerung ist so bemessen, daß der Zylinder-

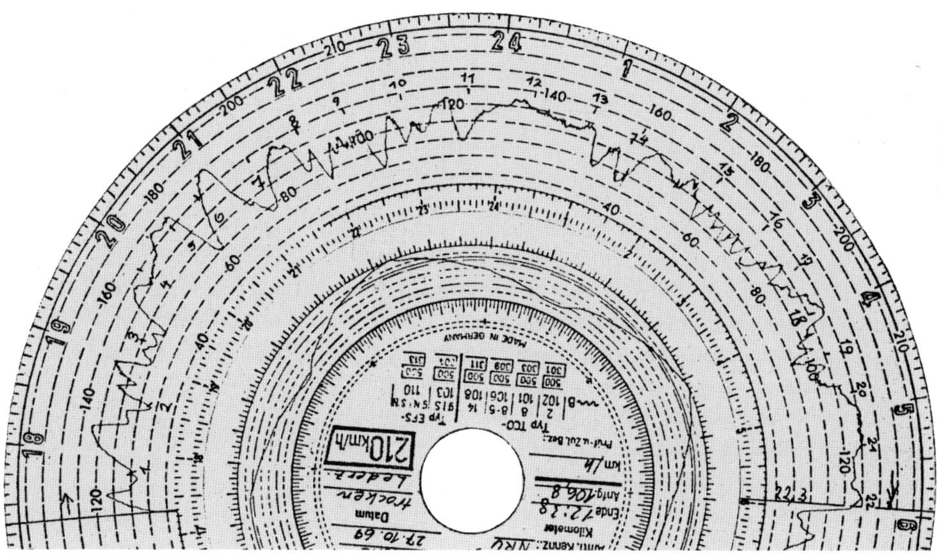

Original Kienzle-Fahrtschreiberblatt einer Runde um die Nordschleife des Nürburgringes mit Schalldämpfer.

kopf in seiner äußeren Form und in seinen äußeren Abmessungen nicht geändert werden mußte. Dieses Baukastensystem ist überhaupt Trumpf bei Ducati. In das Fahrwerk paßt der 250 cm³ normale Motor, der Mark-3-Motor, der Desmo-Motor, der 350 cm³-Motor normal und Desmo sowie der 450 cm³-Motor normal und Desmo. Gabel, Lichtanlage, Tank, Federbeine, Sitzbank, Räder und Rahmen sind immer gleich. Nur die Instrumentierung, die Lenker und die Seitenkästen-Beschriftung sind jeweils anders. Na, was meinen Sie, was sich da so alles machen läßt?!
Mit der Gesamtübersetzung in den fünf Gängen von 17,4/12,15/9,5/7,8/6,8 (Primärübersetzung 2,5; Sekundär 2,81 bei 16:45 der Testmaschine; Getriebe 2,47/1,73/1,35/1,1/0,97) haben wir eine annehmbare Stufung, die der Laufcharakteristik dieses Sportmotors durchaus gerecht wird. Die Anschlüsse zwischen dem dritten, vierten und fünften Gang sind passend und ohne Nachteile, der Motor zieht ab 4000 U/min kräftig durch. Vor allem der enge Abstand zwischen Vierten und Fünften ist sehr günstig. Der Drehzahlmesser (mechanisch an

Der 250er Desmo-Motor mit (hier geöffnetem) Königswellen-Antrieb unterscheidet sich in seinem Äußeren nicht vom Motor ohne desmodromische Steuerung.

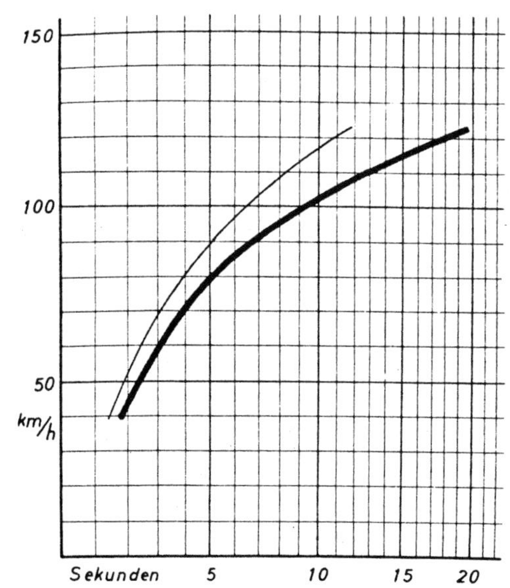

Dünne Linie = Beschleunigung mit offenem Rohr, dicke Linie mit Schalldämpfer.

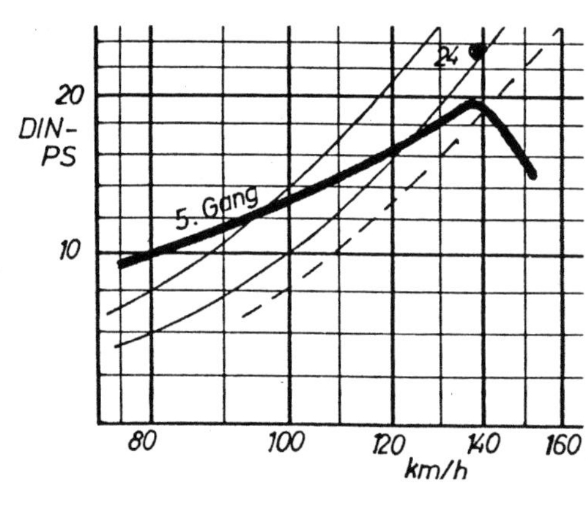

Das Fahrwiderstand-Diagramm mit seinem Linien für die Ebene (mittlere Linie mit klein gemachtem normalen Fahrer Marke »Hering« lang gemacht) zeigt den PS-Bedarf für den fünften Gang. Nach der eingezeichneten Leistungslinie, die die TÜV-Angabe darstellt, langen diese PS nicht für die gefahrene Geschwindigkeit. Etwa 24 DIN-PS müßten es (an der Kurbelwelle) sein.

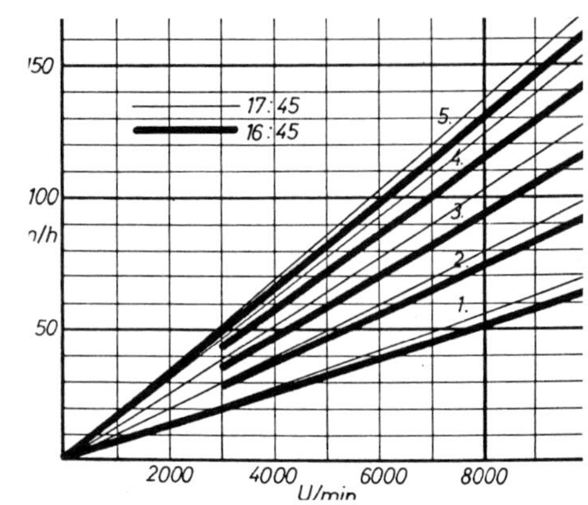

Leistungslinie des Motors mit Schalldämpfer und Luftfilterung am Hinterrad gemessen.

Sehr angenehm war der große und gut ablesbare Drehzahlmesser. (Und da gibt es noch Fabriken, die meinen, daß ein Winz-Drehzahlmesser, in einem Kombi-Instrument im Scheinwerfer montiert und von Seilzügen verdeckt, etwas Tolles ist!)

Offener Rahmen. Und trotzdem ließen Spurtreue und Kurvenlage nichts zu wünschen übrig. Schmierung des Motors durch Umlauf-Druckpumpe; 2,5 Liter Öl in der stark verrippten Ölwanne. (Fotos: Klacks)

der Nockenwelle angetrieben) ist das wichtigste Kontrollinstrument beim Fahren. Die hohen Durchschnitte erzielt man aber nicht durch die Endgeschwindigkeiten, sondern in großem Maße durch die überraschende Handlichkeit, Kurvenfreudigkeit und Spurtreue. Obwohl der Rahmen unten offen ist (der Motor ist die verschraubte Verbindung zwischen vorderem Rohr und hinterem Rahmenteil), bleibt in diesen Fahrbereichen die Stabilität erhalten, ja – man wagt es, diesen gleichen Rahmen bis zum 450er Desmo-Motor zu gebrauchen, der mit offenem Rohr weit über 30 PS hergibt. Die Hinterradschwinge ist sehr breit gelagert, die Vorderradgabel sehr wirkungsvoll, soweit dies die Anforderungen des Nürburgringes erkennen ließen. Obwohl wir einen stabilen und geschlossenen Doppelrohr-Rahmen allen anderen Konstruktionen – besonders bei derartig sportlichen Motorrädern – vorziehen, können wir nichts Nachteiliges über den offenen Ducati-Rahmen sagen. Vielleicht würde man seine Grenzen erst jenseits der jetzt vorhandenen Leistungen bemerken.

Daß der Motor etwas tut, merkt man schon an den Lenkerenden, es würden diese Vibrationen jedoch nicht erwähnenswert sein, wenn es heute nicht bei kultivierten Motorrädern »sanftere« Laufeigenschaften geben würde. Aber es ist ein Einzylinder-Motor, Verdichtung 10,0 und Drehzahlen bis über 8000 U/min. Der Kolbenbolzen steckt in einer Bronzebuchse im Pleuelauge, das Pleuel läuft auf einem Nadellager. Der Dell'Orto-Vergaser hat eine Ansaugweite von 29 mm. Hier muß nun gesagt werden, daß der desmodromische Ventiltrieb hinsichtlich der Kontrolle der notwendigen Spielräume nichts für einen normal ausgerüsteten Fahrer ist. Während unserer Testrunden war da keine Kontrolle notwendig, aber wir denken, daß eine solche Arbeit doch schon eine Werkstatt-Aufgabe ist. Am Nürburgring schlosserten wir dafür auf einem anderen Gebiet: wir machten dem Vögelchen etwas Luft.

Für jede Desmo wird ein offenes Megaphon mitgeliefert, damit einer eventuellen sportlichen Betätigung auf Berg- oder Straßenrundstrecken und der dafür annähernd notwendigen Leistung nichts im Wege steht. Und was bei einer solch einfachen Änderung herauskommen würde, das interessierte natürlich jeden. Der Schalldämpfer wurde also gegen das offene Rohr ausgetauscht dessen Ende aber eine genau erprobte (!) Stau-Verengung aufweist. Die Verbindung zwischen Ansaugtrichter des Vergasers und Luftfilter wurde entfernt, außerdem erhielt der Vergaser eine größere Hauptdüse (normal 112, jetzt 130). Ein Wechsel der Gesamtübersetzung wurde auf ein 17er Ritzel vorgenommen.

Und dann war es, als habe man in der Tat einen Korken aus der Flasche gezogen! Auf Anhieb eine halbe Minute Gewinn pro Runde! In der Endgeschwindigkeit 10-20 km/h mehr, in der Beschleunigung von 0-100 km/h etwa 3 Sekunden Gewinn. Mehr als 115 km/h Durchschnitt sind glatt möglich. Wer jetzt noch ein wenig experimentiert, mit Übersetzungen hantiert, Gewichtserleichterungen vornimmt usw., der hätte für Ausweisfahrer-Bergrennen durchaus ein Sportinstrument zum Mithalten.

Was tat sich da auf dem Ring? Schon auf der Gegengeraden waren am Ende vor der Nordkurve gute 15 km/h mehr als mit der normalen Schalldämpfer-Ausführung möglich, und bereits im Hatzenbach war man stellenweise bis zu 20 km/h schneller. In der Fuchsröhre kletterte der Drehzahlmesser weit über die rote Marke weg – nachher erst sahen wir, daß das gute 10 000 Touren gewesen sein müssen. 170 km/h. Im Moment der sausenden Abfahrt wurde die Fuchsröhre plötzlich eine winklige – man staunte, wie das Fahrwerk noch mitging. Im Kesselchen bei Kilometer 12 am Aufstieg zum Karussell und zur Hohen Acht 10 km/h mehr als sonst im fünften Gang.

Auf den Kurven-Abschnitten konnte man jetzt erst richtig auskosten, welche Handlichkeit und Wendigkeit vorhanden ist. Die montierten Pirelli-Reifen (vorn 2.75–18, hinten 3.00–18) sind in der Gummimischung offensichtlich weicher als andere Fabrikate, aber mit den Profilen haben sie eine enorme Haftfähigkeit. Schließlich auf der langen Geraden zur Antoniusbuche waren in der Endgeschwindigkeit wiederum etwa 15 km/h mehr Tempo möglich. Das heißt, daß der Motor bis knapp über 9000 U/min hinausdrehte. Dabei ließ seine Leistung an dem letzten Stück dieses Abschnitts mit der zähen Erhebung der Strecke nicht nach – d. h. das Tempo blieb erhalten.

Wie viele PS der Motor in dieser Form hergibt? Sicher wird das mal einer im Werk gemessen haben, mitgeteilt hat es bis jetzt niemand. Wie gesagt, in dieser Hinsicht wird wenig PR-Arbeit geleistet (und damit könnten sie mit dieser Maschine bei uns so viele Fahrer ansprechen!). Es müssen aber in diesem Falle 27-29 PS sein, was aus dem Leistungsgewicht, dem Fahrwiderstand usw. hervorgeht.

Normal wird mit einer 260er Kerze gefahren, mit offenem Rohr probierten wir eine 310er. Das war richtig. Mit der 260er kam man auch mit Luftfilter und Schalldämpfer während dieser Jagerei noch gut aus. Nicht nur diese Beobachtung bringt uns zu der Ansicht, daß die Ducati-Desmo 250 eigentlich ein Ideal verwirklicht: ein sportliches Tourenmotorrad, das man für das Wochenende zum Spaß an der Freud' über die kurvenreichen Straßen der engeren und weiteren Heimat jagen, das man aber auch genauso gut als Ausgangspunkt rennsportlicher Betätigung benutzen kann. Die ganze Konzeption ist auf sprinterartiges, sportliches Fahren hin ausgerichtet (Langstrecken-Reisen könnte man auch schon unternehmen, bleiben aber infolge mancher fehlender Dinge Strapazen), doch ist es keineswegs ein so

Vorderradgabel und Vorderradbremse entsprachen der Fahrleistung auf dem Nürburgring auch noch bei hohen Geschwindigkeiten.

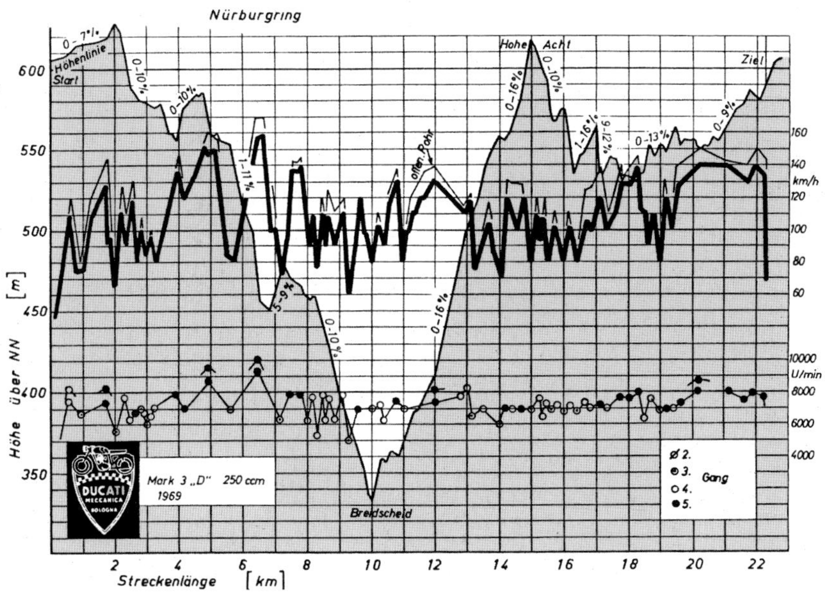

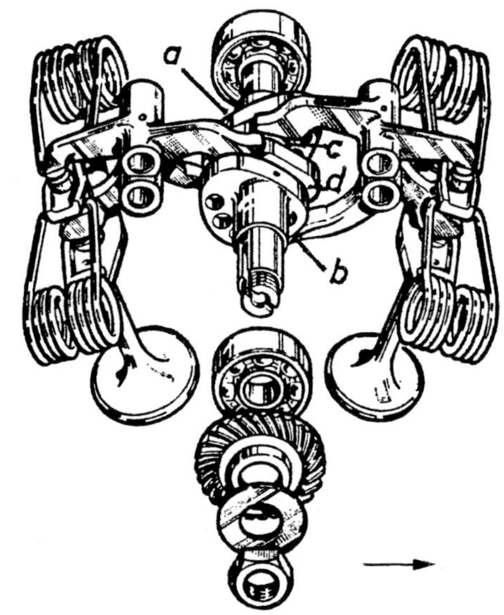

Nürburgring-Höhendiagramm: Die dünne Linie über der fetten Geschwindigkeitslinie zeigt den Tempo-Verlauf mit offenem Rohr. Darunter die Gang- und Drehzahlangaben.
Zu erwähnen ist unbedingt, das das offene Megaphon nur für den Einsatz der Maschine bei Straßen- und Berg-Rennen gedacht ist und im Vekehr auf öffentlichen Straßen keinesfalls benutzt werden darf. Wie ausgeglichen das Getriebe ist, zeigt der Drehzahlverlauf besonders zwischen Kilometer 14 und 18. Das Durchzugsvermögen des sportlichen Motors ersieht man im Abschnitt zwischen Kilometer 20 und 22.

Zeichnung des desmodromischen Ventiltriebes der Ducati. a und b = Schließnocken mit den dazugehörenden Kipphebeln; c und d = Öffnungsnocken. Die Haarnadelfedern sollen die Ventile beim Schließen trotz des notwendigen Spieles am mechanischen Antrieb auf den Sitz drücken, damit das Ventil auch dann einwandfrei schließt, wenn der Verbrennungsdruck dazu nicht ausreicht, und das mechanische Spiel (z.B. durch Wärmedehnung) zu groß wird. Sportmotoren mit dieser Ventilsteuerung haben bei hohen Drehzahlen keine Änderung der Steuerzeiten zu befürchten. Außerdem bleibt durch den Wegfall des sonst harten Ventilaufschlags bei der Desmo-Steuerung das mechanische Geräusch geringer.

unkultivierter Hobel, der nur nach Benutzung einer Warmlaufkerze zum Leben erwacht. In den Tank gehen 15 Liter hinein (zwei Einfüllöffnungen, zum Grand-Prix-Eindruck passend, obwohl man nur einen braucht), und 250 bis 300 km Radius dürften je nach Fahrweise schon drin sein. Die an den Gabelholmen angeschellten kurzen Lenkerenden bedingen eine sehr sportliche Fahrer-Haltung, und dem entspricht auch die Linie der Sitzbank. Mit dieser Bank kann man Stadt- oder Vorort-Transporte der Herzensdame vornehmen, zu einem 200 km-Run gehört dann aber schon eine abgehärtete und nicht nur wetterfeste Sozia. Immerhin sind die Soziusfußrasten nicht an den Schwingenholmen angeschraubt.
Bei vielen Maschinen dieser Leistungsklasse gibt es heute im Vorderrad Doppelnockenbremsen. Die 250er Desmo hat im Vorderrad eine einfache Vollnabenbremse (180 mm Durchmesser) und hinten eine ebenso einfache Konstruktion (160 mm Durchmesser). Aber diese Bremsen ließen keine Wünsche offen, auch nicht bei den gezeigten Fahrleistungen mit offenem Rohr. Vielleicht wünscht man sich erst stärkere, wenn man aktiven Sport mit diesem Motorrad beginnt. Aber dann verbessert ja jeder nach und nach sowieso das feurige Stück.
Bei den italienischen Motorrädern dieser Sparte hat der in Italien so sehr populäre Straßenrennsport Pate gestanden. Daraus entstand auch diese so bildhübsche kleine Ducati, die zudem so ein temperamentvoller Untersatz ist.

1971

»Old Firehand«

Moto Guzzi

500 cm³ Falcone Einzylinder, ohv

Als die »Big Banger«, die »Dampfhammer« – also die großvolumigen Viertakt-Einzylinder-Maschinen – mehr und mehr ausstarben, vergoß eine Menge Motorradfahrer Tränen der Wehmut. Die Zeiten der »Regina«, der »NSU-Konsul«, der Einzylinder-AJS, -BSA, -Norton, -Matchless, -Royal-Enfield usw. usf. schienen trotz weiterer vereinzelter Modelle endgültig dahin zu sein. Aber jetzt wird man doch wieder mit einem solchen Motorrad konfrontiert – mit einer Konstruktion, die schon 1921 begonnen wurde, und die bis heute so eine Art Markenzeichen geblieben ist: die 500 cm³ Moto Guzzi Falcone aus Mandello am Comer See. Wir haben ihn nun wieder, den großen Hammer mit geringen Drehzahlen, mit der gewaltigen Schwungscheibe und mit dem liegenden Zylinder.

Ich kenne eine ganze Menge Motorradfahrer, die nun wieder Morgenluft wittern und erneut auf dem Plan des Geschehens erscheinen werden, weil sie der Meinung sind, daß nun endlich wieder das »richtige« Motorrad für sie erreichbar ist, obwohl vielleicht viele der jüngeren Fahrer im Zeitalter der hochdrehenden Viel-Zylinder diese Maschine aus Unkenntnis als eine Art Anachronismus empfinden. Wieso hat Moto Guzzi diesen Weg erneut beschritten? Weil bei der italienischen Polizei die Einzylinder-Falcone seit Jahrzehnten ein fast nicht zu durchbrechendes Ansehen genießt und man eine moderne Falcone dort brauchte. Das war die Basis, von der man dann auch gleich eine Zivil-Version abzweigte, die nun in unsere Testgarage kam.

In der Tat mußten wir wieder zurückdenken. Wir kamen just von der hitzigen 500er Vierzylinder-Honda – und das ist dann doch ein ungeheures Umdenken, wenn man danach auf der Falcone fährt. Wo bei der japanischen Maschine die Leistung erst kommt und die Drehzahl interessant wird, da ist bei der dicken Einzylinder aus Italien die Endleistung bereits erreicht und die Drehzahl schon kritisch. Man stelle sich 1971/72 vor, daß man wieder im Drehbereich zwischen 2500 und 4000 U/min ein Motorrad bewegt! »Und wo wird die Lötlampe morgens zum Anwärmen des Bulldogs befestigt?« ist so ungefähr der Kommentar. Im Leerlauf meint man jeden Arbeitstakt des Motors genau verfolgen zu können – Ansaugen – fffft! – Verdichten – Kipphebel-Klapperei – Explodieren – Ausstoßen – tumm! Haben Sie so etwas noch im Ohr? Nein? Na, irgendwo wird Ihnen diese Knattermaschine schon mal vor Augen kommen, denn es steht fest, daß die Laufcharakteristik nicht nur einen der Motorrad-Enthusiasten elektrisieren wird. Aber Spaß beiseite – man soll es nicht

Die alte Konstruktion im modernen Look. Anachronismus? Man sollte so einen Dampfhammer erst mal fahren. Als Kurzhuber ist es nämlich kein unmoderner Motor. Langer Radstand, gute Straßenlage, Tankinhalt ca. 18 Liter.

glauben, wir fanden einen ungeheuren Spaß an der Falcone 1971. Es gibt von dem Motor zur Zeit zwei Versionen, die eine ist mit 26 DIN-PS bei 4800 U/min für den Polizeigebrauch gedacht, die andere (unsere Testmaschine) wird mit rund 28 DIN-PS bei 4800 U/min (= 32 SAE-PS lt. Prospekt) und elektrischem Anlasser für den zivilen Kundenkreis gebaut (2 PS weniger als die BMW R 50/5). Unterschied: nur eine andere Nockenform.

Um den Ballermann in Gang zu setzen, öffnet man den Benzinhahn, zieht das Motorrad im ersten Gang rückwärts über die Kompression, sucht den Leerlauf zwischen erstem und zweitem Gang, schaltet die Zündung ein, öffnet mit dem Fingerhebel am Lenker die zusätzliche Starterdüse des Vergasers und – zieht mit der linken Hand den Auslaßventilheber wie Anno Dunnemals an. Jetzt passiert folgendes: Das Auslaßventil wird angehoben, gleichzeitig wird der Anlasserschalter mittels des gleichen Seilzuges betätigt, die Bosch-Lichtmaschine wird zum Dynastarter. Das Anlasserrad ist über einen Keilriemen mit der Superschwungscheibe und der Kurbelwelle verbunden und dreht den Motor durch. Ist das Schwungrad richtig in Fahrt, dann läßt man den Ventilheber los – tumm – tumm – tumm, tumm, tumm – der Motor läuft. Gas geben braucht man nicht. Sollte sich nichts rühren, dann steht der Kolben vor der Kompression und das Anlasserrad dreht über dem Keilriemen durch. Macht gar nichts – man bewegt nur ganz kurz den Kickstarter, und der Motor läuft.

Bei 2500 U/min haben wir 12 DIN-PS, aber ein Drehmoment von bereits 3,5 mkg. Bei 3500 U/min sind es 19 DIN-PS und 3,85 mkg. Bei 4000 U/min können wir 22,4 DIN-PS und 4,1 mkg genießen. Ab 2500 bis 2800 U/min macht das Motorrad in den Gängen beim Beschleunigen den ersten Satz nach vorn, denn da ist auch die erste hohe Drehmomentstufe. Jenseits von 4000 U/min kommt dann noch ein zweiter Ruck nach oben, denn bei 4200 U/min beträgt das Drehmoment 4,15 mkg. Durch die große Schwungscheibe, die sich hinter dem linken Gehäusedeckel dreht, kommt man jedoch nicht so blitzschnell zu diesem Schub wie vielleicht bei einem mehrzylindrigen Motor ohne große Schwungmassen, aber der Schub kommt und hält sich auch eine Weile,

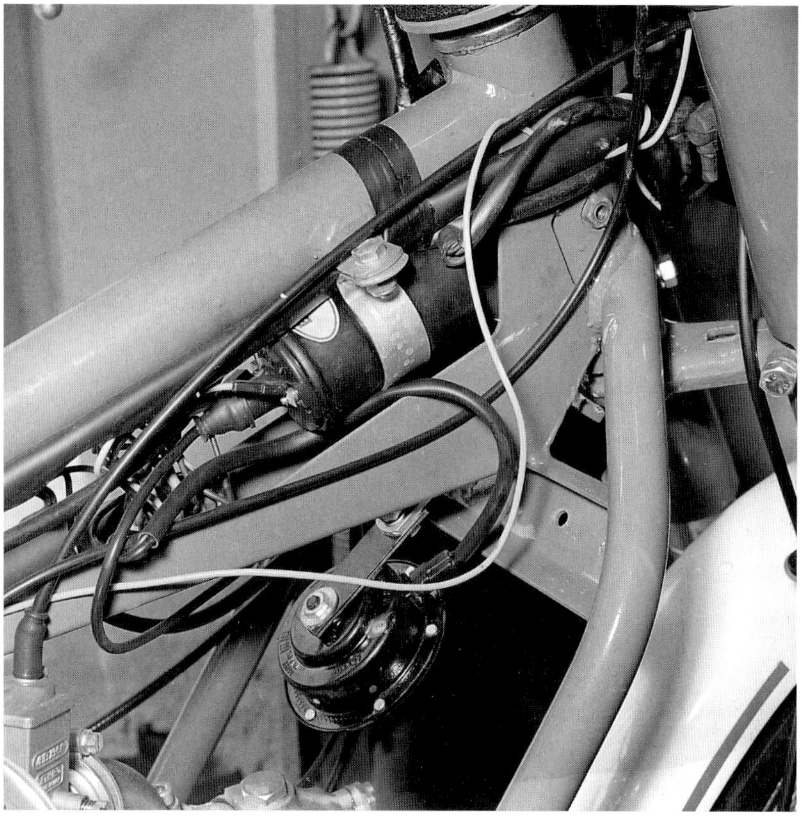

Die Steuerkopfpartie zeigt gewaltige Versteifungen.

wenn man das Gas wegnimmt. Also ist die Fahrtaktik eine ganz andere, als man das mit den Blitzraketen sonst gewohnt ist. Man muß ein bißchen im voraus beobachten, planen und denken und einkalkulieren, daß das alles etwas zäher kommt. Man muß aber ebenso einkalkulieren, daß der Schwung gewaltig ist und erhalten bleibt. Man fährt also nach dem Schwung –!

Mit dieser Schwungmasse kann man ohne weiteres im vierten Gang mit 2500 U/min (= ca. 70 km/h) durch die Landschaft dampfen – dabei ist das Auspuffgeräusch ein gequetschtes Schlagen, und jedes Ansaugzischen im Luftfilter ist zu hören. Der Motor beginnt erst unterhalb von 2000 U/min zu rucken. Fährt man im vierten Gang mit ca. 110 km/h, einer Art Reise-Einheitsgeschwindigkeit, dreht der Motor nur 4000 U/min, und dabei ist die Kolbengeschwindigkeit sage und schreibe nur 10,9 m/sec. Bei einem Hub von 82 mm und einer Bohrung von 88 mm haben wir nämlich einen Kurzhuber (wie 1921 bereits!!), und man müßte der Meinung sein, daß der Motor bei dieser Beanspruchung kaum zerdreht werden kann.

Nun mag man vielleicht glauben, daß die Falcone zwar recht originell, aber auch eine fürchterlich lahme Ente ist. Zunächst glaubten wir das auch. Aber nach etwa 1000 km wurde der Motor zusehends lebendiger, und dann entdeckten wir im Drehgriffgehäuse einen Anschlagbolzen, den man herausdrehen kann. Gesehen und gemacht. Hoppla – aus Old Firehand wurde mit einem Male ein temperamentvoller Langläufer, die Beschleunigungszeiten wurden besser, und die als Höchstgeschwindigkeit angegebenen 140 km/h wurden langliegend erreicht. Weil man

den Drehgriff richtig aufmachen konnte. Die Sperre sollte wohl in der Einfahrzeit einen Riegel vor die Ungeduld des Fahrers setzen.
Die vier Gänge sind absolut richtig abgestuft. Die Fußschaltwippe liegt rechts, den ersten Gang zieht oder drückt man hoch, die anderen Gänge drückt man nach unten. Obwohl der erste Gang bis ca. 45 km/h reicht, der zweite Gang bis 75 km/h und der dritte Gang bei 5000 U/min bis 110 km/h, benutzt man den ersten Gang eigentlich nur zum Anrollen, bei 3000 U/min spätestens (= 25 km/h) schaltet man in den zweiten Gang, der dort mit ca. 2200 U/min beginnt und durchzieht bis vielleicht 50 oder 55 km/h (= ca. 3000 bis 3500 U/min). Ab 50 km/h fährt man sowieso immer im dritten Gang (= ab 2500 U/min), und den vierten benutzt man schon ab 70 km/h. Bei Räuberei auf schneller, kurvenreicher Landstraße bleibt man lange im vierten Gang, auch vor Überholmanövern, man muß dann aber einkalkulieren, daß die Schwungmasse Zeit braucht, um Drehzahlen zuzulegen. Oft wird es einem passieren, daß man enttäuscht ist, eine eben erreichte Drehzahl wieder abbremsen zu müssen, wenn man gerade so richtig in Schwung ist.
Die Straßenlage ist ganz hervorragend. Der lange Radstand, der sehr stabile Rahmen mit seinen Dreieckverbänden, der sehr tiefe Schwerpunkt bilden die Ursache der Kursstabilität. Man könnte unheimliche Schräglagen fahren, wenn der Abrollständer nicht schon so früh beim Durchfedern auf der Straße kratzen würde. Zu der Sicherheit beim Fahren kommt die Sitzposition des Fahrers, und wenn man daran gedacht hätte, daß die Fußrasten für den Mitfahrer oder die Mitfahrerin nicht so verteufelt hoch, sondern weiter unten liegen müßten (was auf der Seite der beiden Schalldämpfer nur mit Verrenkungen zu lösen wäre), dann hätte das Motorrad auch den gleichen Sitzkomfort für den Passagier. So aber ist das nichts damit.
Der große Einzylinder erzeugt natürlich Vibrationen, die man zwar in Grenzen halten, aber nie beseitigen kann. Bis zu 3500 U/min ist es nichts Störendes, ab 4500 U/min werden sie jedoch etwas härter. Vibrationsschäden traten nur bei der Steckklemme des Batteriekabels an der Klemmleiste unter der Sitzbank auf. Drehzahlmesser (elektrisch) und Tachometer zeigten ziemlich genau an, die Kontrollampen über dem Steuerkopf sind deutlich und übersichtlich (Öldruck, Ladekontrolle, Leerlauf, Scheinwerferlicht).
Notwendige Wartungsarbeiten sind bei Motoren mit liegenden Zylindern meist sehr bequem durchführbar, das ist bei der

Es gibt Liebhaber solcher Maschinen, die enttäuscht darüber sind, daß diese schöne Super-Schwungscheibe verdeckt hinter einem Gehäusedeckel liegt. Die Dyna-Startanlage ist mit der Schwungscheibe über einen Keilriemen verbunden.

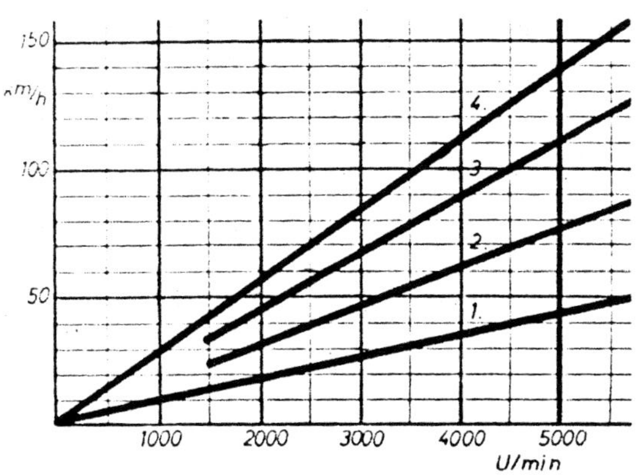

Gangdiagramm mit der serienmäßigen Gesamtübersetzung.

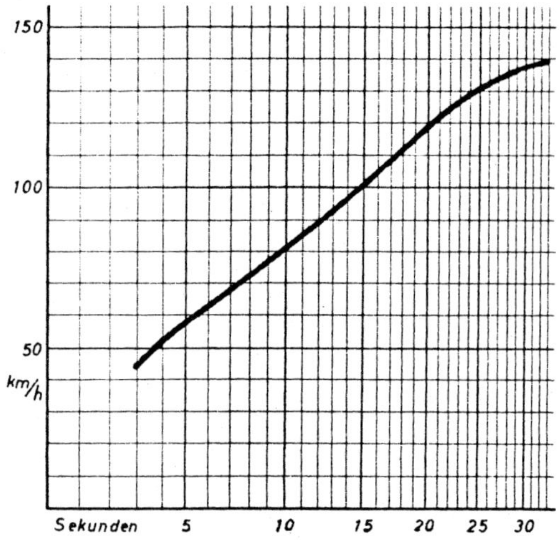

Die Beschleunigungslinie zeigt in der Mitte einen negativen Knick. Man muß berücksichtigen, daß die Schwungmasse ja erst mal richtig zum Drehen kommen muß. Wenn sie dreht, dann allerdings zieht der Motor gut von unten heraus an.

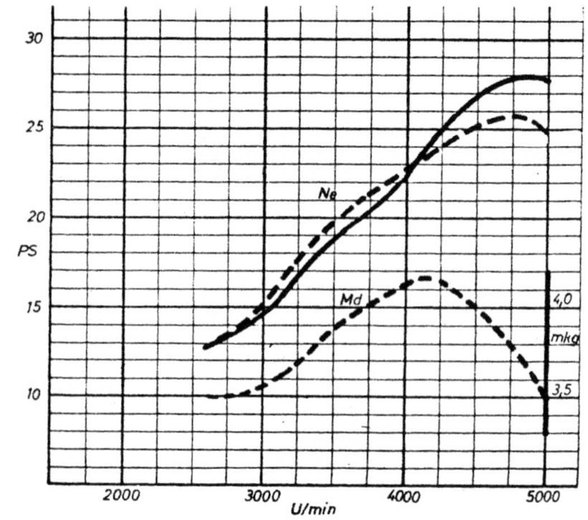

Die Leistungskurven der Polizei-Ausführung mit 26 DIN-PS (gestrichene Linien) und der Zivilausführung mit 28 DIN-PS.

Falcone nicht anders. Ventilspiel-Kontrolle bzw. -Einstellung, Zündeinstellung, Unterbrecherabstand-Kontrolle, Arbeiten am Vergaser, das ist alles denkbar einfach und bequem zu machen, weil die Details sozusagen auf dem Teller liegen. Zwei ausreichend große und abschließbare Werkzeugbehälter lassen es zu, daß man auch unterwegs eine gute Auswahl an Werkzeug, Reservezüge, Kleinteile usw. mitführen kann. Und muß man einmal den Tank abnehmen, um an die Klemmleiste darunter zu können, so braucht man nur zwei Bolzen vorn zu lösen und hinten eine Gummihalterung auszuhängen. Auch die Sitzbank ist einfach zu entfernen. Der Hinterrad-Ausbau ist ohne Öffnen der Kette möglich, zwischen Kettenkranz und Radnabe befinden sich zur Stoßdämpfung Gummipolster, aus denen das Rad seitlich herausgezogen wird. In diesem Zusammenhang sei erwähnt, daß der Abrollständer zum Aufbocken des Motorrades u. E. vorbildlich ist. Daran sollte sich mancher ein Beispiel nehmen, der einen der unmöglichen Krampf-Ständer konstruiert, auf den man ein Motorrad nur mit Kranhilfe hinaufbekommt. Man kann die Falcone beinahe nur mit einem Druck der Fußspitze auf einen der Bügel hoch»rollen« lassen –! Die Seitenstütze links ist serienmäßig. Bitte, beim Start diese Stütze nicht vergessen und wieder einklappen!

Die Hinterradkette ist nach oben und zum Reifen hin (!) abgedeckt, ihre Pflege ist einzukalkulieren in den systematischen Wartungsdienst. Das Kettenrad am Hinterrad ist an der Mitnehmerscheibe angeschraubt, man könnte es also auswechseln, wenn es zur Übersetzungsänderung weitere Räder mit mehr oder gar weniger Zähnen gibt. Wir hatten aber den Eindruck, daß die gewählte Serienübersetzung mit 16 Zähnen am Getriebeausgang und 33 Zähnen am Hinterrad für normale Belastungen richtig ist.

Bei der Betrachtung von »Old Firehand« – dieser Spitzname tauchte nach den ersten Kilometern dieser modernen Oldtimer-Guzzi auf – muß man immer wieder auf die Fahrcharakteristik zurückkommen, die – wie es natürlich ist und bereits gesagt wurde – so im Gegensatz zu einer mehrzylindrigen, hektischen Sportmaschine steht. Man hat den Eindruck, daß aus dem Motor natürlich noch mehr herauszuholen ist, wenn man mit der Nockenform, der Verdichtung und dem Vergaser-Durchlaß experimentiert. Es liegt auf der Hand auch deswegen, weil Moto Guzzi mit den unwahrscheinlich schnellen Einzylinder-Rennmaschinen in den fünfziger Jahren fünf Weltmeisterschaften holte, und Maschinen wie die von Enrico Lorenzetti, Bill Lomas, Dickie Dale u.a. gehören zu den »klassischen« Rennmotorrädern der Vergangenheit. Man hat an diesen Motoren so viele Erkenntnisse gewonnen und Erfahrungen sammeln können, daß die Neuauflage des Falcone-Motors eigentlich das Nonplusultra aus dieser großen Vergangenheit sein sollte. Kein Wunder ist es, daß um diesen Einzylinder immer eine Reihe Zuschauer standen, wo man ihn in der Stadt auch hinstellte. »Ja – eine neue Moto Guzzi –!« Das wußten selbst Leute, die sich nur so nebenbei für Motorräder zu interessieren scheinen. Daß in demselben Hause auch eine 750er Zweizylinder mit Kardan seit Jahren hergestellt wird, war also kaum registriert worden.

Im Leerlauf läuft der Motor ruhig und dezent mit 800 bis 1000 U/min vor sich hin, bei höherer Drehzahl ist das Auspuffgeräusch nicht unangenehm. Die beiden Schalldämpfer waren zur Aufteilung und zur besseren Beherrschung der Dämpfung wohl notwendig. Ihre Form und Lage ist nicht unschön, aber sie verdecken doch einen wichtigen Teil der Heckpartie, so daß das Motorrad eben eine Maschine nur für einen Mann bleibt und daß man auch hinsichtlich der Anbringung von Gepäcktaschen so seine Probleme bekommt. Probleme dürfte es auch bei der Phonmessung mit den mechanischen Geräuschen und mit der Ansaugseite gegeben haben. Die Bremsen mußten nach 800 km erheblich nachgestellt werden, aber sie haben eine sehr gute Wirkung. Die vordere Doppelnockenbremse ist sehr gut und auch wasserdicht. Beim Nachstellen der Hinterradbremse wurde der Bremshebel an der Bremsankerplatte um einige Verzahnungen weiter versetzt. Die Einstellung der Doppelnockenbremse vorn zum gleichzeitigen Fassen der Bremsbacken ist nicht besonders schwer, man sollte es bei jedem Nachstellen kontrollieren. Der vordere Pirelli-Reifen mit unterbrochenen Längsrillen kommt schon beim leichten Anfassen der Bremse zum Pfeifen. Hinten ist ein Pirellireifen mit einem feinen Blockprofil montiert, der ein ausgezeichnetes Haftungsvermögen besitzt. Beide Reifen haben eine weiche Gummimischung. Die Bereifung war jedenfalls für größere Schräglagen bei hohem Tempo und auf nassem Straßenbelag gut.

Bei den Beschleunigungsmessungen dauerte es eine Weile, bis man zu optimalen Werten kam, denn man mußte den Moment herausfinden, bei dem die Schwungmasse den Motor beim harten Einkuppeln nicht zu sehr wieder von Drehzahlen kommen ließ. Die Kupplung hielt die Tortur ganz gut aus, und die besten Maßfahrten brachten schließlich eine diskutable Beschleunigungslinie für 25 bis 28 DIN-PS zusammen. Man merkt aber deutlich den Anfangsknick, bis die Schwungmassen die 214 kg richtig packen und fortschieben.

Hier noch eine Tabelle der derzeitig in Deutschland angebotenen Einzylinder-Viertakt-Straßenmaschinen dieser Klasse zum Vergleich:

Mit einer Hubraumleistung von 56 PS/Liter bei 28 DIN-PS oder mit 52 PS/Liter bei 26 DIN-PS und mit einer Drehzahl von nur 4800 U/Min bleibt die Falcone auch in dieser Gruppe eine Besonderheit. 7,65 kg/PS oder 8,23 kg/PS gehören ebenso zu dieser Bewertung. Dazu der robuste Aufbau, der E-Starter und andere gute Dinge – das rundet das Bild von »Old Firehand« mächtig ab.

Marke und Typ	**Bohrung/Hub (mm)**	**Hubraum (ccm³)**	**PS**	**U/min**
BSA Goldstar	84/90	499	34	6200
Ducati 450 M III	86/75	436	27	7000
Ducati 450 M III D	86/75	436	31	7000
Moto Guzzi Falcone	**88/82**	**499**	**26/28**	**4800**

Technische Daten

Einzylinder-Viertakt-Motor mit liegendem Zylinder; Ventilsteuerung über Stoßstangen; Zylinder aus Leichtmetall mit auswechselbarer Laufbuchse; Zylinderkopf aus Leichtmetall. Bohrung 88 mm, Hub 82 mm, Hubraum 499 cm^3. Verdichtung 6,85. Leistung: 26,4 SAE-PS bei 4800 U/min oder 32 SAE-PS bei 4800 U/min. Steuerzeiten: 40°/74°/67°/33°. Vergaser: Dell' Orto VHB 29 CD, 29 mm Durchmesser. Kurbelwellenlagerung: 2 Wälzlager, Pleuel in Gleitlager. Mehrscheibenkupplung im Ölbad. Druckumlaufschmierung. Ölreservoir Kurbelwanne 3,0 Liter. Kickstarter oder zusätzlich Elektrostarter (Dynastart). Primärantrieb über Zahnräder, Übersetzung 1:2.

Getriebe mit Fußschaltung, vier Gänge. Übersetzung 3,21/1,8/1,25/1,0. Hinterradantrieb über Rollenkette 5/8 x 9/8, Übersetzung 16:33 = 2,06. Gesamtübersetzung 13,24/7,42/5,16/4,12.

Leistungsdaten: 52 bzw. 64 PS/Liter (SAE) Hubraumleistung. 8,2 bzw. 6,7 kg/PS (SAE) Leistungsgewicht. Kolbengeschwindigkeit bei 5000 U/min = 13,65 m/sec. Höchstgeschwindigkeit ca. 140 km/h. Testverbrauch ca. 4,7 Liter/100 km.

Fahrwerk: Doppelrohr-Rahmen im Dreieck-Verband. Hinten Schwinge mit hydraulisch gedämpften Federbeinen, vorne hydraulisch gedämpfte Teleskopgabel. Bereifung: vorn 3.50-18, hinten 3.50-18. Vorn Doppelnockenbremse, hinten einfache Vollnabenbremse.

E-Werk: 12 Volt. Lichtmaschinenleistung 150 Watt, Batteriekapazität 18 Ah. Radstand 1450 mm. Gewicht (fahrfertig) 214 kg. Preis: (mit E-Starter) DM 4.395,- inkl. Mwst. Importeur: Zweirad Röth, 6949 Hammelbach (Odenwald).

Laverda
750 SF

Schauen Sie sich dieses Motorrad an: es ist eine der schönsten Maschinen, die es gibt! Die rasante italienische Linienführung kleiner Flitzer auf einen großen, klassischen Brocken angewandt. Kritik verdient höchstens die zu sehr nach innen gewölbte Tankoberfläche – im übrigen stimmt alles so, wie ein Motorrad-Enthusiast von Motorrädern träumt. Man sieht es, mit welcher Begeisterung bei Laverda Motors in Breganze/Vicenza in Italien die 750 SF entworfen worden ist.

Vorbild der Motorenkonzeption war sichtlich die frühere Honda CB 72/77, und das Abbild ist nicht schlecht. Für diese Sportversion der 750er Laverda, die »750 SF«, wird – mit fast offenen Schalldämpfern – eine Leistung von 60 PS bei 6500 U/min angegeben. Das höchste Drehmoment von 6,9 mkg wird bei 5000 U/min erreicht, aber bei 3000 U/min sind bereits 5,5 mkg vorhanden. Wir haben damit eine Hubraumleistung von 80 PS/Liter. Die Kolbengeschwindigkeit bei 6500 U/min beträgt ca. 16 m/sec, bei 7000 U/min sind es 17,3 m/sec. Die Verdichtung ist 9,5. Bei den Messungen für das Mustergutachten durch den TÜV für Deutschland konnte man mit Schalldämpfern, die gerade eben noch 86 db/A erreichten, 49 DIN-PS am Hinterrad der Maschine messen. Das Mustergutachten war notwendig, denn mit den für Italien, Amerika und andere Länder vorgesehenen Schalldämpfern (60 PS Motorleistung) bekam man die Maschine ohne Mogelei garantiert in Deutschland nicht zugelassen, und wenn sie trotzdem zugelassen wurde, dann kann man seine Uhr schon auf den Tag einstellen, an dem die Polizei den Donnerbolzen wegen zu großer Geräuschentwicklung aus dem Verkehr zieht und es Ärger gibt. Aber man sollte wissen, daß man mit den 49 DIN-PS am Hinterrad bei den TÜV-Messungen noch immer eine Höchstgeschwindigkeit

Die Fahrcharakteristik ähnelt derjenigen englischer Motorräder, nur ist die Laverda ein wenig zäher im Spurverhalten. Die Beschleunigung ist beeindruckend.

von ca. 180 km/h erreichte. Also kein Grund zur Aufregung, die »leise« 750 SF ist wahrlich keine lahme Ente!
Sie ist wirklich schnell. In gut sechs Sekunden kommt man aus dem Stand auf 100 km/h, in 15 Sekunden ist man auf 150 km/h, in 25 Sekunden auf 170 km/h. Reisedurchschnitte über längere Strecken bis zu 120 km/h waren immer möglich (eine Nürburgring-Vergleichsfahrt konnte leider nicht stattfinden, weil die Strecke zunächst wegen der winterlichen Witterung nicht zu befahren war und weil inzwischen umfangreiche Bauarbeiten jede Testfahrt bis zum 1. Mai 1971 unmöglich machen). Mit 218 kg Leergewicht und 60 PS haben wir ein Leistungsgewicht von 3,63 kg/PS; bei 49 PS (am Hinterrad) beträgt das Leistungsgewicht 4,45 kg/PS. Das sind Daten von der Kategorie »Raketen«.
Heutzutage scheint es so zu sein, daß man sich nach einer 500er kaum noch umsieht, und eine größere Maschine beachtet man auch nur, wenn das Auge des Enthusiasten durch einen besonderen technischen Pfiff eingefangen wird. Die Fahrleistungen der großen Maschinen sind heute bei den meisten Motorradfahrern nicht mehr unbekannt oder gar Sensationen (das sind sie u. a. noch bei *»Jasmin«, »twen«* oder sonstigen unbedarften Motorradbeobachtern, die nun der Mode folgend auch plötzlich das Motorrad »entdecken«), man spricht aber von der Laverda und ihrer Fahrcharakteristik, denn das ist eine bullige Angelegenheit. In dem dichten Verkehr enger Städte und Ortschaften, eingekeilt in Leitlinien, Lkws, Ampeln, Baustellen, Geschwindigkeitsbeschränkungen, Kolonnen, Straßenbahnen usw., ist es noch schwierig. Der erste Gang reicht bis 70 km/h (bei 7000 U/min), der zweite Gang bis knapp 100 km/h. Bei 50 km/h dreht der Motor im zweiten Gang 3500 U/min (= 30 PS und 6,0 mkg Drehmoment!), und das ist schon mit Unruhe verbunden, denn die kommt aus dem Übergangsbereich der beiden Vergaser und der knappen Übersetzung. Gibt man nur den Bruchteil eines Millimeters Gas, macht die Seniora einen Riesensatz nach vorn, nimmt man Gas weg, sitzt

Die Smith-Instrumente hängen aufwendig in Gummi – prima.

man infolge der Bremswirkung des Motors gleich auf dem Tank. Fährt man mit mehr Drehzahlen oder im dritten Gang, muß man ewig mit der Kupplung zaubern. Diese macht das schon mit, aber nach einer halben Stunde Stadtrutscherei hat ein nicht durchtrainierter Fahrer ein dickes Handgelenk, so schwergängig ist dieser Apparatismus. Hier fehlen vielleicht gut abgestimmte Unterdruckvergaser und ein Teflonseilzug.

Man sieht also zu, daß man so dichten Fahrzeugpulks schnellstens entkommt und daß man in die Freiheit der Landstraßen entwetzen kann. Und *da* wird der Spaß geboren! Es bleibt wirklich kein Auge trocken. Man wird an die unheimliche Wucht einer englischen Parallel-Twin erinnert, und die Sitzbankstütze hat ihre Berechtigung (leider verhindert sie die Mitnahme einer Sozia, weswegen wir die Bank der »Touren«-Laverda GT montierten). Ab ca. 4500 U/min lassen sich Vibrationen nicht mehr verheimlichen, ab 6000 U/min werden sie geringer. Dreht man den Motor in den Gängen richtig aus, schießt die Maschine unwahrscheinlich los, und Geschwindigkeiten über 160 km/h sind im Nu erreicht. Die Abstufung des Fünfgang-Getriebes ist dem Straßenrennsport entsprechend gewählt und eine sehr schöne Sache. Der dritte Gang reicht bei 7000 U/min bis 130 km/h, läßt man ihn bis 7500 U/min kommen, sind es 140 km/h. Der vierte Gang geht bei 7000 U/min bis 155 km/h und bei 7500 U/min bis 160 km/h, der fünfte Gang schließt bei 155 km/h mit 6000 U/min schon an. Der Motor dreht in den unteren Gängen glatt bis 7500 U/min, wenn man das Herz hat, Gas stehenzulassen; aufrecht sitzend im fünften Gang erreichte man ca. 6500 U/min, und höhere Drehzahlen waren nur zu schaffen, wenn man sich lang machte und keine Flatterjacken, sondern enges Lederzeug trug. In längeren Kurvenabschnitten sauste man im dritten und vierten Gang herum. Auch hier wieder: vieles Schalten ging wegen der schwergängigen Kupplung übers Handgelenk her.

Die Maschine ist serienmäßig mit Metzeler-Reifen bestückt – und das merkte man vor allem bei schnellen Kurven. Das leichte Schwingen bei hohem Tempo führen wir u.a. auf den bei kurzem Flattern nützlichen, sonst aber zu starken hydraulischen Lenkungsdämpfer zurück. Man sollte vielleicht darüber diskutieren, ob es nicht doch besser wäre, den Motor in einen doppelten Rahmenunterzug zu setzen. Er hängt jetzt sozusagen als Rahmen-Verbindung unter einer Rahmenbrücke, die zwar sehr stabil ist und auch ausreichend erscheint, aber wir hatten den Eindruck, daß es die Grenze bei der vorhandenen Leistung ist. Das Fahrverhalten ist zunächst steif, in Schlängelkurven wirft man die 218 kg hin und her, besonderen Spaß macht das Fahren auf kurvenreichen, schnellen Gebirgsstraßen. Wir haben viele schöne und sehr schnelle Stunden auf den Straßen verbracht.

Der Aufbau des Motors ist genial einfach. Keine Zollgewinde, also für normales Werkzeug geeignet. Horizontal teilbares Kurbel- und Getriebegehäuse! Spezialwerkzeuge nicht erforderlich. Dies (und die Tatsache, daß das englischsprachige Fahrerhandbuch sich nicht mit 08/15-Anweisungen zum Schalten der Gänge aufhält, sondern sich neben der Angabe aller technischen Daten und Verschleißmaße (!) mit allen Pflege- und Reparaturhandgriffen beschäftigt und gleichzeitig eine komplette Ersatzteilliste bietet) muß man ganz besonders positiv bewerten, zumal in Deutschland von einem Händler- und Kundendienstnetz noch keineswegs die Rede sein kann. Der Do-it-your-self-Fahrer kommt aber auf diese Art und Weise unbedingt mit der Maschine auch in kritischen Situationen klar. Auch bei Teilen, weil das gesamte 12 Volt-E-Werk einschließlich Scheinwerfer usw. von Bosch ist. Der E-Anlasser arbeitete immer zuverlässig, die Maschine machte nie Startschwierigkeiten, die Batterie hat eine Kapazität von 32 Ah, die Lichtmaschine gibt 150 Watt ab. Die beiden Unterbrecher befinden sich links am Kurbelwellenende,

Der Motor hat eine vierfach gelagerte Kurbelwelle, eine Duplexkette zum Antrieb der Nockenwelle, zwei Vergaser je 30 mm Durchmesser, keine Luftfilterung, Anlasser hinter den Zylindern, Lichtmaschine vor den Zylindern, Zahnradölpumpe und Unterbrecher hinter dem linken Gehäusedeckel, horizontal teilbares Gehäuse.

Die Mitnehmerplatte des Hinterrades mit Zentrifugalbelüftung.

der Anlasser arbeitet über einem Planetengetriebe und Antriebskette auf den rechten Kurbelwellenzapfen, die Lichtmaschine wird über einen Keilriemen angetrieben. Gegenüber der Tourenausführung hat die 750 SF folgende Abweichungen: Sitzbank, Tank (Inhalt 18 Liter), Rahmenform, Vergaser, Batteriehalterung, Primär-, Getriebe- und Sekundär-Übersetzungen, Schalldämpfer, Kotflügel, Abdeckbleche, Lenker, Kupplungsfedern, Nocken, Ventilfedern, Kolben.

Die Bremsen sind eine eigene Konstruktion. Vorn befindet sich eine Doppelnockenbremse mit Belüftung. Diese Bremsenbelüftung ist ein besonderer Gag: die einströmende Luft wird in die Trommel hinein und am Nabeninnenraum wieder hinausgeführt. Beim Hinterrad wird die Luft durch eingegossene »Schaufeln« in den Nabenkörper geblasen. Es ist wichtig, daß der Abriebstaub aus den Bremsen hinausgebracht wird (die Bremsenbelüftung dient in erster Linie *diesem* Zweck, der Kühlung erst in zweiter Linie!), wir hatten aber bei sehr starkem Regen auf diese Weise auch mehr Feuchtigkeit in den Bremsen, als uns lieb war. Die Vorderradbremse ist ein sehr giftiges Instrument: besonders bei sehr langsamer Fahrt auf Bausand oder losem Dreck sollte man nicht so ohne weiteres mit Gewalt hinlangen. Schlagartig steht das Vorderrad und rutscht auf diesem Boden weg. Aus hohem Tempo heraus ist die Wirkung enorm, und die hohen Reisedurchschnitte sind nicht zuletzt auch mit der Leistung dieser Bremsen verbunden. Im Hinterrad befinden sich extrem starke Gummistoßdämpfer zwischen Antriebszahnkranz und Nabe, die Hinterradkette wurde nach 5000 km erneuert (der Hinterradreifen war ca. alle 3500 km fällig bei dem hohen Drehmoment). Die Kette ist gegenüber anderen Maschinen hervorragend abgedeckt, und zwar nicht nur nach oben, sondern vor allem zum Reifen hin und nach außen. Beim Ausbau des Hinterrades (die Steckachse bekommt man nur los, wenn die Räder eingefedert sind und man die Achse seitlich über den Schalldämpfer abziehen kann) bleibt die Kettenspannung erhalten,

die Kette braucht nicht geöffnet zu werden. Damit wird erneut unsere Forderung erfüllt, die seit den fünfziger Jahren obligatorisch ist und alle anderen Konstruktionen, bei denen man die Kette öffnen muß, als Veteranen-Detail abstempelt.
Der Primärantrieb besteht aus einer Triplexkette im Ölbad. Die Kette läuft über einen automatischen Spannhebel und peitscht nicht, eine Nachstellung war über 7000 km hinweg nicht notwendig. Auch die Duplexkette zwischen den Zylindern zum Antrieb der obenliegenden Nockenwelle läuft (wie beim Vorbild, der Honda CB 72) über eine Führungsrolle und über eine automatische Spannvorrichtung. Wir haben also an diesem Motorrad vier Kettenantriebe: vom Anlasser zur Kurbelwelle, von der Kurbelwelle zum Getriebe, von der Kurbelwelle zur Nockenwelle, vom Getriebe zum Hinterrad.
Die Sitzbank und die dreifach verstellbaren hinteren Federbeine sind hart; man merkt, daß bei der Abstimmung der Federung die Straßenrennmaschinen und die fast ebenen Pisten schneller Rennstrecken Paten waren. Dafür kann man jedoch die wunderbare Ceriani-Telegabel als weich und hervorragend ansprechend bezeichnen. Es ist ein Gedicht. Sie schluckt eine ganze Menge Unebenheiten, und wenn das Motorrad bei hohem Tempo auf den extrem »vorbildlichen« (Löcher-) Straßen des Kreises Backnang von Baden-Württemberg im Schwäbischen Wald bei 140 km/h mit dem Heck zu hüpfen begann, blieb die Spurtreue nicht zuletzt deswegen doch erhalten, weil die Gabel den Spaß weitaus besser mitmachte. Auf der Autobahn und schnellen Bundesstraßen mit guter Oberfläche gab es keine Beanstandungen.
Hinter der Unterbrecherplatte befindet sich die Ölpumpe. Sie wird über Zahnräder angetrieben und fördert das Öl aus der Ölwanne zu den Zylindern und in den Zylinderkopf. Nach 2000 km mußten die Kopfschrauben nachgezogen werden, da sich Ölnebel zwischen Kopf und Zylindern zeigte. Ein Ölverbrauch war zwischen den Ölwechseln nicht feststellbar.
Die beiden englischen Smith-Instrumente hängen in vorbildlicher Gummistoßdämpfung (ein Aufwand, den wir sonst nur bei Rennmaschinen kennen!). Der Drehzahlmesser wird von der Nockenwelle aus angetrieben und zeigte ziemlich ge-

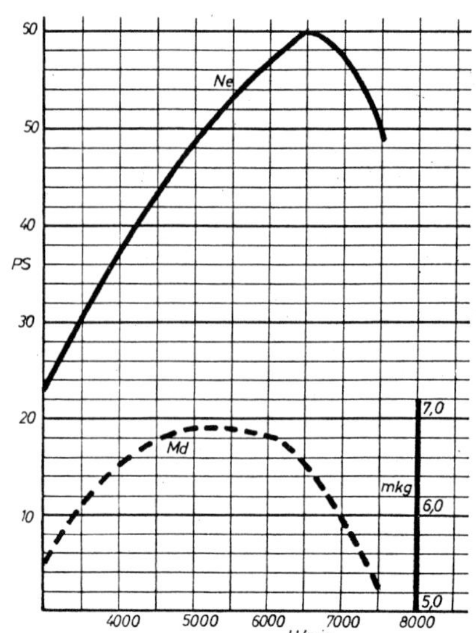

Leistungskurve des Motors mit Amerika-Schalldämpfern.

Der Anlasser arbeitet über Kette und Planetengetriebe auf die Kurbelwelle, die Lichtmaschine wird durch einen Keilriemen angetrieben.

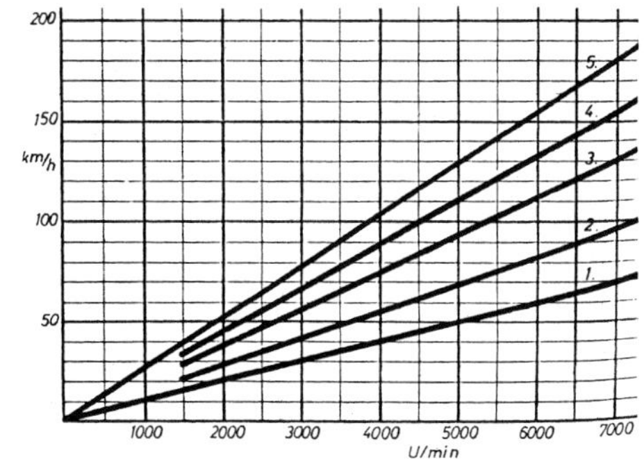

Gangdiagramm für die Standardübersetzung.

nau an, der Tachometer ging bis 100 km/h einigermaßen genau, weiter oben zeigte er bis zu 12 km/h zuviel an. Der Tageskilometerzähler wurde als sehr angenehm empfunden.

Sitzposition: Auch hier merkt man wieder, daß der Straßenrennsport bei italienischen Konstrukteuren der Vater aller Dinge ist. Man sitzt bequem, ohne daß die Knie zu sehr angewinkelt sind; Lenkerbreite und Lenkerhöhe sind vor allem passend für eine leicht geduckte, »schnelle« Position. Man findet sich »gesammelt« und bleibt konzentriert, man kann sich auch bequem klein machen, ohne verkrampft zusammengefaltet zu sein. Auf der flachen Tourensitzbank finden auch zwei große Personen bequem Platz, wobei die Sozia aber manchen Dreck und Staub auf den Rücken bekommt, weil der sportliche Kotflügel reichlich kurz ist. Fazit: ein herrliches Motorrad mit typisch englischer Fahrcharakteristik – auch das Getriebe läßt sich kurz und genau schalten – aber mit sportlich italienischem Styling. Beachtenswert ist der einfache Aufbau des Motors und die solide Bemessung der einzelnen Details, daher empfehlenswert für Selfmade-Pfleger. Im übrigen kein behäbiges Fahrzeug, sondern sportlich, schnell mit fabelhaften Sprintereigenschaften. Schnelle, schöne Signora –!

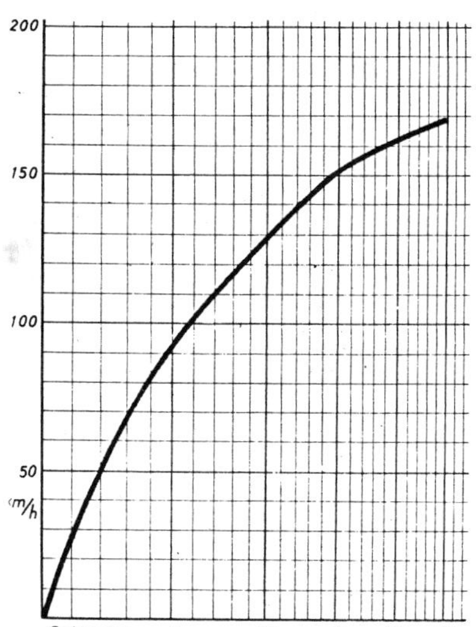

Gemessene Beschleunigung der Testmaschine.

Technische Daten:
Zweizylinder-Viertaktmotor mit obenliegender Nockenwelle. Keine versetzten Hubzapfen. Bohrung 80 mm; Hub 74 mm; Hubraum 743,9 cm³. Leistung: 60 SAE-PS bei 6500 U/min (49 DIN-PS am Hinterrad bei deutscher Typprüfung). Verdichtung 9,5. Kolbengeschwindigkeit bei 6500 U/min = 16,0 m/sec. Kurbelwelle vierfach gelagert. Zwei Vergaser je 30 mm Durchmesser. Keine Luftfilterung. Ölinhalt: 3 Liter.
Getriebe mit fünf Gängen. Primärantrieb Triplexkette im Ölbad. Übersetzung 2,2. Übersetzungen in den Gängen: 2,6/1,89/1,37/1,17/1,0 (gleichzeitig Stufung des Getriebes). Übersetzung Getriebe : Hinterrad 2,1. Gesamtübersetzung: 12,07/8,7/6,3/5,4/4,6.
Elektrik (Bosch): 12 Volt. Batterie 32 Ah; Lichtmaschine 150 Watt. Elektro-Starter.
Bereifung: Vorn Metzeler 3.25–I 8; hinten Metzeler 4.00–18. Vorn belüftete Doppelnockenbremse, hinten belüftete Vollnabenbremse. Ceriani-Telegabel, dreifach verstellbare Federbeine.
Die Testmaschine stammt von der Firma Louis Zecchini, CH-8413 Neftenbach (Schweiz), Tössallmend.
Die Importfirma Standex-GmbH 8755 Alzenau, Wasserloserstr. 37, besitzt ein korrektes Mustergutachten dieser Maschine für Deutschland.

Aermacchi 350 TV

»Weekend«-Motorrad mit echtem Fluidum des Straßenrennsports. Keine Tourenmaschine. Dazu ein klassischer Viertakt-Einzylinder.

Der nach vorn gerichtete, liegende Zylinder bietet einige Vorteile. Niedriger Schwerpunkt, gute Kühlungsverhältnisse, gute Zugänglichkeit zum Ventiltrieb im Zylinderkopf. Seine Lage bietet sich im übrigen beim Motorrad besonders gut an. Die Aermacchi ist seit vielen Jahren eine hervorstechende Vertreterin dieser Baurichtung, und die 350 cm^3 Maschine Aermacchi 350 TV stellt sich wieder einmal in einem neuen Äußeren vor. Am Grundprinzip hat sich nichts geändert, die Robustheit des Einzylinder-Viertaktmotors ist geblieben. Er leistet laut Mustergutachten des TÜV 27 DIN-PS bei 7200 U/min und hat eine beachtenswert verlaufende Drehmomentkurve, die bei 4000 U/min 2,8 mkg, bei 5000 U/min 3,1 mkg und bei 7000 U/min immer noch 2,8 mkg aufweist. Bei 4000 U/min hat der Motor 16 DIN-PS, bei 5000 U/min bereits 21 DIN-PS, bei 6000 U/min dann 25 DIN-PS.

Die geteilte Auspuffanlage kommt den Bestimmungen über die Phon-Werte entgegen. Gleich hinter dem Flansch gabelt sich das Rohr, und die Enden münden in zwei großvolumige Schalldämpfer. Die inzwischen serienmäßig vorgesehene Ansauggeräuschdämpfung war an der von uns gefahrenen Maschine noch nicht vorhanden.

Die Zylinderbohrung beträgt 74 mm, der Kolbenhub 80 mm. Es ist also ein lang-

hubiger Motor, dessen Kolbengeschwindigkeit bei 7200 U/min mehr als 19 m/sec beträgt. Das ist für modernen Motorradmotorenbau eigentlich ein zu hoher Wert und erinnert an klassische Zeiten. Wenn man dem Motor aber ein hohes Stehvermögen nachsagt, dann kann man sich auf die Ausmaße der Kurbelwellenenden, des Hubzapfens, der Kurbelwellenlager und des im Ganzen kompakten Aufbaus des Motors berufen. Die Hubraumleistung beträgt bei einem Hubraum von 342 cm^3 ca. 80 PS/Liter, das Leistungsgewicht liegt mit 140 kg Leergewicht bei 5,2 kg/PS. Die Höchstgeschwindigkeit wird vom TÜV mit 135 km/h angegeben, unsere Testmaschine war schneller.

Sehr angenehm ist der Leistungsverlauf, denn dieser langhubige Motor hat im unteren Drehbereich sehr viel Kraft. Das drückt sich nicht nur in den gemessenen Beschleunigungen aus, sondern ist auch bei hohen Durchschnitten auf größeren Strecken bemerkbar. Außerdem kann man zum Beispiel im vierten Gang bis auf 50 km/h hinuntergehen, das entspricht etwa 3000 U/min der Kurbelwelle. Gibt man Gas, zieht der Motor wunderbar durch. So werden Überholmanöver problemlos.

Im oberen Drehbereich vibriert der Motor. Das führte bei unserer Maschine zu einem Riß des rechten Auspuffrohres. Also blieb man auf längerer Strecke unterhalb von 6000 U/min. Den hohen Schnitt holte man durch Ausnutzen jeder Beschleunigungsmöglichkeit, durch die sehr gute Spurhaltung und Kurvenlage. Da das Getriebe mit einer Stufung von 2,9 schneller Straßenfahrt entspricht – in Italien orientiert man sich nach wie vor an den Bedingungen des Straßenrennsportes – und somit die Gänge genau richtig liegen, bleibt man ebenfalls ein schneller Fahrer. Der erste Gang reicht bei der Serienübersetzung bis ca. 50 km/h, der zweite Gang bis 70 km/h, der dritte Gang bis 95 km/h, der vierte Gang bis 120 km/h. Auf der Landstraße wechselte man zwischen dem fünften und vierten Gang, der dritte Gang und der vierte Gang wurden im Stadtverkehr hauptsächlich benutzt. Unterhalb von 5000 U/min sind die Vibrationen erträglich, und der Motor läuft bis 4000 U/min sehr schön sauber und ruhig.

Mit der Vorzündung von 33° bei geöffneten Fliehgewichten schlug der Kickstarter beim Antreten gern zurück, wenn das an-

Die Gehäusedeckel werden durch Innensechskantschrauben gehalten. Kein separater Öltank, aber mit Kühlrippen vesehene große Ölwanne (Inhalt 2 Liter). Kunststoffölleitungen zum Zylinderkopf. Drehzahlmesser-Antrieb am Kurbelwellenende links.

gesaugte Gemisch noch zu mager war. Auch das Schließen der Starterklappe konnte beim kalten Motor einen solchen Rückschlag nicht vermeiden. Vielleicht empfiehlt es sich, die Vorzündung auf 30° zurückzunehmen. Diese unangenehme Eigenschaft haben wir nachher durch Anschieben umgangen. Ein paar Schritte im zweiten Gang, und beim Hinaufhüpfen die Kupplung losgelassen – prompt tuckerte der Motor los. Wer nämlich einmal ein dickes Fußgelenk durch solche Späße bekommen hat, der kriegt Respekt vor zurückschlagenden Starterhebeln.

Zu dem Motor ist aber noch zu sagen, daß er in der Regel erstaunlich lange Laufzeiten erreicht. Wir haben Kurbelwellen mit mehr als 80 000 km gesehen, und auch die Zylinder und Kolben sahen nach solchen Fahrleistungen gut aus. Der Grund dürfte vielleicht in der recht aufwendigen Produktion liegen, denn es ist keine ausgesprochene Bandfertigung. Vor dem Einbau wird jede Kurbelwelle, jede Nockenwelle, jeder Kolben, jedes Pleuel langatmig vermessen. Etwa 50 Motoren werden pro Tag von ca. 50 Leuten montiert. Eine solche Art der Herstellung erscheint fast unrationell und ist heute kaum noch anzutreffen. Aber die Qualität wird die Richtigkeit beweisen. Bleibt die Frage der Wirtschaftlichkeit offen. Aber diese Präzision ist das Aermacchi-Geheimnis. Das Pleuel läuft auf einem doppelreihigen Nadellager – Hubzapfen-Durchmesser: 44 mm. Auch die Nockenwelle dreht sich in Nadellagern, und auch die Getriebewelle ist nadelgelagert. Die Zahnrad-Ölpumpe fördert mehr als 60 Liter in der Stunde, im Getriebegehäuse wird das Öl außerdem extra durchgepumpt.

Das Fahrwerk besteht aus einem starken Rohr als Rückgrat, an dem der Motor mittels Profilblechen aufgehängt ist. Die Telegabel ist von Ceriani, die hinteren Federbeine sind nicht verstellbar. Vorn ist die Bereifung 3.00–19, hinten 3.50–18. Die Pirelli-Reifen (vorn ein fein unterteiltes Rillenprofil, hinten ein sehr feines Blockprofil) haben eine ausgezeichnete Haftung. Die Telegabel ist sehr gut, die hinteren Federbeine sind hart. Auch die sehr

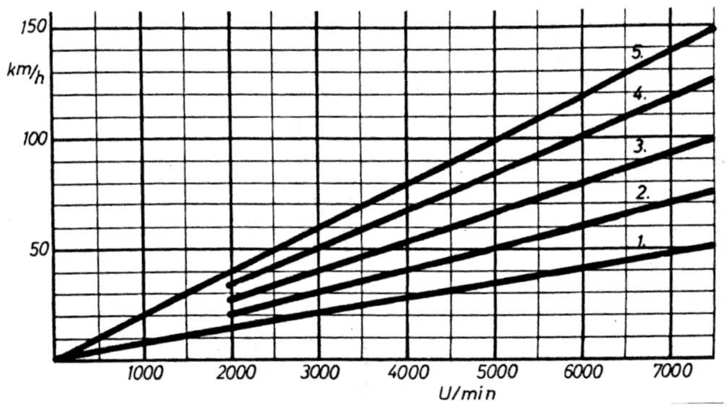

Gangdiagramm der serienmäßigen Übersetzung.

schmale und nicht gerade weich gefederte Sitzbank ist nichts für Tourenfahrer. Sie entstammt den Vorstellungen aus dem Straßenrennsport. Nur die geneigte Sitzposition verhindert, daß die harten Schläge zu unangenehm sind, da man sie dadurch nicht direkt ins Kreuz bekommt. Aber die nicht ausreichende Sitzbankbreite wirkt bei längeren Strecken nicht gerade erfrischend. Die 350 TV soll aber auch nicht als Tourenmaschine angeboten werden. Der Tank faßt ca. 15 Liter, bei einem Verbrauch von ungefähr fünf bis sechs Litern auf 100 km sind 250 km Radius gegeben.

Das Fahren erinnert auch sehr an die Fahrweise bei einem Straßenrennen. Die Lage des schmalen Lenkers, der Hand- und Fußhebel, die Sitzposition mit dem engen Knieschluß tragen zu diesem Eindruck bei. Die Möglichkeit, die Kurven schnell und mit großer Schräglage fahren zu können, das Durchzugsvermögen des Motors und die Getriebestufung sind ebenfalls eindrucksvoll. Nur sollte man sich nicht auf lange Strecken mit großem Gepäck und Sozia versteifen. Dafür ist dieses Motorrad nicht gebaut.

Die Hinterradkette ist offen, zum Reifen und nach unten hin ungeschützt. Die Hinterradbremse wird über einen langen Seilzug und nicht über ein Gestänge betätigt. Die Vorderradbremse hat Doppelnockenbetätigung und ist ganz schön scharf. Die beiden Instrumente sind in Gummi aufgehängt, der Scheinwerfer hat einen sehr kleinen Durchmesser. Die Lichtausbeute ist nicht gerade ermutigend (Scheinwerfer-Durchmesser: 140 mm, 6 Volt, 35/35 Watt – Niveau: 1954), und die Lichtanlage sollte bei einer so schnellen Maschine selbst dann besser sein, wenn man annimmt, daß nur die wenigsten Fahrer mit der Maschine bei Dunkelheit oder Regenwetter fahren werden. Lichtmaschinenleistung 60 Watt, Batterie-Kapazität 12 Ah.

Die Ventilspielkontrolle bzw. -einstellung kann man sehr bequem vornehmen. Der recht zerklüftete Zylinderkopf ist dazu ja sehr gut zugänglich. Die Fliehgewichte der Zündverstellung liegen hinter der Unterbrecherplatte. Auch die gegebene Zugänglichkeit des Vergasers ist nicht besonders hervorzuheben. In diesen Dingen ist das Motorrad einfach.

Die äußere Linie hat gegenüber den vorherigen Modellen u. E. nicht gewonnen. Den Tank hätte man länger und flacher gestalten, die Sitzbank breiter und länger machen können. Es sind Löcher und Lücken im Aufbau, und außerdem wirken einige Details »rationalisiert«. Bestechend bleibt aber wie schon mehrfach erwähnt das Fahrverhalten, die klassische Einfachheit des Motorenaufbaues und dessen Robustheit. Gerade derartige Wochenend-Motorräder, die für den Spaß an der Freud' gemacht sind, müssen in erster Linie zuverlässig sein. Als Motorradfahrer ist man nicht verwöhnt im Hinblick auf Komfort, Finish und Ausstattung – aber was wir heute überhaupt nicht mehr brauchen können, sind Maschinen, an denen man drei Sonntage schrauben muß, wenn

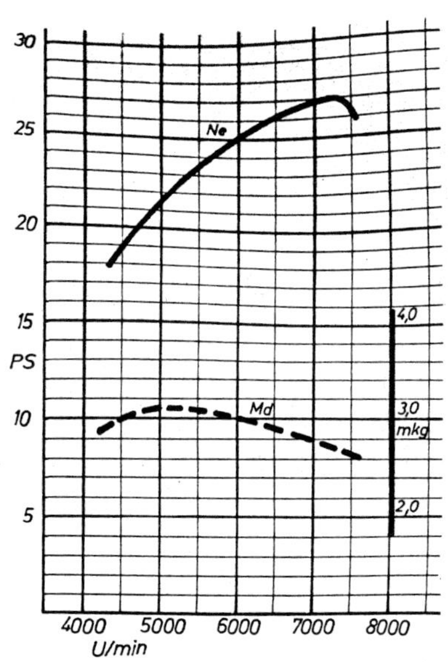

DIN-Leistungskurve des TÜV-Mustergutachtens.

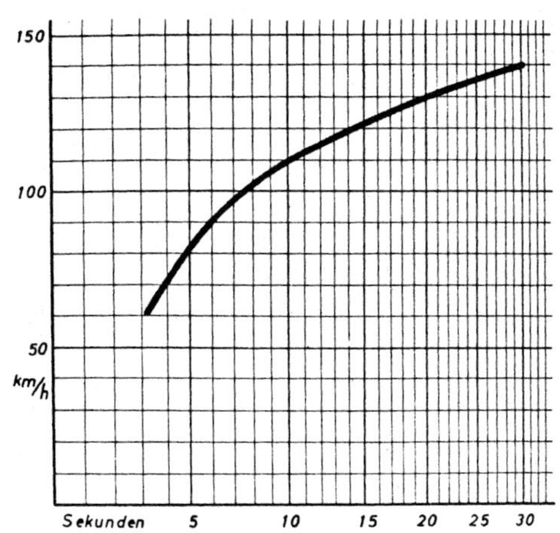

Die Beschleunigung der Testmaschine.

es am vierten Sonntag ins Grüne gehen soll. Gerade rief ein *MOTORRAD*-Leser an und berichtete, daß er im Großstadtgebiet von Hamburg mit seiner 750er Honda auf seinen nächsten Kundendienst zwei Monate warten müsse, weil keiner der Vertragshändler ihn annehmen könne (oder wolle?). Das sind Dinge, die den neu aufgeblühten schönen Motorradsport schnell wieder verwelken lassen. Und gerade derartige Sportmaschinen wie auch die Aermacchi 350 TV sind auf die Dauer nur dann an den Mann zu bringen, wenn sie nicht nur ein mitreißendes Fahrverhalten, sondern dahinter auch Qualität, prompt funktionierenden Kunden- und Ersatzteildienst bieten.

Etwas sehr Wichtiges ist am Schluß zu sagen: die 350 TV gehört zu den sportlichen Maschinen, deren Fahrleistung mit der Wahl der Gesamtübersetzung entweder gewaltig angehoben oder verdorben werden kann. Nicht umsonst gibt es für den Getriebeausgang fünf verschiedene Ritzel (12, 13, 14, 15 und 16 Zähne – 14 Zähne serienmäßig) und ebenso fünf verschiedene Zahnkränze für das Hinterrad (30, 31, 32, 33 und 34 Zähne – 32 Zähne serienmäßig) = 25 Übersetzungsmöglichkeiten. Ein großer und schwerer Fahrer muß größer (oder »länger«) übersetzen – im Extremfall 12 Zähne am Getriebe und 34 Zähne am Hinterrad. Kleine, schlanke Fahrer können knapper (oder »kürzer«) übersetzen bis zu 16 Zähnen am Getriebe und 30 Zähnen am Hinterrad. Wer die Maschine also für seinen Fahrwiderstand genau richtig übersetzt (sie sollte im fünften Gang immer 7000 U/min erreichen!), der kann noch erstaunliche Durchschnitte herausholen. Nicht alle Maschinen bieten solche Möglichkeiten.

Das Motorrad ist ziemlich schmal, der Pirelli-Vorderradreifen hat eine sehr gute Führung und Haftung, die Ceriani-Gabel bietet einen Federweg von 15 cm.

Moto Guzzi

V7/Sport, 750 cm³, 70 PS

Das »Trumm von einem Kompakt-Motor« in eine reinrassige Straßensportmaschine? Unmöglich. Dachten bestimmt viele Motorradfahrer, als es publik wurde, daß Moto Guzzi sich mit der V7 am Serienmaschinen-Rennsport beteiligen würde. Was sich dann nach mehreren Wettbewerben schließlich in der Saison 1971 als Motorrad-»Trumm« entpuppte, das war eine Sportmaschine, die es in den Wettbewerben mit den bekanntesten Rennern von BSA, Honda, Norton und Triumph in der 750er Klasse aufnehmen konnte, um die erfolgreichsten Marken zu nennen. Beim 24-Stunden-Rennen »Bol d'Or« auf dem Le Mans-Kurs kamen von fünf gestarteten V7/Sport vier ins Ziel, davon eine Maschine 10 Stunden in Führung, danach mit dem dritten Platz im Gesamtklassement nach 24 Stunden, und eine der vier Maschinen belegte Platz 6. Eine 750er BSA-Rocket-3 wurde Siegerin, es folgte eine 750er Laverda, dann die Guzzi und dann eine 750er Honda. Hätte noch vor einem Jahr jemand der Guzzi V7 einen solchen Platz zugetraut?
In dieser Atmosphäre und mit den Erkenntnissen aus diesem Sport und aus den V7-Typen 700 cm³ und 750 cm³ entstand nun die V7/Sport, ein wunderschönes Motorrad, das – trotz MV-Agusta und anderer – zum Star der Mailänder Ausstellung wurde. Mit ihren V7-Vorgängerinnen hat die Maschine jedoch – bis auf das Äußere des Motors – nicht mehr allzu viel gemeinsam. Es ist ein ganz neues Motorrad.
Und was für eine bildschöne Maschine!
Wir sind der Meinung, daß – wenn man die Preisfrage unberücksichtigt läßt und rein technische Vergleiche zieht – die anderen Modelle und Marken der 750 cm³-Klasse, aber vor allem die Vierzylinder-Honda CB 750, eine gefährliche Konkurrenz erhalten haben. (Schade, daß wir die zu erwartende BMW R 75/5 S noch nicht zum Vergleich haben können – aber die muß ja auch eines Tages kommen.)
Der Viertakt-V-Motor mit einem Zylinderwinkel von 90° ist im Prinzip von der Touren-V7 bekannt. Die Nockenwelle wurde in ihrer Lage etwas angehoben, damit die Stoßstangen kürzer sein können, die

Die 12 Volt-Drehstromlichtmaschine von Bosch sitzt auf dem Kurbelwellenzapfen, Leistung 182 Watt. Es ist die gleiche wie bei den großen BMWs (hoffentlich nun aus den Kinderkrankheiten raus). Beachtlich die Doppelklanghörner. Das Gehäuse ist sehr stark abgestützt, die Ölwanne stark verrippt. Die beiden Auspuffrohre sind unter dem Getriebe durch sich kreuzende Querrohre verbunden. Der neue Dreieckrahmen ist stabil, und die Maschine hat eine hervorragende Straßenlage.

Die Leichtmetallzylinder haben hartverchromte Laufflächen. Sichtbar sind der große Anlasser und der abschraubbare Rahmen-Unterzug.

Nockenformen wurden geändert, die Verdichtung etwas erhöht, der Hubraum durch Verringerung der Bohrung von 83 mm auf 82,5 mm von 757,4 cm^3 auf 748,4 cm^3 gebracht (um der Klasseneinteilung im Sport genau gerecht zu werden). Allerdings hatte die Bol d'Or-Rennmaschine mit einer Bohrung von 83 mm und mit einem Hub von 78 mm einen Hubraum von 842 cm^3, weil die große Klasse dort bis 1000 cm^3 ausgeschrieben war. Ein solcher 850er-Motor steht bei Guzzi aber sowieso auf dem Programm für die Serie – er wird uns wohl in den kommenden Monaten bei den V7-Tourenmodellen überraschen. Beim ersten Betrachten fällt einem schon auf, daß das Kurbelgehäuse ein Netz von Versteifungsrippen erhalten hat (die es ab sofort auch bei den V7-Tourenmaschinen gibt!) und daß die Lichtmaschine nunmehr auf dem vorderen Kurbelzapfen sitzt. Diese Anordnung hat man hinsichtlich der sportlich niedrigen Bauhöhe getroffen, interessant ist aber, daß die Lagerböcke für die starke Lichtmaschine der anderen V7-Modelle weiter vorgesehen sind. Doch hätte diese Li-Ma keinen Platz unter dem Tank. Man verwendet eine Bosch-Lichtmaschine (Drehstrom) mit 182 Watt Leistung, und das ist die gleiche Lichtmaschine wie bei den BMW-Motorrädern und – hoffentlich aus den Kinderkrankheiten raus (!) (die andere »Keilriemen«-Lichtmaschine hat schon 300 Watt Leistung, die aber ja beim sportlichen Einsatz nicht voll benötigt wird). Die Ventilzeiten des Sportmotors: E.ö. 40° vor OT/E.schl. 70° nach UT/A.ö. 63° vor UT/A.schl. 29° nach OT. Die Vorzündung liegt bei 39°. Die Leistung wurde zunächst mit 70 SAE-PS bei 7000 U/min angegeben. Wer nun einen rauhbauzigen Vibrator erwartet, wird sehr erstaunt sein. Ab 3000 U/min läuft der Motor glatt und weich rund – es war für uns die erste der angenehmen Überraschungen. Er verschluckt sich auch nicht beim plötzlichen Gasgeben, und sein Einsatz ist nicht plötzlich, sondern zügig – man merkt seine großen Schwungmassen. Das Ventilspiel beträgt für Ein- und Auslaß 0,25 – und da die Zylinderköpfe dichter unter den Ohren des

Die 90° Zylinder ragen bis neben den 20 Liter-Tank auf. Der Motor langt weit nach unten, so daß die Schwerpunktlage nicht zu hoch ist.

gebückt sitzenden Fahrers liegen, übertönt bei geringerer Geschwindigkeit und noch kaltem Motor das Ventilgeräusch den Auspuffton und das Windrauschen des Sturzhelmes. Ab 100 km/ h aber ist für den Fahrer »Ruhe«, außer dem dumpfen Grollen des Motors ist nur noch Windpfeifen zu hören.

Der Motor wird mit einem kräftigen Bosch-Anlasser gestartet. Man kann den Zündschlüssel durch Drehung im Zündschloß dazu benutzen oder aber einen Druckknopf unter dem Gasdrehgriff. Bei kalter Maschine öffnet man an den beiden Vergasern durch Fingerhebel die Starterdüsen. Nach zwei Minuten Leerlauf kann man diese Düsen wieder schließen. Der Motor unserer Testmaschine sprang immer auf den ersten Knopfdruck an. Keine Probleme. Keine Schweißtropfen. Das Anlasserritzel greift in die Verzahnung der Schwungscheibe ein. Die 70 SAE-PS (ohne Schalldämpfer und Nebenaggregate an der Kurbelwelle gemessen) verwandeln sich bei der Benutzung der für Deutschland vorgesehenen Schalldämpfer, der Luftfilter und der Ansauggeräuschdämpfung sowie aller zum Betrieb notwendigen Nebenaggregate in 62 DIN-PS bei 7000 U/min. Bei 3000 U/min hat der Motor schon eine Leistung von knapp 20 PS und ein Drehmoment von 4,0 mkg (DIN). Das höchste Drehmoment liegt mit 6,75 mkg bei 6250 U/min. 5,0 mkg sind schon bei 4250 U/min vorhanden. Diese Leistungscharakteristik zeigt also auch im Bereich zwischen 4000 und 6000 U/min viel Kraft, er zieht also gut von unten heraus. Im Leerlauf schüttelt sich das Motorrad etwa wie die BMW, wird aber beim Gasgeben sofort ruhig.

Die seitlich auf dem Präsentierteller liegenden Zylinder haben noch den Vorteil, daß man das Ventilspiel bequem einstellen kann, daß man gut an die Zündkerzen (bei den mittleren Kerzen der Honda CB 750 immer eine besondere Aufgabe) herankommt. Ebenfalls sind die Vergaser gut zugänglich, und alle anderen Wartungsarbeiten sind sehr einfach auszuführen.

Die Kupplung – in ihren Dimensionen an eine Automobilkupplung erinnernd – konnte man bei den Beschleunigungsmessungen ruhig strapazieren. Läßt man den Motor bis etwa 5000 oder 6000 U/min hochdrehen und kuppelt dann im ersten Gang ein, sausen die 200 kg wie eine Kanonenkugel los – wir haben eine Messung von 0 bis 100 km/h unter 5 Sekunden hingekriegt, Standard waren etwa 5 bis 5,4 Sekunden. Das Vorderrad steigt nicht in die Luft, aber am Abrieb des Hinterradreifens merkt man doch, was sich tut. Der erste Gang reicht bis ca. 70 km/h, der zweite bis über 100 km/h. Wenn man im dritten oder vierten Gang 50 km/h Stadttempo fährt, das sind bei der Standardhinterradübersetzung 8:35 (4,375) und Bereifung

3.50-18 auf dem Hinterrad 2500 bzw. nur 2100 U/min, dann läuft der Motor noch ganz wunderbar ruhig rund. Man kann ab ca. 2500 U/min (= ca. 60 km/h) im vierten Gang beispielsweise das Gas aufreißen und wird ohne Rucken oder Unruhe des Motors zunächst langsam, dann aber immer schneller bis auf 170 km/h (= ca. 7100 U/min) hinaufbefördert. Beim normalen Fahren kann man ungeheure Blitz-Beschleunigungen zwischen 120 und 160 km/h exerzieren, daß einem evtl. »Konkurrenten« die Augen tränen –! Hier liegt das ganz große Fahrerlebnis.
Die höchste gemessene Geschwindigkeit auf einem Autobahnstück lag bei 199,6 km/h. Aber dazu (und zu den anderen in unserer Vergleichstabelle genannten Geschwindigkeiten) wäre zu sagen, daß ein kleinerer Fahrer u. U. noch etwas schneller wäre. Bei der Endgeschwindigkeit spielen c_w-Werte, der Luftwiderstand, Rollwiderstand usw., die Einstellung und der Zustand von Motor und Antriebsteilen, Rädern, Reifen usw. eine zu große Rolle, wenn man einmal jenseits von 150 km/h angekommen ist. Aber die erzielten Fahrleistungen wären bei der V7/Sport nicht möglich, wenn sie nicht ein so hervorragendes Fahrwerk hätte. Auf unserer Vergleichsstraße, die ziemlich wellig, rund und auch mit Querrillen versehen ist, kam man mit der Guzzi V7/Sport kurzzeitig auf 147 km/h, früher mit der Honda CB 750 auf 126 km/h, mit der Norton-Commando auf 132 km/h und mit der R 75/5 auf 136 km/h, ehe der (immer gleiche) Fahrer das Gas zudrehte –! Die Guzzi ließ sich unwahrscheinlich frech durch enge und durch schnelle Kurven fahren, in S-Kurven war es ein ganz besonderer Spaß, die Maschine von der einen in die entgegenliegende Schräglage zu bringen. Wir können nur des Lobes voll über dieses Fahrwerk sein. Den Lenkungsdämpfer (hydraulisch, einstellbar) hatten wir dabei eingeschaltet. Besonders wenn man unmittelbar von der Honda CB 750 herunterkommt, merkt man das ganz andere und leichte Fahrverhalten. Man muß sie nicht in die Kurven hinein»wuchten«. Wir sind mit diesem Blitzbrummer auch noch im ersten Schnee

Der Drehpunkt des Kardangelenks liegt genau im Drehpunkt der Schwinge. Der rechte Schwingenholm ist gleichzeitig Tunnel für die Kardanwelle. Die Fußrasten sind an einem geschmiedeten Leichtmetallträger angeschraubt. Die hydraulisch gedämpften Federbeine sind dreifach verstellbar.

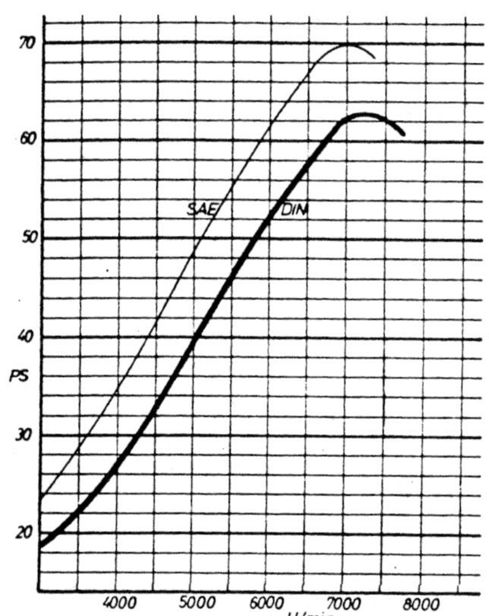

Leistungskurve des Motors nach SAE und DIN.

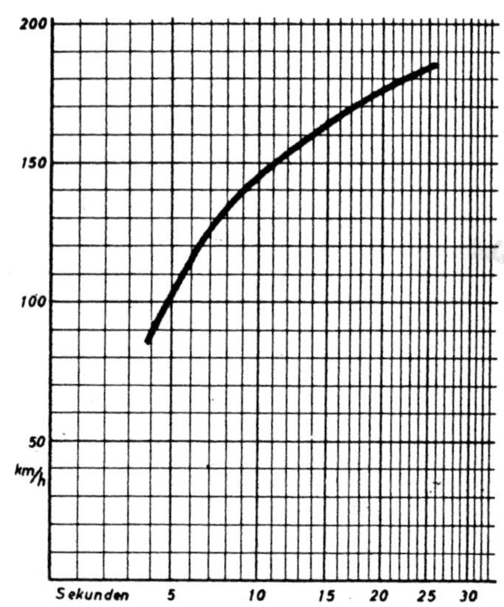

Beschleunigungslinie.

ohne Angst gefahren – allerdings dann nicht mehr mit 150 km/h und mehr. Die Rahmenunterzüge unter dem Motor sind an der vorderen Motoraufhängung und unter dem Schwingendrehpunkt mit dem hinteren und vorderen Rahmenteil verschraubt. Die Verbindungen bestehen aus ineinandergesetzten und verschraubten Knotenblechen, so daß die Steifheit des Fahrwerkes nicht leidet. Die Anordnung war notwendig, um den Motor nach unten aus dem Rahmen herausnehmen zu können. Die beiden oberen Rahmenrohre laufen am Steuerkopf zusammen, dessen oberer Rand durch ein besonderes Rohr nach hinten zusätzlich abgestützt ist. Der 20-Liter-Tank (bei einem Verbrauch zwischen 8,0 und 10,0 Litern auf 100 km ist ein Radius von rund 250 km möglich) hängt vorn an einem Querbolzen in Gummiblöcken, hinten ist er mit einer Gummilasche festgehakt und ruht auf Gummipolstern. An der Einfüllöffnung befindet sich ein Schlingerrohr. Unter der Sitzbank findet man die große 32 Ah-Batterie und einen Sicherungskasten mit Beleuchtung (!), die Bank wird nach hinten hochgeklappt. Die Federung ist gut, auch die Länge der Bank ist ausreichend, jedoch ist es qualvoll, längere Strecken mit zwei Personen zu fahren. Wegen der geringen Sitzhöhe muß ein normal langer Mitteleuropäer, wenn er nicht – allein auf der Maschine – die dabei entstehende rennmäßige Position einnehmen und damit auf dem hinteren Teil des Sitzes hocken will, bei Mitnahme eines Passagiers seine Beine zu stark anwinkeln, und dasselbe gilt für die mitfahrende Person. Ein längerer Fahrer wird sowieso für längere Strecken die beiden Lenkerhälften, die an den Gabelholmen angeschellt sind, höher ziehen und etwas breiter spreizen, um aufrechter sitzen zu können. Das erfordert dann aber das Sitzen auf der hinteren Bankhälfte. Daran ist zu erkennen, daß das Motorrad nicht für Reisebetrieb gedacht ist, sondern ausschließlich für sportlichen Einsatz mit nur einem Fahrer. Die Lenkerhälften haben sehr starke und groß dimensionierte Schellen, denn der Hebelarm zum Befestigungspunkt ist reichlich lang. Vielleicht sollte man je Hälfte noch eine zweite sehr stabile Schelle in der Nähe der oberen Gabelbrücke anbringen, obwohl an der Testmaschine keine Lenkerverdrehungen vorgekommen sind. Es sind aber mit dieser Lenkeranordnung eine Menge Positionen und eine ganz individuelle Einstellung möglich, und das ist für die richtige Sitzhaltung sehr wichtig.

Die hinteren Federbeine sind nicht zu hart, die Telegabel vorn zeigte einen Federweg bis zu 120 mm und eine sehr gute Dämpfung. Wenn man mit der Hinterrad-Duplexbremse zu stark bremst, stempelt die V7/S leicht auf der Hinterhand, was aber sofort aufhört, wann man dann mit der Vorderradbremse nachzieht oder hinten etwas nachläßt. Die vordere belüftete

Links mechanischer Drehzahlmesser, rechts Tachometer. Vier Kontrollampen für Zündung, Leerlauf, Öldruck und Licht.

Der 30er Dell'Orto-Vergaser mit Starterdüse.

Doppel-Duplexbremse ist in ihrer Wirkung hervorragend, man merkt aber, daß wegen der beiden Seilzüge und der Rückholfedern die Betätigung etwas schwerer ist als beispielsweise bei den Honda- oder Yamaha-Scheibenbremsen mit deren Hydraulik. Aber das Motorrad hat eine derartige Bremse bei den möglichen Geschwindigkeiten nötig – bestimmt steht in Mandello eine Scheibenbremse auf dem Programm, deren Vorteile nicht von der Hand zu weisen sind (auch bei BMW experimentiert man mit einer Scheibenbremse – von Ate).

Die Hand- und Fußhebel kann man zur richtigen Lage der Finger und Fußspitzen gut einstellen. Auffallend ist der lange Fußschalthebel, der natürlich auch lange Schaltwege hat. Die Gänge rasten leicht, genau, aber nicht ganz geräuschlos ein, beim Zurückschalten gelang es uns nicht, völlige Geräuschlosigkeit einzuhalten. Die Getriebehauptwelle läuft nicht mit Kurbelwellendrehzahl, die Übersetzung zwischen Motor und Getriebe beträgt 1.375, die Getriebewelle dreht sich also langsamer. Die Abstufung 2,65/ 1,85/1,40 / 1,16/1 (Übersetzung in den Gängen 1,8 / 1,26/ 0,954 / 0,8 / 0,68) ist wie bei einer Straßenrennmaschine knapp, die Lage der Gänge also schnellem Einsatz im Sport entsprechend gewählt. Das geht auch aus dem

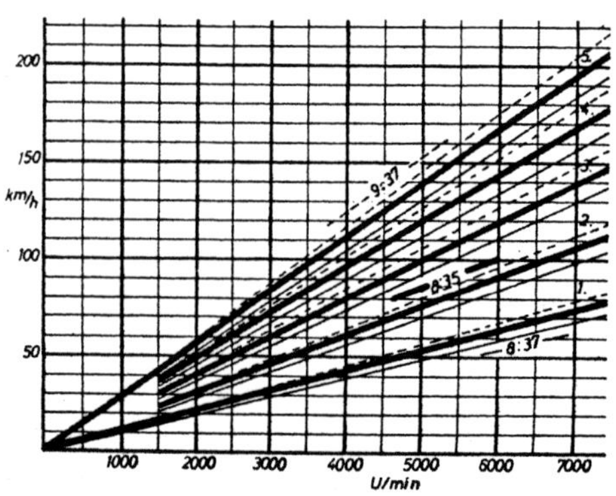

Gangdiagramm für drei Übersetzungsmöglichkeiten.

Gangdiagramm hervor. Wir haben drei Übersetzungsmöglichkeiten, und wenn man das Hinterrad mit einem Reifen 4.00-18 bestückt, dann kommen wir noch auf drei weitere Möglichkeiten, die so weit gehen, daß man bei 7000 U/min mit dem 5. Gang 213,28 km/h fahren könnte, wenn der Fahrwiderstand entsprechend klein ist (kleiner Fahrer lang liegend, enge Kleidung). Allerdings wird das Motorrad serienmäßig mit der Hinterradübersetzung 8:35 geliefert (es gibt noch 8:37 und 9:37). Serienmäßig sind Reifen von – Michelin (!) montiert. Wir wissen nicht, wie lange man dort Motorradreifen kennt, aber der Vorderrad-Rillenreifen zeigt einen Mittelsteg. Das ist ein Profil, das wir schon vor vielen Jahren kritisierten, denn zur echten Führung auf nassen und glatten Straßen (und da erst zeigen Reifen im normalen Einsatz Ihre Qualitäten) braucht ein Vorderrad-Reifen eine Mittelrille. Der Hinterreifen besitzt eine solche, allerdings sind die Flanken nicht mehr durch Querrillen unterteilt, was für eine notwendige Entspannung der Reifenoberfläche weniger ausreicht. Auf trockenen Straßen war gegen diese Reifen nichts einzuwenden, aber als der Herbst begann, tauschten wir sie gegen Metzeler-Profile (vorn Rille 12 »H«, hinten Block C 6 »H«), hatten aber erhebliche Arbeit mit dem erneuten Auswuchten. In schnellen, langgezogenen Kurven bei hohem Tempo waren Schräglagen möglich, die die Bedienungshebel des Kippständers abschliffen. Nach 2000 km war der Hinterradreifen mit seinem Profil unter dem Limit angekommen und mußte ausgetauscht werden. Kein Wunder bei der Leistung und dem Drehmoment des Motors.

Zu kritisieren wären auch die kurzen Schutzbleche. Das sind natürlich Dinger, die man dem Straßenrennsport entsprechend vorgesehen hat, aber es braucht nur ein *wenig* Feuchtigkeit auf der Straße zu sein oder gar Baustellendreck – man findet es bis über den Scheinwerfer vorn hochgespritzt und ansonsten komplett auf dem Rücken des Fahrers wieder. Dabei könnte man wohl an diesen Blechen etwas tun, ohne das hochkarätige sportliche Aussehen zu zerstören. Die Fußrasten sind an geschmiedeten Leichtmetallstützen befestigt (eine gute Idee), in ihrer Höhe und Lage allerdings nicht verstellbar. Aber man kann ohne Schwierigkeiten den Fußschalt- und den Bremshebel von der einen zur anderen Maschinenseite verlegen – je nachdem, wie es der Fahrer gewohnt ist. Prima! Im »Cockpit« haben wir einen (diesmal) mechanisch angetriebenen Drehzahlmesser mit ziemlich genauer Anzeige und einen Tachometer mit etwa 10 % Mehranzeige. Kontrollampen für Zündung, Leerlauf, Öldruck und Licht runden das Instrumentarium ab. Der Lichtschalter am linken Lenkerende ist gut ausgedacht, aber mit dicken Handschuhfingern »vertippt« man sich leicht. Alles in allem weisen die eben erwähnten Details darauf hin, daß man an eine Schönwetter-Sportmaschine gedacht hat.

Man dachte bei der V 7/Sport an alles, was z. B. der Einsatz bei Langstreckenrennen mit Serienmaschinen fordert und was sich davon für den Bau einer sportlichen Serienmaschine verwirklichen läßt. Was dabei herauskommt, das elektrisiert wohl jeden Enthusiasten – vor allem wird man den Freunden des Kardanantriebes gerecht werden können, die ja seit langem auch auf einen 70 PS-Renner dieser Kategorie und Klasse gewartet haben. Wir sehen darin auch einen der Gründe für das große Interesse, das man diesem neuen Motorrad vom ersten Augenblick an entgegengebracht hat. Bislang liegen mehr als 300 Bestellungen vor. Und – liebe Freunde, es ist wahr – wer mit der »Super-Guzzi« gefahren ist, der zählt unwillkürlich sein Geld. Es wird in den Motorradgesprächen der nächsten Zeit wohl mehr als einmal heiße Diskussionen geben: Honda 750? Laverda 750? Norton 750? BMW 750? Oder nicht doch: – Guzzi V7/Sport? ! – Immerhin sind es wichtige Diskussionspunkte: Runde 3 kg/ PS; 200 km/h; fabelhaftes Fahrwerk; 83 PS/Liter; nur 16,38 m/sec Kolbengeschwindigkeit; fünf Gänge; denkbar einfacher Motor und Kardanantrieb –!

MV Agusta 350 S
ein »Sonnenschein-Motorrad«

Obwohl das Haus MV Agusta seit 1949 in den Soloklassen 33mal die Weltmeisterschaft errang, davon 15mal in der 500er Klasse, und darunter Giacomo Agostini allein zehnmal (womit er heute vor Mike Hailwood und Carlo Ubbiali mit je neun Weltmeisterschaften der erfolgreichste Motorradfahrer im Grand Prix-Sport ist), obwohl diese Marke inzwischen jedem sportlich interessierten Menschen bekannt sein dürfte und man dahinter gigantische Auswertungen von Meisterschaften vermutet, ist dem nicht so. Es war in allen Jahren unmöglich, von der relativ kleinen Motorradfertigung eine Maschine zum Testen zu erhalten, und es bestand kein Interesse am deutschen Markt. Neben der Herstellung von Hubschraubern und stationären Kleinmotoren rangierte der Motorradbau sichtlich am Rande der Produktion und schien – wie auch der Grand Prix-Sport – lediglich eine Art Hobby des inzwischen verstorbenen Conte Agusta gewesen zu sein. In den letzten beiden Jahren jedoch hat sich die Auffassung offensichtlich geändert.

Durch die 750 cm³-Vierzylindermodelle, die mit Kardanantrieb zum Hinterrad serienmäßig als Sportmaschinen gebaut und nun verkauft werden, rückte man den Serienbau auch wieder in den Mittelpunkt des Interesses. Seit einiger Zeit gibt es nun sogar einen deutschen Importeur für diese Marke. Dadurch wurde man auch auf das weitere Angebot aufmerksam, zu dem in Deutschland hauptsächlich die 350 cm³-Maschine 350 S gehört. Es ist die erste MV Agusta, die ich fahren konnte.

Auf den ersten Blick meint man, einem Zweizylinder-Zweitaktmotor gegenüberzustehen, aber der zweite Blick läßt erken-

Sehr rasantes Aussehen! Die Sitzbank ist für zwei Personen ein wenig kurz. Aber diese Maschine ist weder für Langstrecken mit zwei Leuten im Sattel, noch für den Winter oder schlechtes Wetter gedacht. Es ist ein »Sonnenschein«-Motorrad für den Hobbyfahrer, kein Arbeitstier oder Reisedromedar, es ist ein Flitzer für Herz und Sonne.

nen, daß es sich um einen Zweizylinder-Viertaktmotor handelt, dessen Ventile über Stoßstangen bewegt werden. Die Verwechslung mit einem Zweitakter der 50er Jahre liegt für einen Außenstehenden auch wegen der abgerundeten Linienführung des Motorgetriebeblocks in der Luft. So, und nun treten wir die MV einmal an: *welch ein Tooon!* So was haben wir seit den Zeiten der seligen AJS-Springtwin nicht mehr gehört. Und jetzt wird es auch dem letzten Zweifler klar: Es ist ein klassischer Viertaktmotor. Ein schöner Motor, dessen Leistung laut Importeur ab Januar 1972 glatte 33 DIN-PS haben soll. (An der Kurbelwelle? Am Getriebeausgang?). Unsere Testmaschine von 1971 hatte schätzungsweise 25 bis 26 DIN-PS, und das Werk sandte uns eine Leistungskurve mit 29 PS (DIN?), die wir hier abdrucken. Ab 1972 soll es weiterhin einen Umrüstsatz auf 397 cm^3 geben, zu dem zwei andere Zylinder, andere Kolben, Nockenwelle, Vergaser, stärkere Ventilfedern u. a. gehören. Preis ca. DM 550,- (nach dem Umbau aber nicht die Neuanmeldung beim TÜV vergessen!). Das alles sind für einen Motorradnarren so schöne Aussichten, daß wir die 71er Maschine behalten, gefahren und untersucht haben. Die MOTORRAD-Leser warten ja schon elend lange auf irgendeine Äußerung zu den MV-Motorrädern.

Die äußere Form ist typisch italienisch. Man erkennt als Pate den Straßenrennsport, man sieht auch, daß das Motorrad für kleine, schlanke und schnelle Leute gedacht ist. Der offene, in dieser Konzeption schon 1949 gebaute Rahmen mit dem extrem stabilen, blechgepreßten Hinterbau ist zweifellos entwicklungstechnisch antiquiert. Aber die hervorragende Spurhaltung und Straßenlage des Fahrwerks gaben keinen Anlaß zu einer »Modernisierung«. »Antiquiert« bedeutet ja noch lange nicht »mindere Qualität« – siehe z. B. den antiquierten VW-Käfer und dessen hervorragende Zuverlässigkeit – und das wird hier ebenso bewiesen. Die Handlichkeit, die Kurvenlage und das Verhalten auf unruhigem Boden sind bei der 350er MV bestechend. Auch bei höheren Geschwin-

Die vordere Doppelnocken-Vollnabenbremse hatte eine ganz ausgezeichnete Wirkung.

Links der mechanische Drehzahlmesser, rechts der Tachometer. Die Handhebelschellen sind mit Innensechskantschrauben versehen.

Die entblätterte MV zeigt hier den Rahmenbau. Unter der Sitzbank befindet sich der Regler, auf dem oberen Rahmenrohr ein großes Polster für den 16-Liter-Tank.

digkeiten bis zu 150 km/h ist die Maschine absolut spurtreu.

Zunächst interessierte uns der Motor. Die Zylinder sind aus Leichtmetall und voneinander getrennt. Sie heizen sich also nicht gegenseitig auf, und es gibt keinen Wärmeverzug – siehe die schon oben erwähnte frühere AJS-Springtwin. Das Ganze erweckt den Eindruck, als habe man es darauf angelegt, auf keinen Fall auch in heißeren Breitengraden mit der notwendigen Beherrschung der Wärmefragen in Konflikte zu kommen. Die Bohrung der Zylinder beträgt 63 mm, der Kolbenhub 56 mm. Das ergibt eine Kolbengeschwindigkeit bei 8000 U/min von knapp 15 m/s – also sehr günstig, weil niedrig. Im Fahrbereich um 6000 U/min herum haben wir nur eine Kolbengeschwindigkeit von 11,2 m/s. Bei der weiteren Betrachtung entdecken wir, daß die Kurbelwelle ein ungewöhnlich großes Mittellager (Rollenlager) in einem groß dimensionierten Lagerschild hat – also wenig Vibrationen (siehe wiederum die Zweizylinder AJS-Motoren). Geringe Kolbengeschwindigkeit, Mittellager = Versuch, die Zuverlässigkeit des Motors über dem Durchschnitt anzuheben. Wann auch immer der Motor konstruiert worden ist, jedenfalls muß er hohe Festigkeitsreserven haben, und wenn die 33 DIN-PS ab 1972 kommen, dann müßten die Bauteile dies verkraften können.

Die Nockenwelle ist unterhalb der Zylinderfüße hinter den Zylindern angeordnet,

Der Pfeil bezeichnet eine unschöne Stelle: hier scheuert das Kupplungsseil am Gehäuse. Der Unterbrecher sitzt gut zugänglich links über der Lichtmaschine.

Man verwendet viele Innensechskantschrauben. Der Motor sitzt in dem offenen Rahmen, durch weit auseinanderliegende Bolzen gehalten.

die Stoßstangen werden hinter den Zylindern zu den Köpfen geführt. Dieser Ventiltrieb war mechanisch nicht laut, sein Geräusch wurde sogar vom Ansauggeräusch der offenen Vergaser unserer Testmaschine übertönt. Es handelt sich um zwei 26er Dell'Orto-Vergaser. Vielleicht gibt es in Italien weniger Staub auf den Straßen, nur wenig Regen und im Winter (wo man dort offensichtlich mit einer solchen Sportmaschine nicht fährt) kein Salz auf den Straßen, denn man hat offene Vergasertrichter. Oder aber – und das wird der wahre Grund sein – gehört zum Straßensportlook im Sonnenscheinland Italien der elegant geformte Ansaugtrichter – und sieht es etwa nicht unerhört gut aus? Wer Luftfilter für richtig hält, kann sie auf Wunsch für diese Vergaser bekommen _ und das wäre bei unseren Straßenverhältnissen auch wohl angebracht, denn die Schmirgeleigenschaften von Staub an Kolben, Ringen, Zylinderwänden, Ventilführungen usw. sind erheblich stärker als mancher glaubt, ganz abgesehen von der Geräuschminderung.

Während unseres Tests haben wir nicht einmal erlebt, daß der Motor nicht auf den ersten Tritt ansprang, er war auch dann immer sofort da, wenn er lange in der Kälte gestanden hatte. Sein Leistungsband ist im oberen Drehbereich sehr breit. Das geht nicht nur aus der gezeichneten Kurve hervor, sondern ist in der Praxis recht angenehm. So ließ sich der Motor an langen Autobahngefällen bis über 8500 U/min bringen – das sind im 5. Gang bis an 160 km/h. Auch bei Überholmanövern ließen sich die Gänge immer bis über 8000 U/min in der Ebene bringen, so daß man beispielsweise den 4. Gang bis 130 km/h und etwas drüber ausfahren konnte. Im unteren Drehbereich fand man auch genügend Leistung, um zum Beispiel im 4. Gang von 60 km/h an ohne Rucken beschleunigen zu können, im 5. Gang klappte das etwa ab 70 km/h (gemessene km/h, nicht Tachoanzeige, die immer einige km/h mehr angab). Infolge dieser Charakteristik war zum Beispiel der 3. Gang ideal für den Stadtverkehr – er konnte von etwa 40 km/h an benutzt werden, wobei der Motor

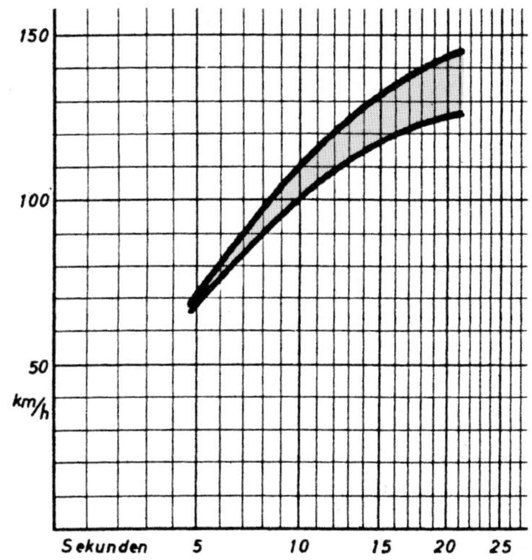

Die Beschleunigung mit einem kleinen, schmalen Fahrer im Leder (oben) weicht wesentlich von der mit einem großen Mann, aufrecht sitzend im Fahranzug (unten) ab.

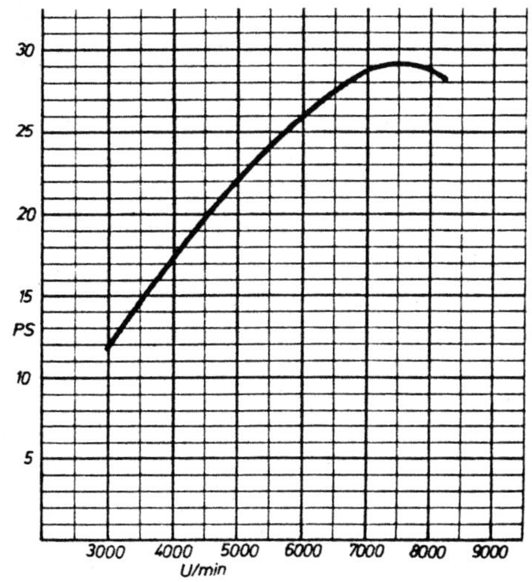

Diese Leistungskurve sandte uns die Fabrik. Leider kann man nicht erfahren, ob es SAE- oder DIN-PS sind, ob die PS an der Kurbelwelle oder am Getriebeausgang gemessen wurden.

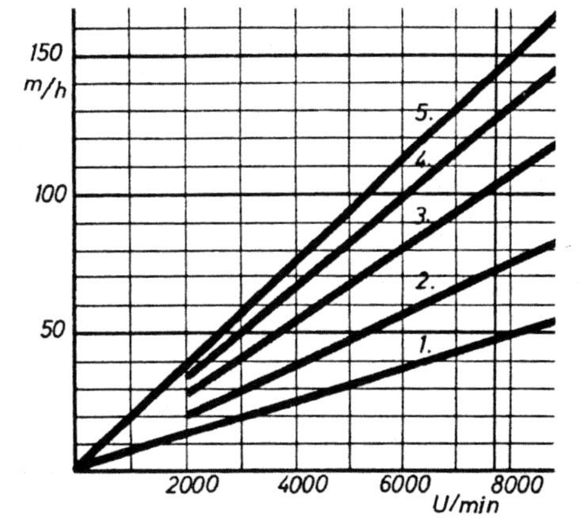

Das Gangdiagramm zeigt eine Getriebeabstufung, wie man sie von Rennmaschinen kennt. Dies ist die serienmäßige Übersetzung, die man aber individuell wechseln kann.

sauber und vibrationsfrei rundlief. Man konnte die MV bis über 100 km/h ausfahren, wenn auf kleineren Landstraßen eine Blitzüberholaktion notwendig war.

Der Verlauf der Leistungskurve macht zwar ein Sechsganggetriebe nicht notwendig, aber man muß trotzdem auf eine möglichst genau passende Übersetzung achten. Am Hinterrad unserer Testmaschine befand sich ein Zahnkranz mit 42 Zähnen, am Getriebeausgang ein Ritzel mit 15 Zähnen. Es muß aber auch weitere Übersetzungsmöglichkeiten geben, wenn man eine höhere Endgeschwindigkeit als leichter und kleiner Fahrer erreichen will. So lief das Motorrad in der Ebene mit einem 140 Pfund-Fahrer (im Fahranzug, ca. 1,80 m groß, leicht gebückt) ca. 145 km/h, und mit einem leichteren Mann (im engen Lederzeug lang gemacht) wurden 150 km/h knapp überschritten. Das waren gut 8000 U/min. Möchte man schneller sein, müßte man einen 1,60 m- und einen 100 Pfund-Fahrer, lang liegend im engen Lederzeug, mit einer knapperen Übersetzung fahren lassen. Aber auf solche Experimente kommt man eigentlich nicht, denn mit der gewählten Allround-Übersetzung war man im Verkehr allen anderen Straßenbenutzern doch immer überlegen, wobei es ganz besonderen Spaß machte, mit der Maschine kurvenreiche Bergabschnitte zu befahren.

Der Primärantrieb besteht aus Zahnrädern, die Kupplung hat fünf Scheiben und läuft im Ölbad. Die Fußschaltung ging leicht und genau, die Schaltwege empfanden wir nicht als zu lang. Der Schalthebel ist auf dem Fußrastenrohr rechts gelagert und mit dem Hebel am Getriebe durch ein Gestänge verbunden. Die Sitzposition durch die etwas nach hinten verlegten Fußrasten entspricht der eines Straßenrennfahrers, die Lage des Schalthebels kann man durch Verstellen des Gestänges verändern. Diese Sitzposition ist zum »Räubern« gut, lange Strecken jedoch schlauchen aber ganz schön. Dies »Sonnenschein«-Motorrad ist eben keine Tourenmaschine, sondern ein Sportflitzer – für großen Spaß auf kleiner Strecke. Und dem entspricht auch die harte Federung wie bei einer Rennmaschine. Die Sitzbank ist dagegen gut gepolstert und gleicht vieles aus. Man hat beim Fahren die beiden Instrumente gut vor Augen, aber man sollte sich mehr nach dem mechanischen Drehzahlmesser als nach dem Tachometer richten, dann wird man sehr bald herausfinden, daß die günstigste Drehzahl bei etwa 6000 U/min liegt. In diesem Bereich sind kaum Vibrationen zu spüren. Nicht bei jeden angeschellten kurzen Lenkerenden sind (bei italienischen Maschinen!) in ihrer Lage verstellbare Handhebel vorhanden, so daß man oft mit recht eingeknickten Handgelenken operieren muß. Bei der MV hier sind die Hebel in ihrer Lage einstellbar, und das ist deswegen bei der schnellen Sitzposition wichtig, weil man gerade hier Verkrampfungen vermeiden muß. Die Kupplung ist sehr leichtgängig, die beiden Vergaser werden über zwei parallellaufende Seilzüge ab Drehgriff bedient, die Vorderradbremse hat eine Fingerspitzengängigkeit und packt gewaltig, wenn man die richtige Dosierung findet. Beim Fahren mit zwei Personen ist die schnelle Sitzposition allerdings nicht möglich. Das kann man einmal zum Stadttransport tun, auf länge-

rer Strecke ist ein Fahren zu zweit etwas »eng«.
Für die »Sonnenschein«-Art, ein Motorrad zu bewegen, mag das 6 Volt-E-Werk mit der 60 Watt-Lichtmaschine bei Tage noch ausreichen, wenn es aber dunkel wird und man gutes Licht braucht, dazu Blinker, Stoplicht, Instrumentenbeleuchtung und vielleicht noch zusätzliche Verbraucher einschaltet, dann langt die Strommenge nicht aus. Die Batterie hat eine Kapazität von 13 Ah – wir würden uns über 12 Volt, 120 Watt-Lichtmaschine und 24 Ah-Batterie freuen (wenn nicht sogar mehr!), damit man einen 160 mm-Scheinwerfer mit richtigem Licht anbauen kann. Doch wird man mir entgegenhalten: »Was? Bei einer Straßensportmaschine, die kaum einer im Dunkeln und im Winter fährt?«
Bei einem Trockengewicht der Maschine von 132 kg haben wir – je nach Leistung von 33, 29 oder 26 PS – Leistungsgewichte zwischen 3,89 kg/PS und 5,28 kg/PS. Infolge dieser verschiedenen Angaben liegt die Hubraumleistung zwischen 74,5 und 94,5 PS/Liter. Während das Leistungsgewicht sich dem größerer Maschinen nähert, bleibt die Hubraumleistung im Bereich des Üblichen, und das bedeutet Sprintereigenschaften gepaart mit Zuverlässigkeit. Auch so kann man die MV 350 S charakterisieren. Wir sagten oben schon, daß es keine thermischen Probleme gibt, und dies wird auch durch die Verrippung der Ölwanne unterstrichen. In der kalten Jahreszeit kommt der Motor nur langsam auf seine richtige Betriebstemperatur, weswegen man Ölsorten mit geringer Viscosität verwenden sollte. Die Zahnradölpumpe arbeitet mit mehr als 60 Liter/h. Im Sommer dagegen ist an heißen Tagen bestimmt die Leistung am besten. Eine Autobahnjagd mit fast andauerndem Vollgas über eine längere Strecke bestätigt diese Annahme. Dabei konnte man den Motor an den langen Gefällen wie schon erwähnt bis über 8500 U/min drehen lassen. Bei Steigungen langte der 4. Gang auch bis 140 km/h, wenn man den Motor drehen ließ. Ansonsten betrug die Geschwindigkeit im 5. Gang auf der Autobahn etwa 145 km/h. Hatte man auf kurvenreichen Straßen einmal ein Scharmützel mit einem anderen schnellen Fahrzeug, dann brauchte man nur einen Abschnitt mit Schlängelkurven abwarten, um die »Konkurrenz« stehen lassen zu können. Oder man bremste den »Gegner« vor einer Ecke einfach aus – solche Dinge kann man sich gut erlauben. In den Tank gehen etwa 16 Liter, und damit kommt man rund 250 km weit. Das war gegenüber anderen Fahrzeugen dieser Klasse auch ein Vorteil. Zum Finish wäre zu sagen, daß man sorgfältig verarbeitete Schweißnähte findet, die Lackierung und Farbgebung läßt die typische italienische Maschine schon von weitem erkennen. Die Schutzbleche sind poliert und nichtrostend, die Gehäusedeckel sind ebenfalls poliert. Die Verlegung der Seilzüge ist durchdacht (keine scharfen Knicks), die Hinterradkette ist nur nach oben hin abgedeckt. Zum Ausbau des Hinterrades muß man die Kette öffnen, zwischen Zahnkranz und Radnabe befinden sich große stoßdämpfende Gummipolster. In der 350 cm³-Klasse haben wir in Deutschland eine ganze Menge technisch sehr interessanter Maschinen. Zweitakter mit zwei oder drei Zylindern; Viertakter mit einem oder zwei Zylindern. Es gibt bei den Viertaktern Stoßstangenmotoren, obenliegende Nockenwellen mit Ketten- oder Königswellenantrieb – jeder bietet irgendeinen technischen Gag. Die MV dagegen ist durch ihren relativ einfachen Aufbau ein unkompliziertes und zuverlässiges Motorrad und dabei die teuerste Maschine ihrer Klasse. Es haftet ihr schon vom Markennamen her ein wenig Exklusivität an, es ist ein Motorrad, das nicht jeder fährt. Ein Regen- oder Wintermotorrad ist es ganz bestimmt nicht, aber im allgemeinen Motorradaufbruch der letzten beiden Jahre steht das Fahrzeug ja als Hobby im Vordergrund. Als Hobby, das man bei schönem Wetter aus der Garage holt. Da möchte man eine Supersportlinie, Farben, Chrom, Temperament, Schnelligkeit, gute Straßenlage und aus allem heraus eben den ganz großen Spaß an der Freud'. Wasser und Dreck dürfen das gute Stück möglichst überhaupt nicht beschmutzen, denn es soll immer glänzen und blitzen. Eine solche Maschine nennen wir »Sonnenschein«-Motorrad.

Technische Daten
Motor: Zweizylinder-Viertakt ohv; Hub/Bohrung 56/63 mm. Hubraum 349 cm³. Verdichtung 9,5. Zwei Vergaser Dell'Orto UB 24 B, 26 mm Durchmesser. Schmierung durch Zahnrad-Ölpumpe.
Getriebe: Primärantrieb Zahnräder 27/63 = 2,33. Hinterradantrieb Kette; 2,8. Getriebe fünf Gänge: 2,87 / 1,91 / 1.33 / 1,06 / 0,94. Gesamtübersetzung: 18,7 / 12.5 / 8,7 / 6,9 / 6,1. Fußschaltung.
Elektrik: 6 Volt 60 Watt-Lichtmaschine. Batterie 6 Volt, 13 Ah.
Bereifung: vorn 2.75–18/hinten 3.25–18 (Metzeler Reifen serienmäßig).
Gewicht: trocken 132 kg. Zulässiges Gesamtgewicht: 320 kg.
Radstand: 129 cm. Bremsendurchmesser vorn und hinten 200 mm, Belagbreite 30 mm. Ceriani Telegabel; Ceriani Federbeine – hydraulische Dämpfung.
Preis: DM 3995,- ab Importeur. Die Testmaschine stammte vom Importeur Roland Schneider, 757 Baden-Baden, Lange Straße 66 und Wilhelmstraße 1.

Traube, die hoch hängt:

MV Agusta
750 S

Die Vierzylinder-MV Agusta wurde als Grand Prix-Rennmaschine weltberühmt. Die jetzige 750 S-Serienmaschine besitzt als Grundlage ihres Motors die Konstruktion der Rennmaschine.

Hat es irgendwann einmal in den letzten zwanzig Jahren einen Grand Prix-Rennmotor in »zivilisierter« Form (Hubraumleistung für normalen Straßenbetrieb entsprechend gesenkt, Drehzahl vermindert usw.) in Serienherstellung gegeben, wobei der größte Teil aller Einzelheiten diesem Rennmotor entsprach? Vielleicht bis zu einem gewissen Grade bei der Norton International, vielleicht bei der Velocette Thruxton, vielleicht bei einigen Ducati-Modellen. Im Grunde aber konnte diese Frage bis zum Erscheinen der in Serie hergestellten Vierzylinder 750 cm³ MV Agusta 750 S verneint werden. Zwar war die 600 cm³ MV als Vorläufer und Tourenmodell in vielen Teilen identisch mit der jetzigen 750er S, aber das Tüpfelchen auf dem »i« ist diese 750er. Der erfüllte Wunschtraum der am Grand Prix-Sport besonders interessierten Fahrer: ein Motorrad fahren zu können, das dem Rennmodell einer berühmten Marke bis auf Kleinigkeiten entspricht.

Die Geschichte der MV Agusta 750 S hat nur einen großen Haken – die Produktion ist sehr klein, seit 1969 bis Ende 1971 sind nicht mehr als 80 Stück gebaut worden. Damit muß notgedrungen der Preis gewaltig steigen; es gibt zudem Lieferprobleme, und die Traube, die so hoch – für

die meisten unerreichbar – hängt, wird noch exklusiver. In Deutschland wird es zur Zeit nicht mehr als vier oder fünf Stück geben. Exklusiver als ein Mercedes 600 lang oder ein Rolls-Royce. Preis: zirka 13 000 DM. Danach muß man Luft holen. Frage: Was wird bezahlt: Die Leistung? Der Name? Gewaltiger Konstruktions- und Fertigungsaufwand (Kardanantrieb)? Etwaige überdurchschnittliche Zuverlässigkeit? Oder sind alle Teile, Löhne (da die Fertigung fast Handarbeit ist) und so weiter, bei der geringen Stückzahl so teuer? Als der MV-Importeur Roland Schneider aus Baden-Baden das seltene Stück unter der Plastikplane hervorholte und vom Transportanhänger runterrollte, herrschte Schweigen. Wir standen um die Schöne herum – und nur zögernd öffnete man die Benzinhähne und betätigte den Anlasserknopf der Dynastartanlage. Im Leerlauf war der Motor mechanisch laut (der Antrieb der beiden obenliegenden Nockenwellen, fünf Zahnräder). Bestimmt werden bei der Phonmessung für die TÜV-Abnahme das Ansauggeräusch und die mechanischen Geräusche lautstarke Rollen spielen.
Mit 1000 bis 1500 U/min läßt man den Motor erst warm laufen, damit alle Schmierstellen das notwendige Öl bekommen. Vibrationen sind keine zu spüren, der Motor läuft sehr kultiviert. Das Ansauggeräusch der vier offenen Vergaser wird erst beim Fahren laut. Der Ton des Motors ähnelt dem eines Ferrari.
Da eine 750er MV nicht an jeder Straßenecke herumsteht, und weil diese Maschine auch gleich wieder für irgendeine Ausstellung benötigt wurde, blieb nicht viel Zeit zu einem ausführlichen Test. Sie war außerdem brandneu, so konnte auch nicht gleich eine Beschleunigungsmessung und ein Höchstgeschwindigkeits-Test gewagt werden. Also faßte man mit Samthänden zu, damit der Lady, »schön wie Lollo«, nichts geschah. Es blieb bei einigen hundert vorsichtigen Kilometern – aber was man da »vorsichtig« nennt, spielte sich im Drehbereich bis zu 7500 U/min ab, das sind im 5. Gang auf der Autobahn

Der Hinterradantrieb hat ein weit ausladendes Gehäuse. Das Tellerrad liegt am äußeren Rand. Kein Aufstandsmoment beim Anfahren.

kurzzeitig 190 km/h, im 4. Gang zirka 175 km/h, im 3. Gang zirka 150 km/h. Wenn der Motor nach 5000 Kilometer richtig frei sei, so sagten mir die MV-Tempelhüter, würde man bis zu 9200 U/min gehen können. Das wären im 4. Gang über 200 km/h. Im 5. Gang dürfte man wohl kaum bis 9200 U/min kommen, was etwa 235 km/h entspräche. Wo soll man das fahren?

235 km/h – wie viele schöne DIN-PS braucht man (unverkleidet) dazu? Nun ja, wenn man sich als Hering ganz, ganz klein macht, braucht man zirka 90 PS auf Fahrwiderstands-Berechnung. Der Motor leistet jedoch 72 DIN-PS bei 8500 U/min oder 80 SAE-PS bei 9000 U/min. 72 DIN-PS sind gut für zirka 220 km/h, wenn alles stimmt. Und wenn der Fahrer nicht größer, schwerer und dicker im engen Lederzeug als ein schlanker 14jähriger ist. Mit Verkleidung dürfte man etwas schneller sein.

Also – wir werden uns wohl kaum streiten, ob man 220 oder 235 km/h schafft, denn: was soll's! Wer kann in unserem Verkehr so schnell und wie lange fahren? 200 km/h sind doch wohl die Grenze. Zahlen wie 160, 170 oder 180 km/h gehen einem MV-Besitzer jedoch durch den Kopf wie anderen Leuten der tägliche Brötchenpreis, und wer einmal eine längere Strecke auf dem Renner saß, dem wird es nicht anders gehen. Man bekommt auch ganz andere Zeitmaßstäbe, schätzt Entfernungen anders ein, die Fahrerei richtet sich auch nach dem vorhandenen Winddruck: Wie lange jemand bei solchen Geschwindigkeiten den Druck auf dem Oberkörper aushält, falls er nicht wegen Dauerduckens hinter einer Verkleidung und krampfhaften Kopfhochhaltens im Genick und anderweitig erlahmt? Es tun sich da ganz neue Probleme auf.

In diesen Kreisen wird nur noch in Dimensionen jenseits von 150 km/h geredet, und so stellt sich die Frage auch nach dem Fahrwerk. In einer welligen, lang gezogenen Kurve auf guter Bundesstraße blieb die Maschine bei 160 km/h auch in Schräglage in der Spur und schaukelte nicht. Sie ist handlich und elegant zu fahren, der Hinterradantrieb mit der Kardanwelle, dessen Tellerrad nach außen zu an-

geordnet ist (daher das ausladende Gehäuse) und sich in entgegengesetzter Richtung wie bei der BMW oder der Moto Guzzi dreht, war nicht Grund irgendwelcher Versteifungen und eines Aufrichtens der Hinterradschwinge. Das Fahrwerk ist erste Klasse!

Das Getriebe (hier gleich der Übersetzung in den Gängen) ist mit 2,38/ 1,69/ 1,29/ 1,1/ 1 sehr eng abgestuft. Straßenrennsport-Getriebe. Auch die gewählte Gesamtübersetzung (Primär 1,75/ Sekundär 2,66) ist mit 11,079/ 7,867/ 6,005/ 5,121/ 4,655 recht knapp. Die Reichweite des 1. Ganges bis über 90 km/h ist bezeichnend für diese Übersetzung. Aber der Motor ist so elastisch bei aller Sportlichkeit, daß er bei 4000 U/min schon mehr als 20 DIN-PS hergibt, und von da an auch im 5. Gang (= zirka 100 km/h) ruckfrei durchzieht und beschleunigt.

Wird die DIN-Leistung (mit den für Deutschland zugelassenen Schalldämpfern) zugrunde gelegt, hat man bei 420 Kilogramm zugelassenem Gesamtgewicht 5,65 kg/ PS und bei 210 Kilogramm Trockengewicht 2,82 kg/PS. So ist auch die Beschleunigung gewaltig. Wir können sie hoffentlich eines Tages messen. Die Hubraumleistung beträgt 97 PS/Liter, die Kolbengeschwindigkeit bei 8500 U/min ist 15,85 m/s. Bei sorgfältiger Fertigung und der Tatsache, daß man den Motor kaum jemals sehr lange in seinem Grenzbereich belasten kann, muß er überdurchschnittlich zuverlässig sein.

Bei der 600 cm^3 Vierzylinder »Touren«-MV hat man im Vorderrad eine doppelte Scheibenbremse, bei dem 750 cm^3 Renner verwendet man Trommelbremsen herkömmlicher Bauart. Vorne ist eine doppelte Duplexbremse, mechanisch betätigt, hinten eine einfache Duplexbremse eingebaut. Die Wirkung dieser Bremsen ist

Die Kardanwelle läuft im rechten Schwingenholm.

enorm, die Betätigungskraft am Handhebel nicht zu groß, um richtig dosieren zu können. Die Vorderradbremsen sind be- und entlüftet. Die Bereifung ist serienmäßig von Metzeler: vorn 3.50-V-18, Rille, hinten 4.00-V-18 Block C 6. »V« ist das Zeichen für Reifen, die bis 230 km/h zugelassen sind (ohne Bezeichnung bis 150 km/h, S bis 180 km/h, H bis 210 km/h, V bis 230 km/h). Auf die Höckersitzbank paßt nur eine Person.

Der Hinterradantrieb über eine Kardanwelle macht einigen technischen Aufwand notwendig. Das, was Honda bei der 750er Vierzylinder bauen könnte, das macht MV. Der Primärantrieb zum Getriebe besteht aus schräg verzahnten Rädern (68:119), der Antrieb liegt zwischen den beiden rechten Zylindern. Der Kegelradantrieb der Kardanwelle geht im Getriebe von der Nebenwelle ab. Der Kegeltrieb, Kardanwelle und Hinterradantrieb haben insgesamt acht Wälzlager eingebaut. Mit Lagern ist man in diesem Motor sowieso nicht sparsam: Die Kurbelwelle dreht sich in sechs Lagern, der Antrieb der beiden Nockenwellen hat neun Lager, Kupplung und Getriebe enthalten noch mal acht Lager, zum Teil Nadellager. Die Pleuelfüße haben Gleitlager, Ölpumpenantrieb fünf Lager, Verteilerantrieb drei Lager. Die Dynastartanlage (als Lichtmaschine mit 12 Volt/135 Watt) ist durch zwei Keilriemen mit dem Motor verbunden, das Ganze durch einen großen Gußdeckel abgedeckt und nicht sichtbar hinter dem Getriebe.

Die nach innen gerichteten, offenen Lufttrichter haben deswegen ihre Richtung, weil die äußeren nicht die Beine des Fahrers behindern und nicht die Hosenbeine ansaugen sollen und die inneren Platz für den Verteiler machen. Der Fußschalthebel ist über ein Gestänge mit dem Schalthebel am Getriebegehäuse verbunden und dreht sich auf der Fußrastenachse. Der Fußbremshebel hat kein Gestänge, sondern einen Seilzug zur Hinterradbremse und dreht sich ebenfalls auf der Fußrastenachse. »Racing like«. Weiter ist zu erwähnen, daß der Motor eine Ölwanne für drei Liter Öl besitzt, und daß der Tank 26 Liter Kraftstoff faßt. Bei sechs bis sieben

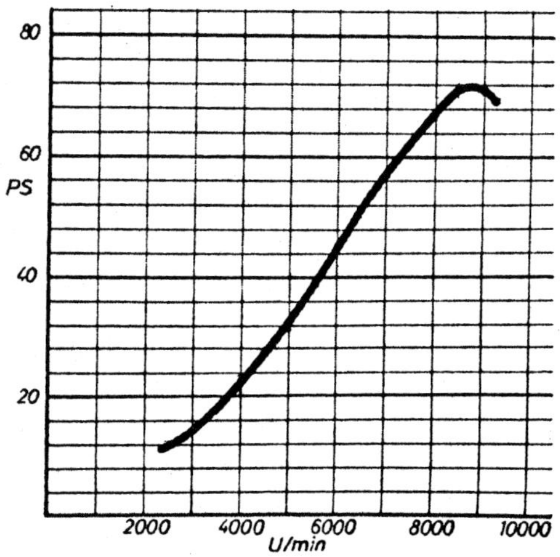

Leistungskurve des Motors (DIN PS).

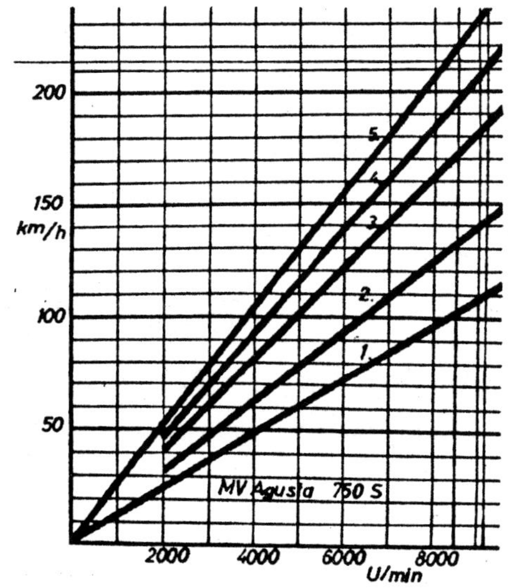

Gangdiagramm.

Liter Verbrauch auf 100 Kilometer wären das zirka 400 Kilometer Radius. Gut! Von der Seite ist zu erkennen, daß die Linie durch einen großen Tank nicht leiden muß. Aber ist es ein Motorrad, mit dem man an einem Stück 400 Kilometer abrodelt, ohne »abzusetzen«? Was die mögliche Fahrleistung betrifft, ja. Was aber die Fahrerkondition (auch im Hinblick auf die Sitzhaltung) betrifft, muß man das wohl individuell sehen. Ein »Wander«-Motorrad ist es nicht, denn sonst hätten zum Beispiel die Vergaser Luftfilter und Ansauggeräuschdämpfung. Es ist wieder ein MV Agusta-»Sonnenschein«-Motorrad.
Sehr gute Linienführung, technische Besonderheiten, hervorragendes Fahrverhalten. Eine »Traube, die hoch hängt« – vom Preis her. Eine Traube, die hoch hängt – von der Leistung und von der Fahrerei her, denn in solche Geschwindigkeiten muß ein Fahrer erst hineinwachsen, ehe er damit perfekt umgehen kann. In jeder Hinsicht ein Wunschtraum vieler und an Exklusivität kaum zu überbieten.
Wenn wir in Zukunft wieder über die Straßen kommen, die wir mit der 750er MV gefahren sind, werden wir immer sagen: »... weißt du noch? Hier? Mit der schönen, schnellen ›Lollo‹ – mit der MV?« Und den Importeur werden wir löchern, daß er das 13 000 Mark-Ding mal für den Nürburgring hergibt. Ob er das wagt?

Zu den ganz exklusiven Maschinen zählt die MV Agusta 750 S. Vier Zylinder, zwei obenliegende Nockenwellen, vier Vergaser, Fünfgang-Getriebe, Kardanantrieb. Identisch mit einer der erfolgreichsten Grand Prix-Maschinen.

Der Motor der MV Agusta 750 S

Die 750 cm³ Vierzylinder MV Agusta 750 S ist deswegen ein »Traummotorrad«, weil der Motor bis auf wenige Details äußerlich und im Inneren mit dem früheren 350 cm³ und 500 cm³ Vierzylinder-Rennmotor identisch ist, mit dem John Surtees sechs, Gary Hocking zwei, Mike Hailwood vier und Giacomo Agostini vor dem Einsatz der Dreizylindermotoren noch mehr Meisterschaften herausfuhren. Des weiteren sind besondere Zugmomente der Kardanantrieb des Hinterrades, die allgemein sportliche Linie und die bis zum Leistungsbereich des Motors von 72 DIN-PS bei 8500 U/min sehr gute Spurhaltung und Kurvenlage der Maschine. Die geringe Stückzahl der Winz-Produktion und die auch damit verbundene außerordentlich hohe Preisgestaltung erzeugen noch mehr Exklusivität. Doch dürfte das Motorrad

auch bei größerer Produktion nicht sehr viel billiger zu machen sein mit diesem Vierzylindermotor, mit dessen durch Zahnräder angetriebenen beiden obenliegenden Nockenwellen, mit dem Kardanantrieb, mit dem Fünfganggetriebe, mit den vier Vergasern, mit dem elektrischen Anlasser (Dynastart-Anlage von Bosch – übrigens die einzige Maschine, die eine solche Anlage zur Zeit besitzt) u. a. m.
Der Kardanantrieb dürfte unsere Leser wohl zuerst interessieren. Da Kurbelwelle und die Getriebewellen quer zur Fahrtrichtung liegen, mußte man einen Winkeltrieb am Getriebeausgang wählen. Hier sind zwei schräg verzahnte Kegelräder vorgesehen. Die Welle wird dann in einem Lagertunnel, in dem sich zwei breite Rollenlager befinden, zum Kardangelenk geführt. Von dort geht es im rechten Holm der Hinterradschwinge zum Hinterradantrieb, der in seinen beiden Hauptteilen aus einem Kegelrad und einem Tellerrad besteht. Beide Räder sind schrägverzahnt. Während bei den heutigen BMW- oder Guzzi-Antrieben das Tellerrad innen am Hinterrad angeordnet ist, liegt es bei der MV Agusta nach außen. Das hängt mit der vorhandenen Drehrichtung der Kurbelwelle zusammen und war notwendig, um auch die richtige Drehrichtung des Hinterrades zu bekommen. Die Reihenfolge ist nun folgende: Kurbelwelle dreht sich in Fahrtrichtung, erste Getriebeweile über den schrägverzahnten Primärtrieb gegen die Fahrtrichtung, zweite Getriebewelle wieder in Fahrtrichtung und damit auch das Antriebskegelrad für den Hinterradantrieb. Die Kardanwelle dreht sich nach außen und das Hinterrad schließlich über das Tellerrad wieder in Fahrtrichtung. Auch hinter dem Kardangelenk befinden sich in einem Lagertunnel zwei breite Lager, und das Tellerrad ist ebenfalls durch zwei große Lager gestützt.

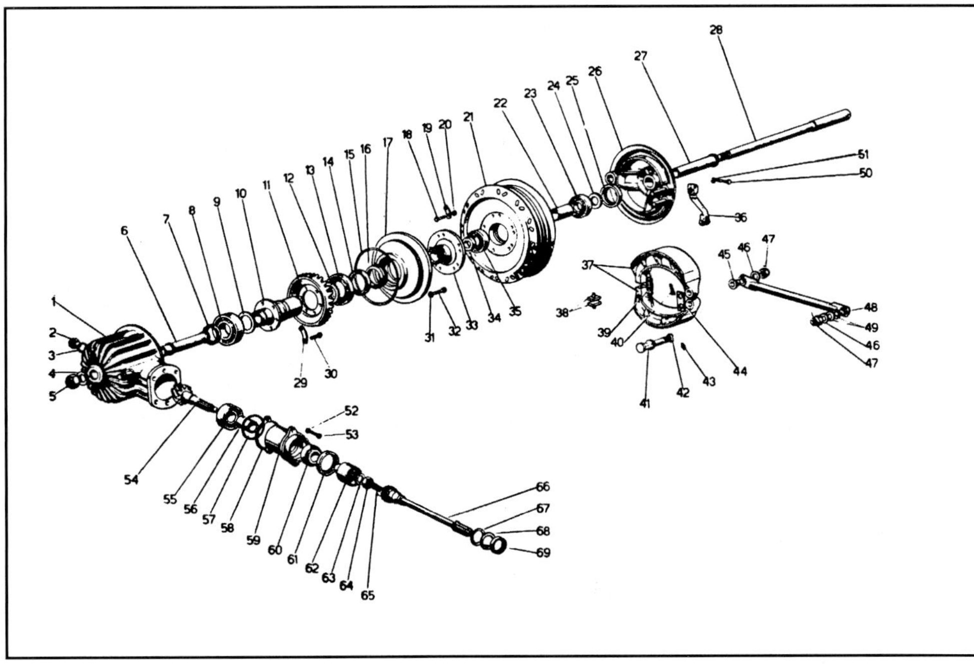

Detailzeichnung aus dem Ersatzteil-Katalog des Hinterradantriebes.

Diese Konstruktion ist für das überdimensionale Gehäuse des Hinterradantriebes verantwortlich, den spaßhafte Betrachter oft als einen »zusätzlichen Elektromotor« bezeichnet haben. Wieviele PS durch diese Antriebsart verlorengehen, hat bis jetzt noch niemand gemessen. Man müßte die Motorleistung an der Kurbelwelle und am Hinterrad feststellen. Viele Konstrukteure bezeichnen die zweimalige Umlenkung als PS-Fresser, was aber die MV-Leute nicht hinderte, diese Antriebsart zu wählen. Auch bei Honda experimentiert man mit einem solchen Hinterradantrieb, wobei aber noch offen ist, ob dieser jemals

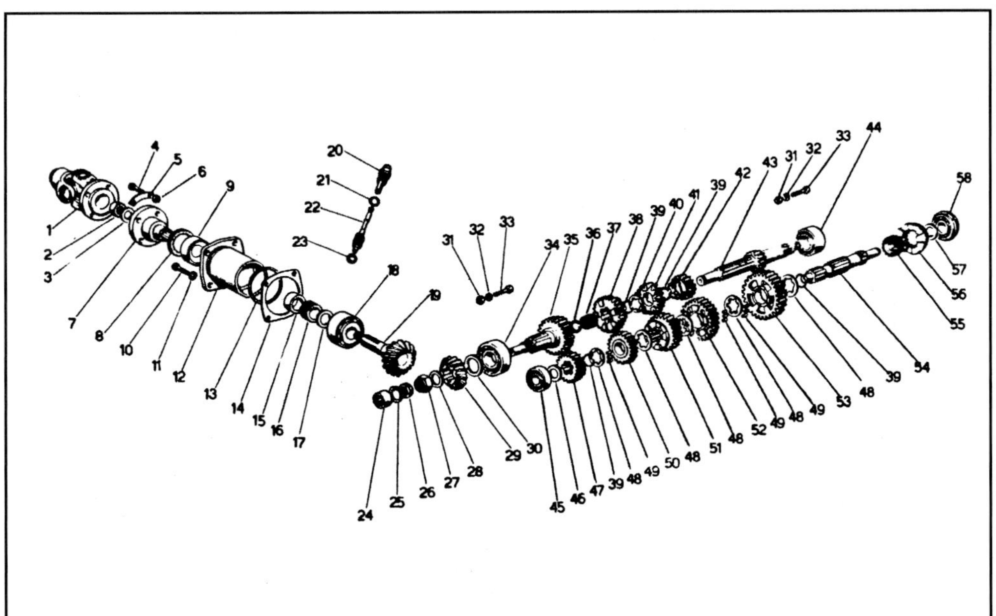

Detailzeichnung aus dem Ersatzteil-Katalog des Getriebes und der Umlenkung zur Kardanwelle.

Das ist der Lagerbock mit drei Nockenwellenantriebsrädern und deren teilbaren Lageraufnahmen.

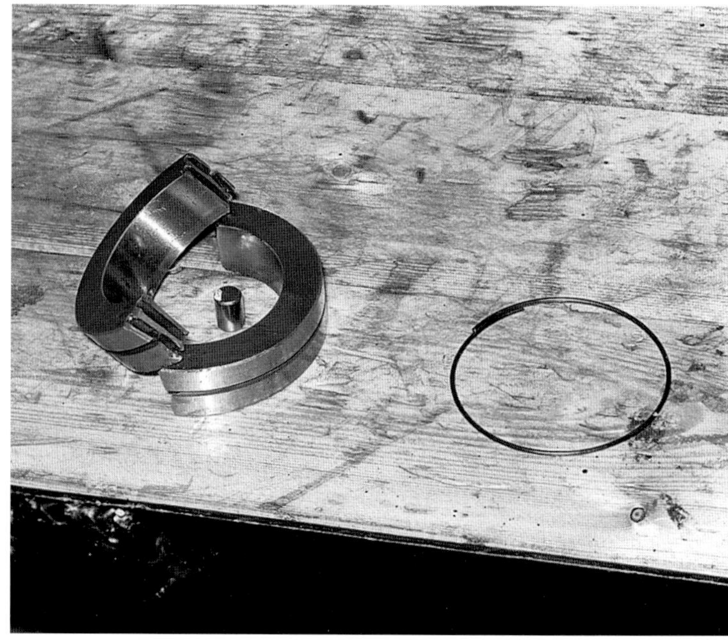

Teilbare Lagerschalen der Kurbelwellenlagerung mit Rolle und Federring, der die Schalen mit zusammenhält.

Hinterradschwinge mit Hinterradantrieb und Antriebsgehäuse. Die Kardanwelle ist im Schwingenholm untergebracht. Die Schwinge bewegt sich auf Schrägrollenlagern.

Kurbelwelle mit Nockenwellenantrieb, Primärantriebsrad. Davor eine Nockenwelle.

Zylinderkopf mit Nockenwellengehäuse. Davor eine Stößeltasse mit Abstandsplättchen.

auf dem Markt erscheinen wird. Bei einer Leistung von 70 PS und mehr spielen aber auch einige verlorene Pferdestärken keine große Rolle.

Die Kurbelwelle dreht sich in sechs Lagern, davon sind die vier inneren als Rollenlager mit teilbaren Lagerschalen ausgebildet. Die drei Zahnräder des Nockenwellenantriebes – gerade verzahnt, daher auch das laute Geräusch – drehen sich zwischen den beiden inneren Zylindern. In einem Gehäusetunnel befindet sich ein Lagerbock für die drei Räder, die auf Kugellagern laufen. Das oberste Rad treibt dann die beiden Antriebsräder der Nockenwellen. Zum Demontieren der Räder aus dem Lagerbock teilt man die Lagerzapfen, auf denen sie sich drehen. Zwischen den Nocken und den Ventilen befinden sich breite Stößeltassen. Das notwendige Ventilspiel wird durch untergelegte Plättchen bemessen, die es in verschiedenen Stärken gibt. Diese Anordnung kennt man von italienischen Rennmotoren her (aber auch die frühere Zweizylinder-Berneg 175 cm³ hatte bei ihrer obenliegenden Nockenwelle die gleiche Konstruktion), und man beweist damit seine Rennerfahrung und in diesem Falle wiederum die direkte Abstammung des 750 cm³ MV Agusta-Motors vom 500er Rennmotor. Insgesamt befinden sich in diesem Motor zusammen mit dem Getriebe und dem Hinterradantrieb 43 Lager – in Worten: dreiundvierzig.

Die gleichmäßige Schiebersteuerung der vier Vergaser erfolgt über ein auf den Ansaugkanälen befestigtes Gestängesystem. Zwischen den Vergasern in der Mitte befindet sich der Zündverteiler. Die 12 Volt-Lichtmaschine hat eine Leistung von 135 Watt, die Batterie eine Kapazität von 18 Ah. Die Lichtmaschine ist gleichzeitig Startermotor, die Maschine besitzt keinen zusätzlichen Kickstarter.

Von gewaltigem Ausmaß ist die Kupplung. Sie hat sechs Platten, läuft im Ölbad und muß ein sehr großes Drehmoment verkraften können. Sie sitzt an der Getriebehauptwelle, und das große Primärantriebsrad ist mit dem Kupplungskorb verbunden. Eine Untersetzung zwischen Primärtrieb und Getriebe gibt es nicht. Die fünf Gänge werden von der Fußschaltung über eine Schaltwalze und drei Schaltgabeln bewegt. Die Mitnehmerzähne der Schaltautomatik stehen unter Federdruck und bewegen sich in einem Mitnehmerkranz, der außen eine Verzahnung hat. Diese Verzahnung dreht in einem bestimmten Übersetzungsverhältnis die Schaltwalze.

Der Motor macht im Leerlauf mechanische Geräusche, die von den Zahnrädern des Nockenwellenantriebes stammen. Das Auspuffgeräusch ist gar nicht einmal so durchdringend. Bei höheren Drehzahlen verschwindet dann allerdings das mechanische Geräusch unter dem Auspuffgeräusch. Wie sich diese Maschine fährt, schilderte ich im vorhergehenden Bericht – »Traube, die hoch hängt«.

1972

Lady
auf italienisch

Motobi-Benelli
Tornado 650

Der Viertakt-Parallel-Twin englischer Konzeption ist weiterhin gesucht. Eine in ihrer Stetigkeit größere Konstruktion unter den Mehrzylindern scheint es im Motorradbau ringsum kaum zu geben, und nachdem die Japaner gezeigt haben, was man daraus alles machen kann, erscheinen die Italiener nun auch auf dem Plan.

Mit der Leistungscharakteristik englischer Motoren – Kraft schon im unteren Drehbereich (4,5 mkg bei 2000 U/min, 5,5 mkg bei 4000 U/min, 4,7 mkg bei 7250 U/min) und weichem Anzugsvermögen – und mit Details, die wir noch an englischen Twins vermissen (unter anderem metrische Maße für Schrauben und Bolzen, horizontal teilbares Gehäuse), präsentiert man die Motobi/Benelli-Tornado 650 cm³ nun auch in Deutschland. Wir erhielten eine Testmaschine über die Firma Fritz Alexander, 3057 Neustadt am Rübenberge, Windmühlenstraße 4a, für einen Nürburgring-Test.

Die »Lady auf italienisch« (»Lady« nennen wir die klassischen englischen Motorräder) entpuppte sich als sehr sportliche Maschine, bei der vor allem neben dem Motor auch das Fahrwerk hervorstach. Bei einem Hubraum von 643 cm³ hat der Motor eine Leistung von 57 SAE-PS bei 7200 U/min oder 50 DIN-PS bei 7000 U/min (Angaben des holländischen Importeurs). Bei 2200 U/min sind 15 DIN-PS vorhanden, bei 3000 U/min schon 23 PS, bei 4000 U/min 50 PS. Die Kolbengeschwindigkeit ist durch den kurzen Kolbenhub (Hub 58 mm, Bohrung 84 mm) mit 13,5 m/s bei 7200 U/min sehr gering.

Vibrationen gibt es im Bereich zwischen 4000 U/min und 5500 U/min. Die Kurbelwelle ist vierfach gelagert, die Pleuel laufen auf Nadellagern, ebenso die Kolbenbolzen. Das schrägverzahnte Kurbelwellenritzel treibt nicht nur das Kupplungsrad (Primärtrieb), sondern auch die vor den beiden getrennten Zylindern laufende untenliegende Nockenwelle an. Ventilantrieb über Stoßstangen.

Der Aufbau des Motors ist also sehr einfach. Das Motor-Getriebegehäuse ist horizontal teilbar. Nimmt man den oberen Gehäuseteil ab, dann liegen alle Innereien frei. Das ist ein nicht zu unterschätzender Vorteil. Solche genialen Einfachheiten sind aber bei Motobi/Benelli nichts Neues – auch die Einzylindermodelle der kleineren Klassen zeigen diese einfache Art, was sich immer hervorragend bewährte.

Die erzielten Rundendurchschnitte lagen zwischen 110 und 115 km/h auf der 22,3 Kilometer langen Meßstrecke.

Für 650 cm³ und 3,7 kg/PS Leistungsgewicht, für 50 DIN-PS und 88,5 PS/Liter Hubraumleistung sind das gute Werte.

Das Durchzugsvermögen spielt dabei eine besonders große Rolle und überspielte die sehr knappe Gesamtübersetzung, die eher für einen kleinen, schlanken Fahrer als zu einem mittelgroßen Normaleuropäer gepaßt hätte. In den fünften Gang kam man nur am Schwedenkreuz, in der Fuchsröhre und auf der langen Endgeraden. Auf dem letzteren Streckenabschnitt wurden gute 165 km/h erreicht, wobei 6500 U/min nicht überschritten wurden. Bei 7000 U/min hätte man mit dieser Übersetzung ca. 180 km/h fahren können, würde man einen SSLK-Mann (Super-Schlank-Leicht-Klein-Mann) im engen Leder langliegend fahren lassen. Im vierten Gang jedoch schaffte die Maschine in der langen, zähen Steigung von Breidscheid hinauf zur Hohen Acht bei Kilometer 12 an (ca. sieben Prozent) glatt 150 km/h und hielt dies weiter durch bis Kilometer 13 mit echten 145 km/h. Das Tempo sank dann auf 130 km/h, ging im Anstieg zum Karussell-Bogen auf 120 km/h und stieg vor der Kurve an der Hohen Acht noch einmal – sogar bei 16prozentiger Steigung im dritten Gang – auf 130 km/h. Zwischen dem zweiten und dritten Gang ist in der Getriebestufung (3,3/1,84/1,34/1,15/1) eine nicht zu übersehende Lücke, die mit einer etwas größeren Gesamtübersetzung nicht so auffallen würde.

Während sich im großen Gang wegen der sehr knappen Übersetzung der Motor höchstens in Gefällen etwas über 6500 U/min bringen ließ, konnte man ihn in den unteren Gängen bis 7000 U/min ausfahren. Allerdings war er durch nichts zu bewegen, weiter zu drehen – man fuhr dann sozusagen gegen Gummi. 7000 U/min im zweiten Gang bedeuten bei einer Gesamtübersetzung von 15,51/8,61/6,24/5,36/4,66 (Hinterradübersetzung 17:33) ca. 98 km/h, im dritten Gang 134 km/h, im vierten Gang 155 km/h. Ab ca. 2000 U/min konnte man mit der Testmaschine ruckfrei beschleunigen, wenn man sich Mühe gab und viel Gefühl beim Gasgeben einsetzte. Und so hatten die Gänge einen ausreichenden Spielraum. Richtig Kraft war aber erst ab 3500 U/min zu haben. Zum Beispiel bei normalem Gebrauch lag der dritte Gang zwischen 65 km/h und 134 km/h, und der

Eine »Lady« – made in Italy.

Der Primärantrieb besteht aus schrägverzahnten Rädern. Die Bosch-Lichtmaschine 12 Volt, 150 Watt wird mit einem Keilriemen angetrieben.

vierte Gang zwischen 75 km/h und 155 km/h. Den fünften Gang könnte man etwa ab 55 km/h benutzen, wenn es sein müßte, wir setzten ihn etwa ab 90 km/h ein.
Im normalen Verkehr wird man wohl meist den dritten und vierten Gang gebrauchen, wenn man zwischen 70 km/h und 150 km/h auf der Landstraße pendelt. Für Überholmanöver und Beschleunigungen ist das gut, wenn auch damit das Urwüchsige und die von unten ausholende Kraft klassischer »Ladies« fehlt, worüber auch die Beschleunigungslinie Auskunft gibt. Die »Ladies« habe eben noch langhubige Motoren. Aus dem Stand weg hinauf auf 100 km/h in etwa sechs Sekunden, in zehn Sekunden bis 132 km/h, dann wird die Linie flacher.
Bis 160 km/h brauchten wir 20 Sekunden. Von 80 km/h auf 120 km/h waren etwa vier Sekunden notwendig. Das sind Zeiten, die ungefähr denen der BMW R 75/5 entsprechen. Bei passender Übersetzung (zumindest ein 16er Ritzel am Getriebeausgang) würden die Beschleunigungen noch besser, wie auch das ganze Temperament unbedingt noch feuriger gestaltet werden könnte, ohne auf mögliche Endgeschwindigkeiten verzichten zu müssen.
150 km/h bei Kilometer 12 des Nürburgringes an der zähen Steigung sind gut, so daß man die Leistungsangaben kaum zu korrigieren braucht. Von den schönen PS gingen auch keine verloren, es gab auch keine Schäden am Motor und am Getriebe während der scharf gefahrenen Nürburgring-Runden. Die beiden Zylinder sind getrennt voneinander und sehr stark verrippt, da gibt es keine Wärmenester. Die Zahnradölpumpe fördert das Öl aus der Ölwanne zur Nockenwelle, dann zu den Kurbelwellenlagern und hinauf in die Zylinderköpfe. Im Ölkreislauf befindet sich ein normales Sieb und ein Feinstfilter. Ölmenge: drei Liter. Ein Schauglas rechts an der Ölwanne ermöglicht es, den Ölstand von außen zu kontrollieren. Bei der Testmaschine waren die Ränder des Glases dicht, und es gab keine Ölspuren an dieser Stelle.
Durch die große Ölwanne baut der Motor ziemlich hoch, so daß die beiden 29er

Dell'Orto-Vergaser mit Zentralschwimmern – direkt unterm Tank – halb verdeckt sind. Schwimmerkammer und Benzinhahn am Tank sind fast auf gleichem Niveau. Zu Arbeiten an den Vergasern oder an den Zylinderköpfen muß man den Tank abnehmen. Aber das ist kein Problem. Man hat zunächst den Eindruck, daß durch die hohe Lage des Motors und den relativ kurzen Radstand der Schwerpunkt der Maschine über die Norm nach oben gewandert ist. Das Motorrad »fällt« fast von selbst in die Kurven hinein. Da es aber nicht an Spurtreue und Handlichkeit fehlt, könnte es sich dabei auch um einen subjektiven Eindruck handeln, wobei man natürlich auch die Auswirkungen von Steuerwinkel und Nachlauf berücksichtigen muß.
Die Tornado ist in jedem Fall ein Kurven-Motorrad. Wir haben hier wieder die Verwandtschaft zum englischen Motorradbau. Verfolgt man den Streckenabschnitt Wippermann, Eschbach, Brünnchen, Pflanzgarten von Kilometer 15 bis 18, so wird man Geschwindigkeiten zwischen 95 km/h in engen Ecken und 140 km/h in schnellen Biegungen finden. Und hier ist eine Kurve nach der anderen. Besonders schön ist die Eschbach-Rechtskurve über den Buckel bei Kilometer 15,5. Diese Kurve war mit 125 km/h zu fahren. Und zwar in erheblicher Schräglage, wobei man mit der rechten Fußraste den Boden leicht berührte. Das will etwas heißen, bei der Höhe der hochklappbaren Rasten. Die serienmäßigen Pirelli-Reifen brauchten wir nicht gegen andere Reifen auszutauschen. Die Bodenhaftung ist hervorragend.
Im Vorderrad befindet sich eine groß dimensionierte Doppelbremse, die gewaltige Wirkung zeigt. Im Hinterrad ist eine große Trommelbremse. Die Vorderradbremse besitzt eine große Be- und Entlüftung, was nicht nur der notwendigen Kühlung, sondern auch der Entfernung des Abriebstaubes zugute kommt. Die Betätigung der Bremse erfolgt über einen Seilzugverteiler unter dem Steuerkopf. Hier muß man darauf achten, daß die Züge gleichmäßig anziehen! Sonst nützt die ganze schöne Doppelbremse sehr wenig. Der Rahmen ist sehr stabil. Er besteht aus zwei Rohrschleifen, die unter dem Motor hindurchgehen. In der schnellen Linksbiegung, am Schwedenkreuz mit über 165 km/h Geschwindigkeit in Schräglage, zog die Tornado sauber ihre Spur. Keine Schlangenlinien, keine Lenkerunruhe. Man kann es sich erlauben, eine Lenkungsdämpfung wegzulassen. Die hinteren Federbeine sind leicht einstellbar. Sie wirken hart, aber ihre Dämpfung funktio-

Der Benzinhahn liegt auf gleicher Höhe wie die Vergaser-Schwimmerkammer.

niert gut. Die Vorderradgabel spricht auf kleinste Bodenunebenheiten gut an, und die Holme werden auch beim harten Bremsen nicht nach hinten gezogen.
Am Motor fallen noch folgende Details auf: Die Verbindung der beiden Auspuffrohre befindet sich nicht unmittelbar vor den Zylindern, sondern weiter unten im Rohrbogen vor dem Kurbelgehäuse. Die Bosch-Lichtmaschine 12 Volt/150 Watt wird durch einen Keilriemen angetrieben, der hinter dem leicht entfernbaren linken Gehäusedeckel zu erreichen ist. Hinter diesem Deckel befinden sich auch die automatische Fliehkraft-Zündverstellung, die Unterbrecher und die Zündkondensatoren. Die beiden Zündspulen sind rechts und links vorn unterm Steuerkopf angeschraubt. Das alles macht den Eindruck größtmöglicher Einfachheit, wozu wir auch die Innensechskantschrauben rechnen, mit denen die Gehäusedeckel festgeschraubt sind. Wichtig ist unkompliziertes Arbeiten, möglichst kein Spezialwerkzeug, Werkzeug mit metrischen Maßen. Das ist bei der Tornado alles gegeben.
Hinter den Verkleidungsblechen befindet sich die Luftfilterung, und unter der Sitzbank findet man die beiden Batterien. Einen Elektrostarter hat die Maschine nicht, der Kickstarter hat einen sehr langen Hebelarm und eine günstige Übersetzung. Man verhungert nicht auf ihm. Der Motor sprang ohne Komplikationen beim ersten Tritt an. Daß die beiden getrennten Zylinder und die breit gelagerte Kurbelwelle viel Platz brauchen, bemerkt man gar nicht. Die ganze Linienführung ist in ihrer Art gekonnt.
In den Tank gehen ca. 13 Liter hinein, und das dürfte für 150 bis 200 Kilometer Radius reichen. Die beiden Instrumente sind in Gummi gelagert und gut ablesbar, der Tachometer ging bei 160 km/h um sieben Prozent vor. Die flache Sitzbank ist noch ausreichend gefedert, auf Knüppelstraßen allerdings dürfte sie in Verbindung mit der harten Hinterradfederung nicht mehr ausreichend sein. Die Hinterradkette ist zum Reifen und nach unten ungeschützt. Da der Drehpunkt der Hinterradschwinge vom Ritzeldrehpunkt weit entfernt ist, ist die Dehnung der Kette beim Einfedern der Schwinge sehr groß. Dies muß man beim Kettenspannen berücksichtigen, was man möglichst nicht bei aufgebockter Maschine, sondern nur bei belastetem Motorrad vornimmt.

Lady entblättert

Konstrukteure sollten im Jahre 1972 vor allem hinsichtlich der später notwendigen Pflege und eventueller Montagen entworfen. Je einfacher so ein PS-Reservoir ohne indischen Seiltrick und Doktorarbeit zu beschlossern ist, um so höher steht es in der Gunst des Handels, der Werkstatt und der Kunden.
Des Gehäuse, das man horizontal in Ober- und Unterteil zerlegen kann (schon 1923 bei der BMW R 32 bekannt!), gehört zu diesem Weg in die notwendige Einfachheit. Da sind keine Beilagscheiben, kein Ausmessen, kein Gehäuseanwärmen zum Lagerausbau, kein Spezialwerkzeug und keine verdrehten Finger notwendig. Einen solchen Motor kann der ängstliche Schlosserei-Anfänger »behandeln«, denn zum Abbauen der Zylinderköpfe und der Zylinder braucht man bei einer eventuellen Notwendigkeit keine Spezialausbildung. Eine Forderung, die wir – seitdem die Japaner wieder zeigen, daß man Hochleistungsmotoren in dieser Weise bauen kann – aus Gründen der Werkstatt- und der Motorradkundendienst-Situation stellen.
Der Tornado-Motor wird in dieser Weise zerlegt, und wenn man die Gehäusehälften getrennt hat, dann liegen die wichtigsten Innereien im unteren Teil wie auf dem

Die große Belüftungsöffnung an der vorderen Doppelbremse. Bremsdurchmesser 230 mm, hinten 200 mm.

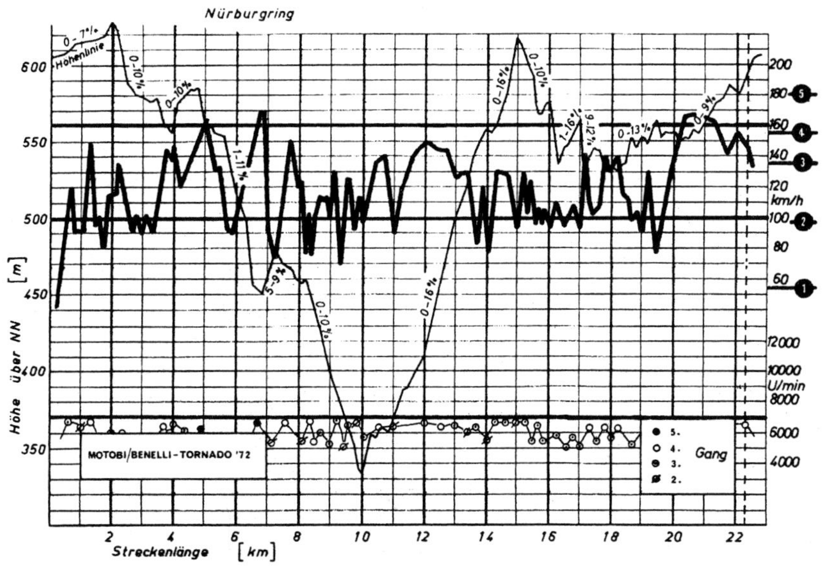

Höhendiagramm der Nordschleife des Nürburgringes mit Drehzahl- und Geschwindigkeitsverlauf. Eingezeichnet sind auch die Schaltpunkte der Gänge bei der Geschwindigkeitslinie (oben) und bei den Drehzahlangaben (unten). Aus dem Diagramm geht hervor, daß die Testmaschine sehr knapp übersetzt war. Es gibt auch eine Hinterradübersetzung 15:32 = 2,117. Diese ist etwas größer und wäre für den normalen Betrieb günstiger.

Tablett vor uns. Die Lager sind durch Sicherungsringe und -stifte in ihrer genau passenden Position gehalten, man kann alle Wellen und Teile ohne Abzieher und Spezialapparaturen herausnehmen und wieder hineinlegen. Die Kurbelwellenlagerung ist sehr kompakt, die Schwungmasse ist zwischen beiden Pleueln vorgesehen. Die Pleuel laufen auf Nadellager, auch in den Pleuelaugen befinden sich Nadellager. Die Kolbenbolzen haben einen sehr großen Durchmesser.

Wie ersichtlich, besteht der Primärantrieb aus schräg verzahnten Rädern. Übersetzung 3,21. Das Kurbelwellenritzel treibt auch die Nockenwelle an. Die Nockenwelle hat dann wieder den Schneckentrieb für die Ölpumpe. Auffallend ist die robuste Bauart aller Teile und die Breite der Lager und Räder. Die Übersetzungen im Getriebe lauten 2,499/ 1,383/ 1,000/ 0,860/ 0,749. Übersetzung Getriebe:Hinterrad 17:33 = 1,941.

Von diesem Motorrad sollen täglich zehn Stück in Pesaro in der kleinen Fabrik gefertigt werden, wovon natürlich die meisten nach den USA exportiert werden. Wie groß der Anteil für den deutschen Markt sein wird, können wir nicht sagen, aber die Maschine wird im Reigen ihrer Schwestern eine gewisse Seltenheit bleiben. Und das wäre schade, denn Motorräder mit so robuster und einfacher Bauart, mit dem Flair der schnellen und leichten Ladies hätten einen größeren Marktanteil verdient. Aber dafür müßte man sich wohl seitens der Fabrik etwas mahr für den deutschen Markt interessieren, auf dem man sowieso nicht genau weiß, wer zum Beispiel nun eigentlich der »General«-Importeur ist und wer *noch*.

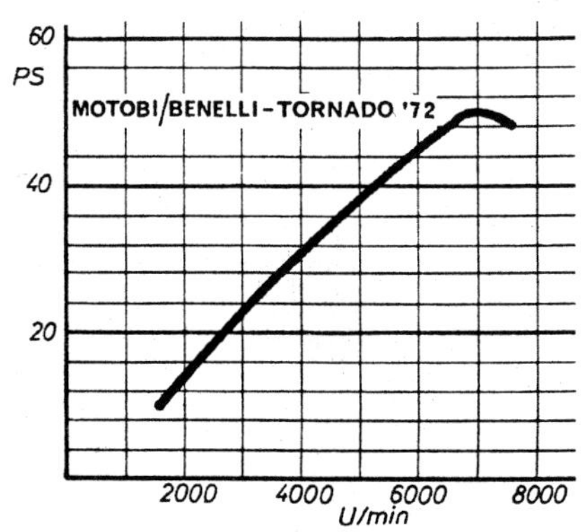

DIN-Leistungskurve nach Angaben des holländischen Importeurs.

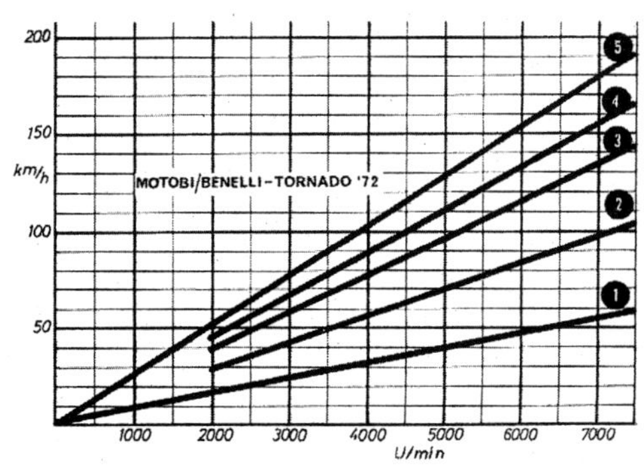

Gangdiagramm für die Hinterradübersetzung 17:33 = 1,941.

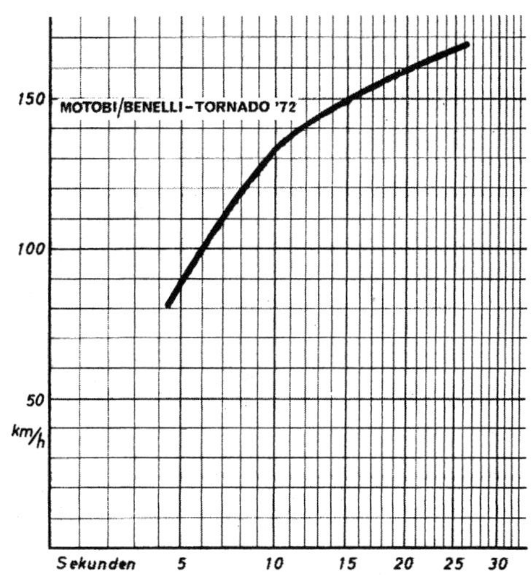

Beschleunigung der getesteten Maschine.

Ducati
750 GT

Der besondere Stil: »V« à la Ducati

V-Motoren, deren Zylinderreihenfolge längs im Motorradrahmen angeordnet sind, gehören zum Motorradbau seit Olims Zeiten. Früher war ein Zylinderwinkel von 60° und weniger üblich, z.B. die alten Jap- oder Vincent-Motoren. Diese Bauart wird heute noch bei Harley-Davidson praktiziert, aber nachdem man endlich weiß, daß zur Vermeidung von starken Vibrationen ein größerer Zylinderwinkel von 90° wesentlich beiträgt, wenn die Drehzahl des Motors einmal 4000 U/min übersteigt, ist der 90°-V-Motor up to date. Siehe zum Beispiel Moto Guzzi. Die Frage ist nur, wie man einen so großen Zylinderwinkel mit dem »Styling« einer Maschine in Einklang bringt, wenn die Kurbelwelle klassisch quer zur Fahrtrichtung angeordnet werden soll. Siehe Ducati 750 GT. Man sollte die Lösung einer solchen Aufgabe den Italienern überlassen – dann kommt noch etwas Flottes dabei heraus. Wie BMW den Boxermotor, wie Suzuki den Zweitakter und Honda die kettengetriebene obenliegende Nockenwelle als Firmenzeichen ihres Image gewählt haben, so wählte Ducati die obenliegende Nockenwelle mit Königswellenantrieb. Die große 750 cm³ GT hat natürlich diese Ventilsteuerung auch. Der Motor soll nach Fabrikangabe 60 DIN-PS bei 7000 U/min leisten, aber leider war nicht zu erfahren, wie diese DIN-PS gemessen wurden, auch war keine Leistungskurve zu bekommen. Lediglich Angaben über die »DIN«-Leistung am Hinterrad waren in einer Tabelle zu finden.

Dieses und die beiden folgenden Fotos zeigen, daß beide Zylinder ungestört im Kühlluftstrom liegen. Beide Pleuel auf einem Hubzapfen. Zündverteilung zwischen den Zylindern. Gemeinsames Antriebsrad für beide Königswellen. Zwei Amal-Vergaser 30 mm Durchmesser. Scheinwerfer an »Draht« befestigt – eine neue Masche, aber nicht sehr vertrauenerweckend. Unten offener Rahmen.

In den dreißiger Jahren hatte der 1000 cm^3 Jap-V-»Racing«-Motor 60 SAE-PS, der Vincent Black-Shadow-Motor (1000 cm^3) hatte in den fünfziger Jahren 60 SAE-PS, und der Vincent-Black-Lightning-Motor (1000 cm^3) hatte 72 SAE-PS (im Prospekt konnte man zur Beschleunigungsfrage lesen: »not yet tested« – noch nicht getestet). Der 750 GT-Motor von Ducati und die Motoren anderer heutiger 750 cm^3-Maschinen liegen etwa auf diesem Leistungsniveau, nur mit dem Unterschied, daß die Hubraumleistung der Ducati mit 81,5 PS/Liter heute höher ist als die der oben genannten Veteranen der 60°-Bauweise. Auch vibriert der Ducati-Motor mit seinem 90° Zylinderwinkel kaum – er läuft wunderbar rund und überraschend kultiviert. Motoren konnten die Ducati-Leute schon immer bauen!

Auffallend war die Handlichkeit des Motorrades und der Abzug, der in diesem Motor steckt. Mit 3,03 kg/PS Leistungsgewicht sind 100 km/h in knapp über fünf Sekunden möglich. Ab 3000 U/min (= ca. 25 PS am Hinterrad) konnte man die GT im 5. Gang fahren und beschleunigen – sie brauchte dann von 75 km/h an bis 150 km/h ungefähr 17 bis 19 Sekunden. Es ist also ein sehr kräftiger Motor im mittleren Drehbereich. Das müßte gute Durchschnitte auf der Nordschleife des Nürburgringes ergeben, wenn das Fahrwerk mitmachen würde.

Die Firma Fritz Alexander, 3057 Neustadt am Rübenberge, hatte eine 750 GT, und so war der Gedanke an eine Nürburgring-Erprobung nicht weit weg. Das Haus Ducati hat ja in den letzten Jahren hinsichtlich der Verkaufsorganisation in Deutschland keine besonderen Leistungen bewiesen – mal war der, dann wieder ein anderer und heute jener »General«-Importeur. Das hat aber mit der Konzeption der Maschinen nichts zu tun. Ihre Sportlichkeit und ihre Besonderheiten locken jeden Enthusiasten immer wieder hervor, und uns war es gleich, woher die 750er Ducati kam.

Da man in der Fabrik nicht in der Lage zu sein scheint, eine DIN-Leistungskurve nach DIN 70020 zu messen, waren wir auf die ungenügenden Angaben und auf unsere Messungen angewiesen. In der Ebene ging das Motorrad mit einem 75 Kilo-

gramm-Fahrer leicht gebückt im Lederzeug zwischen 172 und 174 km/h, und danach dürfte der Motor um die 55 DIN-PS herum während des Tests gehabt haben. Ein paar mehr oder weniger fallen da nicht ins Gewicht. Die schnellste Runde mit Fahrtschreiber ergab eine Zeit von 11.42 min für die 22,3 km lange Meßstrecke bis zur Hohenrain-Schikane = 114,35 km/h. Ohne Fahrtschreiber liegt eine Runde in 11.18 = 118,4 km/h mit stehendem Start vor. Ein Handicap war dabei die gerade neu geteerte und noch mit leichtem Bau- und Flugsand bedeckte Rechtskurve über den Buckel am Galgenkopf zu Beginn der langen Geraden, wo man gezwungen war, bis auf zirka 90 km/h herunterzugehen. Das kostete bis zu vier Sekunden. 11.14 min hätten 119,2 km/h bedeutet. Als »GT«-Version ist es also eine wirklich schnelle Maschine. 118,4 km/h sind zirka 69 Prozent der erreichten Endgeschwindigkeit 172 km/h – und diese Prozente sind das Qualitätsniveau des Fahrwerks. Gute Maschinen erreichen in dieser Klasse etwa 67 bis 70 Prozent der möglichen Endgeschwindigkeit. Da liegt die Ducati gut.

Am Schwedenkreuz in der langen Linkskurve konnte man mehr als 170 km/h ohne Lenkerpendeln oder Schlangenlinien fahren, in der Fuchsröhre an 11 Prozent Gefälle kam man allerdings auf »nur« 160 km/h. Die Strecke ist dort nicht schnurgerade, sondern geht um einige Ecken herum, die jenseits von 160 km/h wirkliche Ecken und keine sanften Krümmungen mehr sind. Einige Wellen sorgen für Bewegung – der Rahmen der GT ist unten offen.

Man schaue sich die Geschwindigkeitslinie in den Kurvenabschnitten zwischen Kilometer 15 an der Hohen Acht und Kilometer 18 am Pflanzgarten-Ausgang an, dann weiß man, daß die Ducati ein Flitzer für lange Kurven ist. Das Durchzugsvermögen des Motors zeigt sich bei Kilometer 12 – da konnte man an 7 Prozent Steigung im 5. Gang 150 km/h halten. Als Sportversion dürfte in dieser Italienerin allerhand stecken – was ja übrigens auch der Erfolg beim Formel-Rennen in Imola 1972 zeigte. Der Primärantrieb besteht aus Zahnrä-

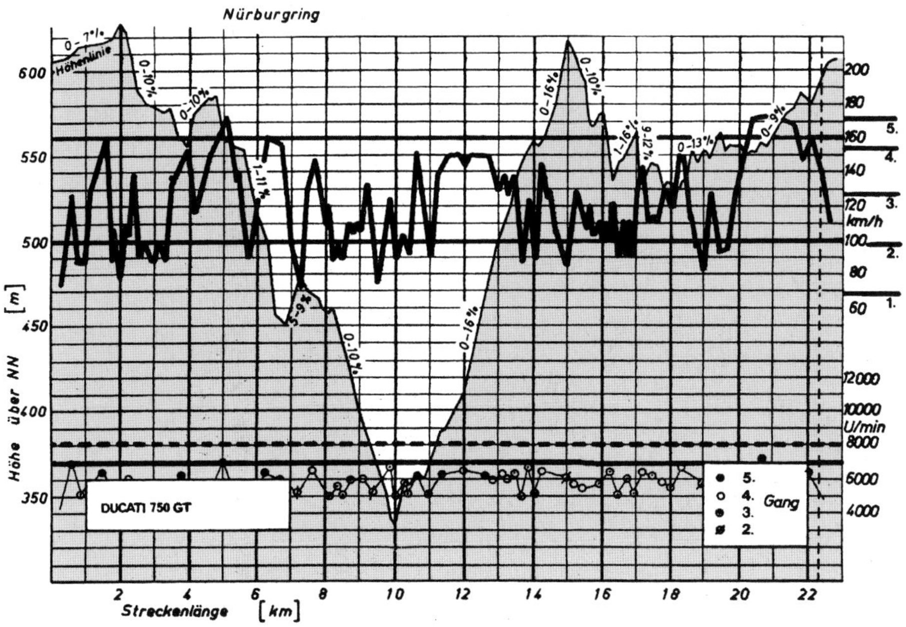

Höhendiagramm der Nordschleife des Nürburgringes mit Geschwindigkeits-, Drehzahlverlauf und Schaltpunkten. Das gut abgestufte Getriebe trägt wesentlich zum guten Durchschnitt bei.

dern, das Fünfganggetriebe hat eine Stufung von 2,51/ 1,74/ 1,36/ 1,13/ 1. Das ist eng, für Straßensport gewählt. Die Gesamtübersetzung lautet 12,3/ 8,55/ 6,63/ 5,51/ 4,88. Wie ausgeglichen diese Getriebestufung und wie richtig die Gesamtübersetzung ist, das zeigt vor allem das Höhendiagramm des Nürburgringes. Man fuhr – bis auf ganz enge Ecken – im 3., 4. oder 5. Gang, wobei ein Überdrehen nicht notwendig wurde. Zu knapp war die Gesamtübersetzung auch nicht. Die enge Stufung bedingt zwar, daß der 1. Gang bis an 70 km/h reicht, aber irgendwelche Kupplungszauberei war nicht notwendig. Das würde es vielleicht mit zwei Personen im dichten Stadtverkehr geben. Das Getriebe ließ sich sehr gut und genau mit dem Fußschalthebel betätigen, die Kupplung rutschte nicht durch.

Die Sitzposition ist sehr bequem und sportlich. Mit einem Radstand von 1520 mm (Moto Guzzi V 7 = 1470 mm) ist die GT eines der längsten Motorräder, die es gibt. Bedingt durch die Stellung der Gabel und Bauart des Motors. So hat man einen schlanken Kunststofftank vorgesehen, in den 17 Liter hineingehen, das dürfte für zirka 200 Kilometer Radius reichen. Der Motor hat eine Ölmenge von 5 Litern, und diese Ölmenge befindet sich in der mit Kühlrippen versehenen überdimensionierten Ölwanne. Dadurch wirkt der Motor natürlich auch besonders groß. Die beiden 30 mm Amal-Vergaser haben jeder eine Luftfeinstfilterung. Die Lage der beiden Zylinder garantiert einen guten Kühlluftzugang – auch ein Grund für die 90°-Zylinderwinkel.

Die Gabel ist in ihrer Wirkung hervor-

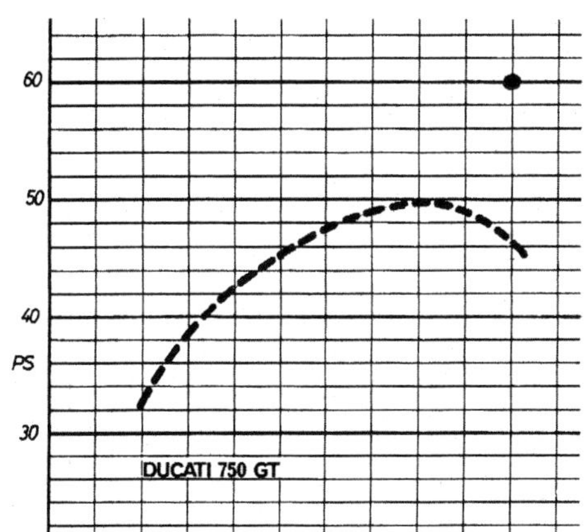

Leistungskurve für die Leistung am Hinterrad (gestrichelte Linie). 60 DIN-PS bei 7000 U/min wird in einem Formblatt von Ducati angegeben.

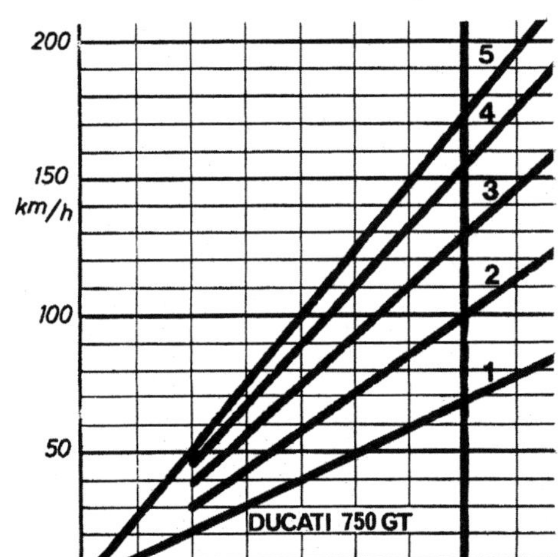

Gangdiagramm.

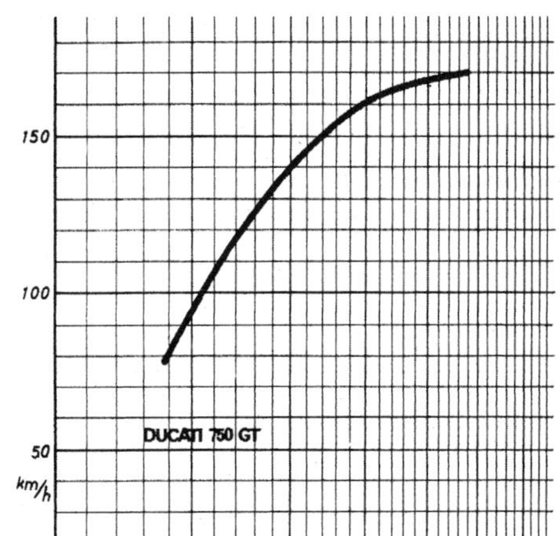

Das Beschleunigungsvermögen der Ducati 750 GT.

ragend, man hat auch für den rechten Holm die Befestigungen für eine zweite Scheibenbremse vorgesehen. Die vorhandene hydraulische Scheibenbremse war eine Fingerspitzenbremse, mit wenig Kraft erzielte man eine enorme Verzögerung. Die hintere Vollnabenbremse entsprach diesen Anforderungen ebenfalls. Auf dem Vorderrad befindet sich ein Pirelli-Reifen 3.25-19 H, auf dem Hinterrad ein solcher mit der Abmessung 3.50-18 H. Die Kette zum Hinterrad läuft ziemlich frei und ungeschützt.
Zur Zeit werden in Deutschland elf 750 cm^3-Maschinen angeboten und nur sechs echte 500er. Es hat den Anschein, als würde diese Reihe der 750er noch weiter ausgedehnt. Demzufolge muß man sich in dieser Konkurrenz etwas einfallen lassen, wenn man das Interesse der Käufer finden will. Die Ducati 750 GT hat im Reigen der Großen deswegen einen Platz, weil sie durch ihren V-Motor herausragt. Das Sportmodell »S« steht auch schon vor der Tür und läßt noch mehr Mitreißendes erwarten, wenn man berücksichtigt, was allein in der GT steckt.
Die Maschine wird u. E. infolge der Marktpolitik und der Produktionsmöglichkeit des Werkes bei uns kein Massenartikel sein, man wird ihr nicht an jeder Straßenecke begegnen. Wo sie aber auftaucht, wird man bestimmt stehenbleiben und diskutieren, und die Ducati-Freunde werden befriedigt sein, daß man der langen Reihe berühmter Königswellen-Modelle ein absolutes Topmodell aufgesetzt hat.

Das Cockpit ist gut übersichtlich gestaltet, zum Ablesen der Instrumente muß man genau hinpeilen.

Die Ducati-Gabel hat Befestigungen für zwei Scheibenbremsen. An dem Modell GT ist eine Scheibenbremse vorgesehen.

1972

Moto Guzzi
V7 850 GT
Roadburner

Die Baureihe der Moto Guzzi V7-Typen geht auf das Modell mit 700 cm³ zurück. Auf der IFMA 1966 stand die Maschine erstmals in der Öffentlichkeit. Wir konnten sie noch im selben Jahre ausführlich testen. 50 SAE-PS bei 6000 U/min hatte der Motor, das Getriebe vier Gänge. Das höchste Drehmoment (SAE-Messung) lag bei 6,5 mkg zwischen 3500 und 4500 U/min. Antrieb zum Hinterrad über eine Kardanwelle. Zwei Zylinder in V-Form 90°, quer im Rahmen.

Damit begann eine erfreuliche Entwicklung, an die noch vor Beginn des Motorrad-Booms kaum jemand geglaubt hatte, die aber unseren Optimismus bestätigte. Bald darauf erhielt das Motorrad in England die treffende Bezeichnung »Roadburner«, und später die 750 cm³ V7 – nach Vollgas Autobahntests zwischen Hamburg und Wien – den Ehrennamen »Bahnburner«. Am 27./28. 9.1969 feilten einige Männer (und ein Mädchen!) mit der 750 cm³-Version von 1969 zwischen diesen beiden Großstädten über die Autobahn zwischen 2766 (Hugo Schmitz und Sozia) = 123,23 km/h und 2827 Kilometer (Erwin Müller) = 125,4 km/h in 24 Stunden herunter. Das hatte vor ihnen und hat nach ihnen bis heute keine Maschine und kein Fahrer geschafft. Bei dieser Testfahrt waren keine Schäden aufgetreten, die die Fahrt unterbrochen hätten. Von diesen Tests werden unsere Urenkel noch reden – auch von »der Guzzi V7«. Es war nach langer Zeit das erste große Motorrad und traf schon deshalb auf Interesse und hatte Erfolg. Die Drehmomentlage des Motors zeigte im unteren Drehbereich enorm viel Kraft, und das jetzige 850 cm³-Modell GT, das die 750 cm³ Touren-Maschine im Sommer 1972 ablöste, zeigt laut Leistungskurve des TÜV Darmstadt nach DIN 70020 9,5 mkg (in Worten: neun Komma fünf) zwischen 4500 und 4750 U/min. Höchstleistung in dieser Kurve 54,5 DIN-PS bei 6100 U/min (64 SAE-PS bei 6500 U/min). Die 750 cm³-Maschine hatte 51 DIN-PS bei 6500 U/min und 6,0 mkg bei 5000 U/min Drehmoment. Mit der Hubraumvergrößerung wurden keine nennenswerten PS, sondern mehr Drehmoment gewonnen.

Und daß sich hier etwas getan hat, das zeigen äußerlich die notwendigen Gehäuseabsteifungen am Kurbel- und Getriebegehäuse. Unsere Messungen auf dem Nürburgring und mit Lichtschranke zum Ende dieses Tests zeigen deutlich, daß an Höchstgeschwindigkeit gegenüber der früheren 750er nicht sehr viel mehr zu haben ist (178 km/h für die 750er und 181 km/h für die 850er auf der langen Endgeraden des Nürburgringes, bei Kilometer 21). 68 DIN-PS/Liter Hubraumleistung hatte die 750 cm³-Version, 65 DIN-PS/Liter Hubraumleistung ist nun bei der 850 cm³-Maschine vorhanden. Hier liegt des Pudels Kern: Durch Hubraum-Vergrößerung will man nicht die Leistung, sondern das

Durchzugsvermögen des Motors und seine Zuverlässigkeit steigern. Der Bulle soll noch bulliger und zäher werden. Man betritt das Gebiet der großen »Tourenmaschinen«. Außerdem ist zu erwähnen, daß es die einzige Maschine zur Zeit ist, für die vom Hersteller aus Seitenwagenbetrieb vorgesehen ist (nur gibt es leider keinen SW-Hersteller mit einer nennenswerten Serienproduktion mehr).

Das Gehäuse des Hinterradantriebs wurde wesentlich vergrößert und besitzt jetzt eine kleine Ölwanne mit Kühlrippen.

Nürburgring-Probe

Auf dem Nürburgring war die Durchschnitts-Rundenzeit für die 750er auf der Nordschleife 12.10 Minuten = 110,0 km/h. Für die 850er Maschine erzielte man Zeiten zwischen 12.04 = 110,9 km/h und 11.54 = 112,5 km/h. Mittelwert 11.59 = 111,7 km/h. Das bestätigt das Erwartete sehr genau. Die Beschleunigung war bei der Testmaschine fast gleich bei der besten Messung mit der letzten 750er und etwas schlechter auf nasser Straße. Besser zu sein als 5,2 (also um fünf Sekunden herum) Sekunden vom Stand weg auf 100 km/h, hängt bei einem Querläufer mit großer Schwungmasse in diesem Grenzbereich schon wieder zu sehr von der Laufcharakteristik und vom Leistungsverlauf ab. In der langen Steigung bei Kilometer 12 auf dem Nürburgring erreichte die 850er im fünften Gang knapp 160 km/h, so daß hier die leichten Biegungen schon wieder eng und der sonst gute Straßenzustand unruhig wird. Man mußte das Gas sogar wegnehmen. Der erreichte Durchschnitt von 111,7 km/h sind 61,6 Prozent der erzielten Höchstgeschwindigkeit 181 km/h. 750er: 110,0 km/h sind 61,7 Prozent der erzielten Höchstgeschwindigkeit 178 km/h. Dies als Einstufung.

Über die Grenze der Höchstdrehzahl 6100 U/min kam man nur am Schwedenkreuz und auf der langen Endgeraden um ca. 300 U/min hinaus, durch das Fünfganggetriebe blieb man im Bereich zwischen 4000 und 5800 U/min, zwischen den Kolbengeschwindigkeiten 10,4 m/s und 15,1 m/s. Und das ist sehr gut. Bei 6500 U/min beträgt die mittlere Kolbengeschwindigkeit 16,9 m/s und ist somit ein noch vertretbarer Wert.

Es ist klar, daß die Domäne der 850 GT die Autobahn und gute schnelle Bundesstraßen sind, aber der Nürburgring zeigte erneut, wie unerhört wendig der 260 Kilogramm-Brocken trotz des langen Radstandes von 1470 Millimeter ist. Die günstige Schwerpunktlage macht sich bemerkbar. Allerdings ist man mit Seitenstütze (die nicht von selbst zurückklappt), Kippständer und Schalldämpferschellen sehr schnell in Schräglage am Boden. Gebirgige Landstraßen können auch noch ein Vergnügen sein.

Bei kaum einem Motorrad kann man an die pflegewichtigen Teile so gut heran wie bei der Guzzi 850. Hier der für die Ventilspielkontrolle freigelegte Kipphebellagebock.

Motor

Von den 9,5 mkg Drehmoment erwarteten wir natürlich Gewaltiges. Man bemerkte, daß die Maschine beim Beschleunigen bei Höchstdrehzahl und beim Schalten z. B. vom dritten auf den vierten Gang ganz enorm nach vorn gerissen wird, wobei man den Eindruck hat, daß sie sich fast um ihre Längsachse herumdreht! Da darf man in Kurvenausgängen nicht zu brutal werden, wenn die vielen Kilos brav bleiben sollen. Vibrationen zeigten sich über den ganzen Drehbereich, wurden jedoch zur Höchstdrehzahl hin immer weniger und verschwanden oberhalb von 6000 U/min

Der lange Radstand zwingt den Konstrukteur zu einem Kompromiß, denn die Maschine soll auch noch leicht und handlich um enge Ecken gehen. Sie tut es erstaunlich gut. Dafür hat man sich bei höherem Tempo mit dem Problem des Lenkerpendelns zu beschäftigen. Die hintere einfache Trommelbremse hat den gleichen Durchmesser wie die vordere doppelte Duplexbremse.

vollkommen. Wir sind der Meinung, daß für 60 PS oder mehr bei 850 cm³ Hubraum und mehr die Grenze eines Zweizylindermotors (siehe auch BMW R 90) erreicht sein kann. Man muß versuchen, die außerordentlich großen hin und her gehenden Kräfte und Massen durch besonders große Schwungmassen auszugleichen, und diese Schwungmassen erzeugen darin Erscheinungen, wie sie oben beim Beschleunigen geschildert sind. Ganz abgesehen davon, daß auch für Kurbelwelle, Lager, Gehäuse u. a. Probleme auftreten. Siehe die Gehäuseversteifungen an der 850 GT und die so stark dimensionierten Kurbel- und Hubzapfen. Startschwierigkeiten gab es nie. Überhaupt machte der Motor einen sehr zuverlässigen Eindruck. Seine Pflege war einfach, da man an alle wichtigen Aggregate bequem herankommen kann. Zündeinstellmarken vorn unter dem Stirndeckel, Verteiler, Vergaser, Zylinderköpfe liegen ja wie auf dem Tisch vor einem. Auch der Ölwechsel ist keine Arbeit.

Das Entlüftungssystem hat einen Ölabscheider, von dem ein Schlauch früher so gelegt war, daß Öl direkt auf den Hinterradreifen gelangen konnte. Diesen Schlauch hat man seitlich verlegt. Wie wäre es aber mit einer gesteuerten Entlüftung?
Der Kolbenhub wurde um acht von 70 auf 78 Millimeter vergrößert, woraus die Vergrößerung des Hubraumes bei der 850 GT resultiert. Wie weit man diese Maßnahme akzeptieren soll, müßte überlegt werden, denn das auf der Leistungskurve höhere Drehmoment und sein geringer Leistungszuwachs wird durch einen etwas rauheren Lauf und mehr Vibrationen erkauft, die dieser V-Motor mit dem 90-Grad-Zylinderwinkel besonders im unteren Drehbereich

Die beiden Seilzüge der Vorderradbremse mit zu kleinem Waagebalkenausgleich. Wer kennt noch den großen Waagebalkenausgleich an der 1000er Vincent ? *Das* funktionierte!

früher nicht hatte. Außerdem erhöht sich die Kolbengeschwindigkeit. Ab 4000 U/min werden die Vibrationen aber merklich weniger, und da man sich meist zwischen 3500 und 5000 U/min bewegt, wird der Fahrer nicht strapaziert.

Getriebe

Hubraumvergrößerung, Verlegung des stärkeren Drehmoments in den mittleren Drehbereich – und dann ein Fünfganggetriebe? Man kann darüber geteilter Meinung sein, aber hier scheinen fünf Gänge besser als vier zu sein, weil man in der Lage ist, die Drehzahlen des Motors durch mehr Gänge leichter in dem für ihn und die Fahrleistungen passenden und schonenden Bereich zu halten. Und das ist richtig. Das Getriebe läßt sich schneller und geräuschloser hochschalten als das frühere Vierganggetriebe, beim Zurückschalten benötigt man aber ein längeres Training, um nicht ab und zu ein Steinbrecher-Krachen zu erzeugen. Mit dem Zwischengas-Trick (welche Klasse 1-Fahrschulung lehrt das heute noch?) kommt man aber immer klar. Eines Tages hat man den Kniff raus. Die beiden Fußknebel der Schaltwippe sind weit auseinander, und der hintere »Tritt« zum Zurückschalten ist zu hoch. Man sollte die Schaltrichtung umdrehen. Das wäre ein Gewinn und ist für einen Bastler in einer Stunde zu machen. Übrigens können Fußschaltwippe und Fußbremshebel je nach Wunsch auf die linke oder rechte Seite der Maschine montiert werden.
Die Abstufung des Getriebes ist hervorragend. Sie beträgt 2,67/1,85/1,4/1,16/1. Die Gesamtübersetzung in den fünf Gängen lautet: 11,424/ 7,928/ 5,980/ 4,963/ 4,284. Bei 6500 U/min erzielt man folgende Geschwindigkeiten: 68,96 km/h / 99,37 km/h / 131,74 km/h / 158,73 km/h / 183,89 km/h. Durch einen zu kurzen Betätigungsweg des Handhebels greift die Kupplung sehr kurz, so daß man mit sehr viel Gefühl kuppeln muß. Und das ist bei den großen Schwungmassen des Motors kein Vorteil. Kupplungsnachstellung war in der Testzeit nicht notwendig.

Über die Verteilerkappe gehört nun endlich eine wasserdichte Abdeckung. Lange genug hat man nun drüber gesprochen.

Fahrwerk

Ab 150 km/h ist ein leichtes Lenkerpendeln nicht zu übersehen. Bis dahin verhält sich das Motorrad absolut gutmütig. In Kurven ist die Guzzi erstaunlich handlich und sicher. Bis zu 170 km/h verstärkt sich das Pendeln, wird etwas geringer bei kleingemachtem Fahrer. In langgezogenen, schnellen Kurven bei hohem Tempo ist dasselbe Pendeln da. Da Bereifung, Schwingenlagerung, Radauswuchtung, Telegabel und Hinterradfederung einschließlich der Federbeinaufhängung in Ordnung waren, kommen eventuell ungünstige Überlagerungen von Schwingungsfrequenzen des Motors (Querläufer) in Frage. Eine Folge der Laufcharakteristik des 850er Aggregates. Eine Direktverbindung vom Steuerkopf zur Schwingenlagerung fehlt auch. Der Nachlauf des Vorderrades scheint unter solchen Zeichen zu kurz zu sein, denn die Handlichkeit in engen Kehren weist auf einen kurzen Nachlauf hin.
Die Vorderradgabel spricht fein an, die Holme flattern nicht. Die hinteren Federbeine sind viel zu hart, selbst mit der weichsten Einstellung waren sie mit zwei gewichtigen Personen und Gepäck nicht zum Durchschlagen zu bringen. Die serienmäßige flache Sitzbank haben wir gegen die höhere und besser gepolsterte Sitzbank der 750 cm³-Maschine ausgetauscht, weil man jeden Schlag ins Kreuz bekam. Es ist eigentlich nicht zu verstehen, daß eine so alte Motorradfabrik eine solche schlecht gefederte Bank in die Serie läßt, wenn man eine viel bessere Bank bis dahin hatte. Preisfrage? Kann doch kaum möglich sein.
Die Vorderradbremse: Es handelt sich um eine doppelte Duplexbremse, zu deren Betätigung über zwei überdimensionierte Außenhüllen und darin befindliche 1,5 Millimeter Zugseile man schon ein wenig Fingermuskelkraft einzusetzen hat. Und

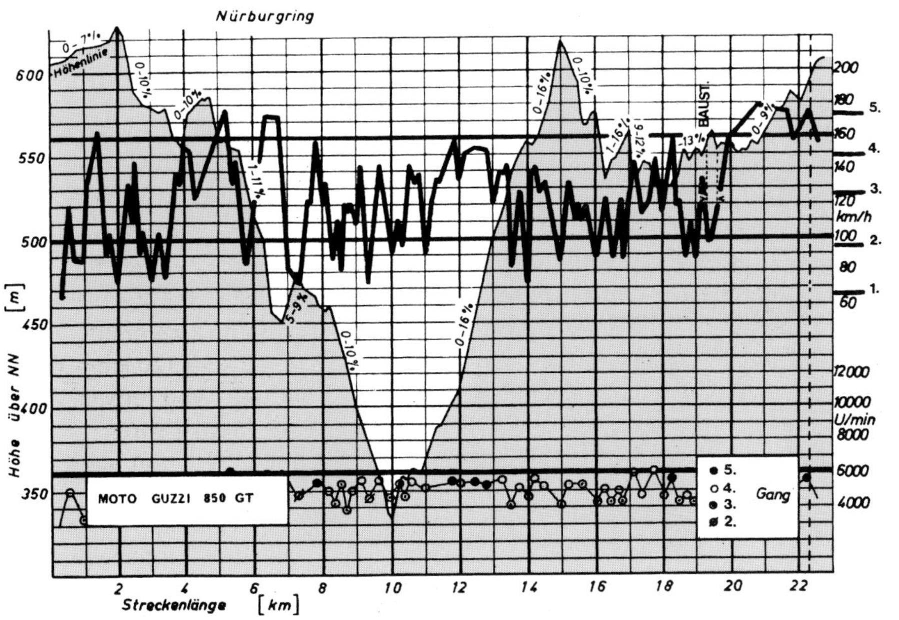

Höhendiagramm der Nordschleife des Nürburgringes mit Geschwindigkeits-, Gang- und Drehzahlangaben. Das Fünfganggetriebe sorgt dafür, daß man im Bereich zwischen 4000 und 6000 U/min bleiben kann. Eine Baustelle am Galgenkopf bei Kilometer 19,5 zwang dort zu verhaltenem Fahren. Das kostete etwa 10 Sekunden. Trotzdem war der Rundenschnitt im Mittel bei 111,7 km/h. 61,6 % der erreichten Höchstgeschwindigkeit (als Fahrwerks-Beurteilung).

trotz größter Kraft war das Vorderrad kaum zum Pfeifen zu bringen. Mit dieser Bremse haben wir uns immer wieder beschäftigt, sie entsprach in ihrer Wirkung nur wenig dem technischen Aufwand, der notwendigen Betätigungskraft und ihrem Gewicht. Da man aber bei Serienmaschinenrennen in der 750 cm^3-Werksmaschine doppelte Scheibenbremsen sieht, wird es wohl nicht lange dauern, bis auch die 850er mit einer Scheibenbremse im Vorderrad geliefert werden kann. Die Doppelbremse der 750er war dagegen der Bremse der 850er-Testmaschine überlegen. Die doppelte Duplexbremse der Testmaschine hatte wohl kaum mehr Bremsfläche als die Doppelbremse der früheren 750er, und man hatte an beiden Enden jeder Bremsbacke 35 Millimeter unbelegt gelassen. Bei Regen war Wasser in der Bremse und damit die Wirkung weiter gemindert.

Ausstattung

Der elektrische Drehzahlmesser hat eine ungedämpfte Nadel, die so weit hin und her schaukelt, daß man nur ungenau ab-

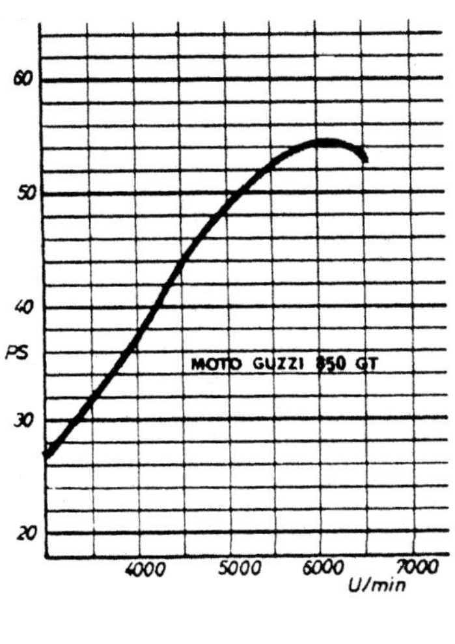

DIN-Leistungskurve des Motors.

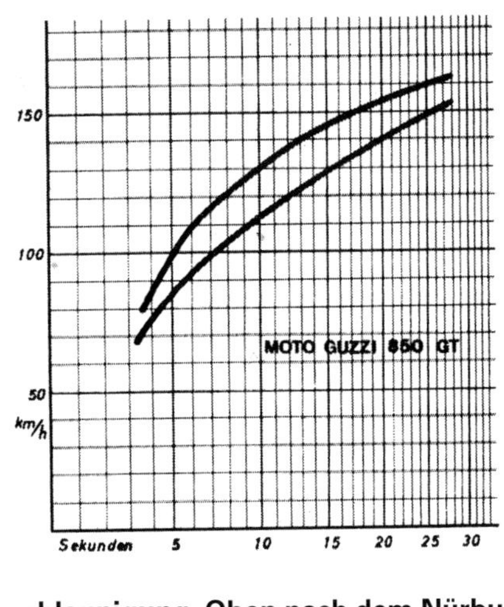

Beschleunigung. Oben nach dem Nürburgring-Test, unten am Ende des Tests auf nasser Straße.

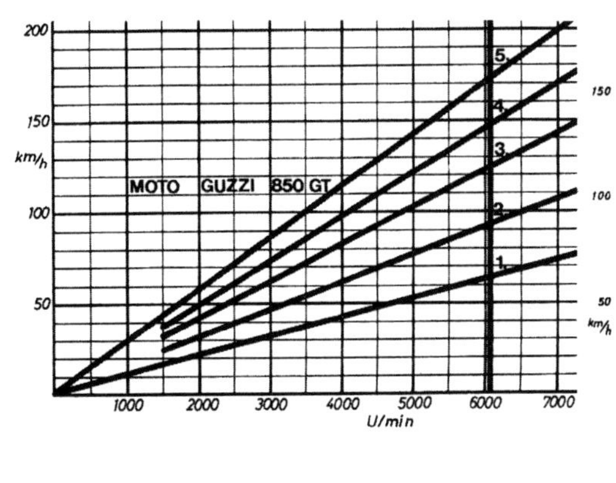

Gangdiagramm.

lesen kann (zum Glück haben wir noch einen genau gehenden elektrischen Kröber-Drehzahlmesser). Der Tachometer zeigte dagegen ruhig, wenn auch mit elf Prozent Voreilung, an. Die Leerlaufkontrollampe schaltete ungenau ein und aus, so daß man sich auf das Gefühl im Schaltfuß verließ. Die Leistung der 12 Volt-Lichtmaschine von 300 Watt ist fabelhaft und beileibe nicht überflüssig, auch die 32 Ah-Batterie ist mit dieser Kapazität eine großartige Sache. Alle Teile von Bosch. Nur sollte man nun nach sechs V7-Jahren endlich die Verteilerkappe wasserfest machen (bei Bosch gibt es Abdeckkappen dafür, die vom alten Mercedes 180 müßte passen). Oder gibt es keine Motorradfahrer mehr, die im Regen fahren? Vielleicht lohnt es sich nicht, nur für im Regen fahrende *MOTORRAD*-Mitarbeiter da etwas zu unternehmen, »zu kleine Stückzahl«! Tankinhalt 22,3 Liter. Bei einem Verbrauch von fünf bis sieben Litern auf 100 Kilometer ist also ein Radius zwischen 318 und 445 Kilometer möglich. Sehr schön.
Der sehr breite Lenker wirkt bei schneller Fahrt wie eine Segelstange! Ein schmalerer ist besser und gibt auch optisch etwas mehr her. Auch mit zwei Personen sitzt man auf diesem Motorrad hervorragend. Da ist wirklich Platz für lange Strecken. Auch die Zuladungsmöglichkeit ist über dem Durchschnitt hoch. Die großen Schutzbleche sind guter Schmutzschutz, der Kardanantrieb schmeißt nicht mit Öl wie eine Kette.

Testkalender

km-Stand
1800
(nach der Nürburgring-Erprobung) Vorderradbremse aufgemacht, ausgestaubt und eingestellt – schlechte Wirkung.
Lichtmaschinen-Abdeckung an den Befestigungspunkten eingerissen.
Alle Züge geschmiert. Motorölwechsel (Aral HD 30). Getriebeöl-Ablaßschraube nachgezogen, war undicht.
Zündeinstellung und Vergasereinstellung kontrolliert. Vergaser gereinigt.
Ölstand im Getriebe und im Hinterradantrieb überprüft.
Batteriepflege (dest. Wasser nachgefüllt).
2246
Überwurfmutter am linken Auspuffkrümmer festgezogen. Zündung um ca. 3° zurückgenommen, denn bei der vorgeschriebenen Einstellung trat beim Beschleunigen aus niedrigen Drehzahlen starkes Kraftstoffklopfen auf.
2813
3/4 Liter Motoröl nachgefüllt.
Ventilspiel eingestellt.
Vorderradbremse erneut zerlegt und untersucht, Bremsschlüsselwellen mit Heißlagerfett leicht gefettet.
3505
1/4 Liter Motoröl nachgefüllt. Ventilspiel kontrolliert.
4014
1/2 Liter Motoröl nachgefüllt.
4572
Motoröl-Wechsel.
5170
Lichtmaschine auf der Autobahn vom Motorgehäuse losgeschüttelt. Wieder befestigt.
5312
1/2 Liter Motoröl nachgefüllt.
5400
Reifenwechsel auf dem Hinterrad. Da ein 4.00-18 Metzeler Block C 6 H nicht greifbar, den serienmäßigen Pirelli »Supersport« montiert. Vorderradbremse wie gehabt untersucht.
5955
1/4 Liter Motoröl nachgefüllt.
Zweifadenlampe im Rücklicht ersetzt, da der Stoplichtfaden defekt war.
6443
1/4 Liter Motoröl nachgefüllt.
7024
Motoröl-Wechsel. Ventilspiel kontrolliert.
Test-Ende.

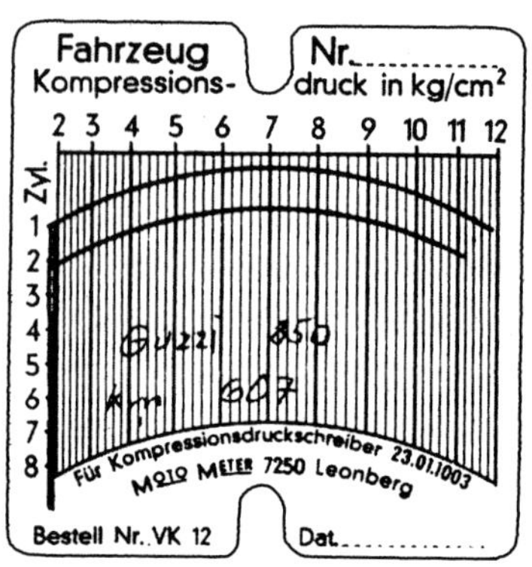

Die Messung des Kompressionsdrucks ergab zu Anfang (linkes Diagramm) und zum Ende des Tests die gleichen Werte! Beim rechten Diagramm wurde die Meßreihenfolge der beiden Zylinder umgedreht.

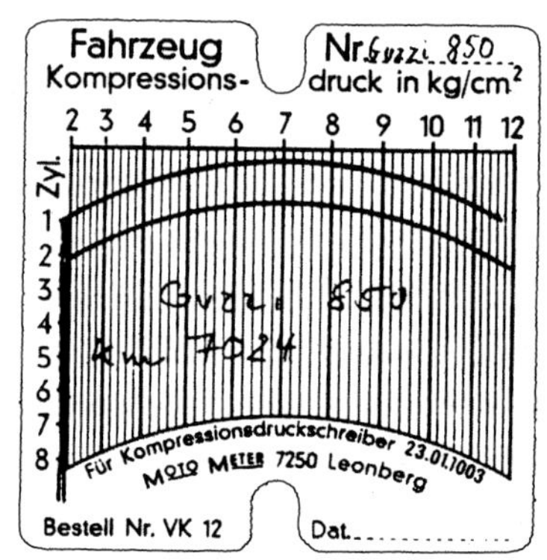

Technische Daten:
Verdichtung des Motors 9,2. Kurbelwelle in Gleitlagern. Pleuelfüße in Gleitlagern. Pleuelfüße teilbar. Pumpenschmierung, Ölfilter im Kurbelgehäuse. Zwei Dell'Orto-Zentralschwimmer-Vergaser, 29 mm Ø. Zweischeiben-Trockenkupplung in der Schwungscheibe. Motoröl: 3 Liter.
Fünfgang-Fußschaltung. Lichtmaschinenleistung 300 Watt. Batterie 12 Volt, 32 Ah. Bereifung 4.00-18 vorn und hinten. Radstand 1470 mm. Gewicht 260 kg. Die Testmaschine erhielten wir über den Importeur Zweirad-Röth, 6949 Hammelbach. Die Fabrik liegt in Mandello del Lario am Comer See (Italien).

Beurteilung

Wie der vorliegende Testkalender zeigt, hat sich die Testmaschine als erfreulich zuverlässig erwiesen. Es gab keinen Ausfall, keine Straßenrand-Bauerei! Die Vergrößerung des Hubraums und die damit verbundene Senkung der Hubraumleistung hat trotz größeren Drehmomentes und geringfügig größerer Nennleistung doch den Erfolg der Zuverlässigkeit gebracht. Als nachteilig empfanden wir den etwas rauheren Lauf des Motors unterhalb von 4000 U/min, die geringe Wirkung der Vorderradbremse. (Hoffentlich nur bei unserer Testmaschine, denn in der von uns gefahrenen 750 cm³ V 7-Sport-Maschine funktionierte sie gut.) Die serienmäßige Sitzbank, das leichte Lenkerpendeln ab 150 km/h, einige Zubehördetails mit minderer Qualität. Ganz hervorragend sind die Leistung der Lichtmaschine und die große Kapazität der großen Batterie, der Platz für zwei Personen, die Zulademöglichkeit, die Abstufung des Fünfganggetriebes, der geringe Kraftstoffverbrauch und der 22 Liter-Tank. Sehr gut ist weiterhin die Zugänglichkeit zu allen lebenswichtigen Teilen bei Pflegearbeiten. Eine Reifengröße (4.00-18) für beide Räder, große Schutzbleche.
Rauft man sich mit der 850er Guzzi zusammen, dann hat man einen »Roadburner« im wahrsten Sinne des Wortes. Die Überwindung großer Entfernungen beginnt ihren Reiz auszuüben. Es ist eine große, schnelle Reisemaschine – so ein Brocken zwischen Harley und BMW.

Laverda
1000

Die Fahrleistungen

Das uns als Leistungskurve nach DIN 70 020 vorgelegte Diagramm zeigt 78 PS bei 7750 U/min. Das Leistungsgewicht beträgt bei 214 kg Trockengewicht 2,7 kg/PS – aufgetankt und mit Öl versehen liegt das Leistungsgewicht bei 3,1 kg/PS, und mit 70 kg Fahrergewicht dazu sind es immer noch weniger als 4 kg/PS. Die mit Lichtschranke auf dem Hockenheimring gemessene Beschleunigung zeigt von 0 bis 100 km/h 4,9 Sekunden, bis 160 km/h etwa 12 Sekunden und bis 180 km/h knapp 19 Sekunden. Die Höchstgeschwindigkeit mit einem Anlauf von ca. 2,3 Kilometer betrug 202,25 km/h – langliegender Fahrer im engen Lederzeug. Hohe Autobahndurchschnitte sind – je nach Fahrerkonstitution – obligatorisch, temperamentvolle Landstraßen-Fahrten bilden den Höhepunkt des Erlebnisses, besonders auf Strecken mit vielen Kurven und in den Bergen. Der Tank mit 17 Litern Inhalt erlaubt gut und gern 200 km Radius.
Es ist also eine vielversprechende, sehr leistungsfähige und sportliche große Maschine, die in unserem Falle den Fehler hatte, daß die »Klemm«-Sitzbank nur für

eine Person gedacht war; gerade mit so einem mächtigen Dampfer bietet sich der Spaß zu zweit doch an. Denn da sind PS-Reserven in jeder Menge vorhanden, Reserven, die beim Fahren äußerst selten voll ausgeschöpft werden können.

Der Motor

Die Zylinderbohrung beträgt 75 mm, der Kolbenhub 74 mm, der Hubraum ist 981 cm^3. Bei 6000 U/min haben wir eine Kolbengeschwindigkeit von 14,8 m/s (bei 7750 U/min = 19,12 m/s!) und ein Drehmoment von 7,6 mkp, das in dieser Höhe bis 7000 U/Min erhalten bleibt. Der Antrieb der beiden obenliegenden Nockenwellen durch eine lange Kette liegt zwischen dem rechten äußeren und dem mittleren Zylinder. Die drei Auspuffrohre münden unter dem Kurbelgehäuse (Ölinhalt 3,5 Liter) in einem Rohr und werden dort auf zwei Schalldämpfer verteilt. Unsere Maschine hatte noch das Einport-System mit dem Schalldämpfer auf der linken Maschinenseite.

Die drei Dell'Orto-Vergaser haben einen Durchmesser von 32 mm, sie besitzen eine Beschleunigerpumpe (Membran), und es gibt auch in niedrigen Drehbereichen bei plötzlichem Gasgeben keine »Löcher«. Der Motor zieht unbedingt durch. 6000 U/min sind im fünften Gang ca. 170 km/h, und hier kann der schnelle Mann also noch ganz bequem zulegen, wenn es notwendig sein sollte. Von 170 km/h bis 190 km/h sind im fünften Gang nur knapp 14 Sekunden notwendig. Von 100 km/h bis 150 km/h kommen wir in fünf Sekunden. Im Bereich zwischen 100 km/h und 160 km/h können wir auch bequem im fünften Gang fahren, es ist der Drehbereich zwischen 3500 U/min (= 35 PS) und 5200 U/min (= 54 PS), zwischen 5,9 und 7,4 mkp Drehmoment. In diesem Bereich sind genügend Reserven da, erst recht, wenn man zurückschaltet vor einer geplanten Beschleunigung, und hier sind die Vibrationen am geringsten. Es ist ein Motor, den man schonend schnell fahren kann – eben der Vorteil von viel Hubraum.

Die Testmaschine bekamen wir von der Firma Hein Gericke in Düsseldorf. Es handelt sich um die Einport-Vorserien-Version 1972. Einige Honda CB-72/77-»Reste« sind im Entwurf des Motors noch zu erkennen. Ölinhalt 3,5 Liter – hohes Kurbel- und Getriebegehäuse, horizontal teilbar.

Die japanischen Instrumente (honda-like) zeigten übersichtlich an.

Die Belüftung der Bremsen ist raffiniert gelöst. Die Bremsflächen werden vom Kühlluftstrom gleichmäßig ringsum berührt.

Das Problem dürfte bei der Belastung der Kupplung liegen, jedenfalls wurde sie durch die Beschleunigungsmessungen stark mitgenommen (wie übrigens sehr oft bei Motorrad-Motoren mit mehr als 5,0 mkp Drehmoment).

Das Fahrwerk

Ebenso stark belastet sind in diesen Geschwindigkeits- und Gewichtsbereichen die Bremsen. Nach fünf starken Bremsungen aus 200 km/h herunter auf 0 konnte die Vorderradbremse nicht mehr nachgestellt werden, sie war am Ende. Wobei bemerkt werden muß, daß das Motorrad schon vorher einige hundert Kilometer scharf gefahren worden war. Vorn und hinten Duplexbremsen, 230 mm Durchmesser, 30 mm Belagbreite.
Das Fahrwerk zeigte sich sehr handlich, der Doppelrohrrahmen ist stabil und war den Straßen und Geschwindigkeiten gewachsen. Eine erhebliche Hilfe bei den Höchstgeschwindigkeits-Messungen, die auf der leicht gekrümmten oberen Strecke des Hockenheimringes stattfanden. Es gab keine Kursschaukelei.
Die Bereifung vorn 3.50-V-18 und hinten 4.00-V-18 waren auf der gefahrenen Maschine von Dunlop. Geradeausführung sehr gut, in großer Schräglage einigermaßen sichere Haftung, aber in leichter Schräglage unsicher, da offensichtlich der dort zur Geltung kommende Profilstreifen wenig Unterteilung und Entspannungsmöglichkeiten hat.
In dem hier zur Verfügung stehenden Raum ist es nicht möglich, nach den wenigen von uns gefahrenen hundert Kilometern etwas Ausführliches über die Federung zu sagen. Die Telegabel benahm sich auf Schlaglochserien großzügig – d. h. sie erwischte nicht jedes Löchlein exakt, aber es kam zu Schlägen. Die hinteren, mit der Hand ohne Werkzeug verstellbaren Federbeine wirkten hart und kurz gedämpft auf sehr schlechten Straßen. Man merkt der Auslegung der Federung die Erfahrungen von Straßenrennen auf guten Pisten an.

Das Getriebe

Da der Motor eine so günstige Leistungscharakteristik hat, fragten wir uns, ob es unbedingt ein Fünfgang-Getriebe sein muß. Aus modischen und verkaufstechnischen Gründen werden heute oft auch bei den Maschinen mehr Gänge als vier eingebaut, die es eigentlich durch gute Zugkraft gar nicht nötig haben. Dies ist hier der Fall. Das Fünfgang-Getriebe hat dazu noch eine enge Straßensport-Stufe von 2,6. Die drei oberen Gänge sind sozusagen zu

Laverda 1000 im Vergleich

(alle Angaben ohne Gewähr!)

Leistungsangaben nach Fabrik oder Importeur	Laverda 1000	BMW R 90/5 (in spe)	Harley-Dav. 1200 El. Glide	Harley-Dav. 1000 XL	Moto Guzzi 850 GTL	Kawasaki Z 1 900	Münch-4 1200 TTS	Norton Comm. 850
Motor 2-/4-Takt	4	4	4	4	4	4	4	4
Zylinderzahl	3	2	2	2	2	4	4	2
Ventil- bzw. Gassteuerung	dohc	ohv	ohv	ohv	ohv	dohc	ohc	ohv
Bohrung/Hub mm	75/74	90/71	87/101	81/97	83/78	66/66	75/67	77/89
Hubraum ccm	981	903	1207	997	844	903	1177	829
Leistung (SAE-PS) bei U/min				n. a.		82/8500		
Leistung (DIN-PS) bei U/min	78/7250	ca. 58/6500	66/5200	–	54/6100	–	88/6000	51/5750
Kolbengeschwindigkeit m/s bei DIN-Nenndrehzahl	17,85	15,3	17,5	–	15,9	18,7*)	13,4	17,0
Literleistung (DIN-PS/Liter)	79,6	64,2	54,7	n. a.	63,5	90,8	73,0	61,5
Leistungsgewicht (DIN-PS/kg)	2,744	3,793	4,924	–	4,537	2,805	2,795	3,647
Anzahl der Gänge	5	5	4	4	5	5	4	4
Starterart	E	E/K	E	E	E	E/K	E	K
Beschleunigung 0–100 km/h in s (T = Test-, W = Werksangabe)	4,8 T	4,8 T	8,8 T	n. a.	5,0 T	4,8 T	4,8 T	4,5 W
Höchstgeschwindigkeit km/h (T = Test-, W = Werksangabe)	202,5 T	190,0 T	163,6 T	n. a.	181,0 T	ü. 200 W	205 T	185 W
Preis DM	9600.–	n. a.	15 556.–	12 495.–	7680.–	7200.–	15 518.–	6400.–
Preis pro DIN-PS (ca.)	123,07	–	235,70	–	142,22	87,80	176,34	125,49

einer »Fahrergruppe« enger zusammengefaßt, was bei einem Einsatz als Rennmaschine durchaus richtig wäre, was aber bei unseren Einsatz-, Fahr- und Verkehrsmöglichkeiten unnötiger Luxus ist. Der Primärantrieb besteht aus einer Triplexkette, der Antrieb zum Hinterrad aus einer nur im oberen Trum abgedeckten Kette, die uns bei dieser Leistung des Motors und seines Drehmomentes unterdimensioniert, ungeschützt und ungenügend geschmiert erscheint. Oder ist diese 1000er nur zum 150 km Wochenend-Rundum-Schönwetter-Trip gedacht? – Die Gesamtübersetzung in allen fünf Gängen: 11,24/8,08/5,89/5,03/4,294. Die Gänge ließen sich sauber und schnell schalten, die Kupplung ist nicht leichtgängig.

Leistungskurve des Motors nach Werksangabe (Din 70020)

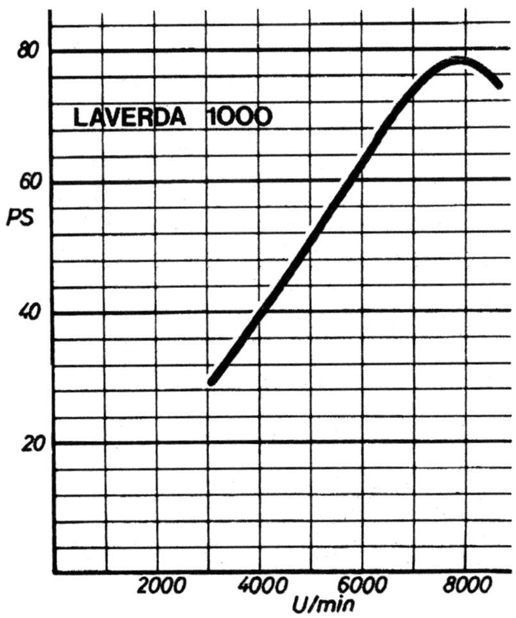

Beurteilung

Die schon so lange gezeigte und propagierte 1000er Laverda soll in dieser Saison also echt auf den Markt kommen. Schon weiter verbessert (z. B. die Demontiermöglichkeit der Nockenwellen u.a.) als die noch von uns gefahrene Vorserien-Maschine. Sie bietet gewaltige Kraftreserven, ein kursstabiles Fahrwerk, ein genau schaltbares Getriebe, eine wunderschöne äußere Linie (das haben die Italiener im Griff!), Elektro-Starter, Lichtmaschinen-Leistung 120 Watt (12 Volt), Batterie mit 27 Ah, Scheinwerfer mit 200 mm Durchmesser(!). Vielleicht werden auch die an sich sehr wirkungsvollen Bremsen etwas lebensfreudiger (die Belüftung ist doch

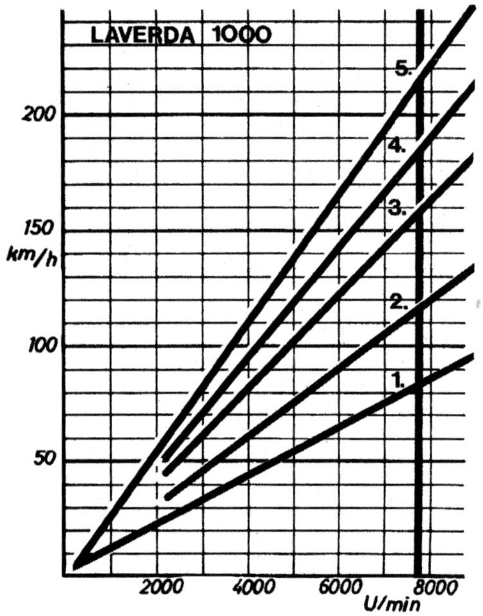

Das Gangdiagramm des Fünfganggetriebes.

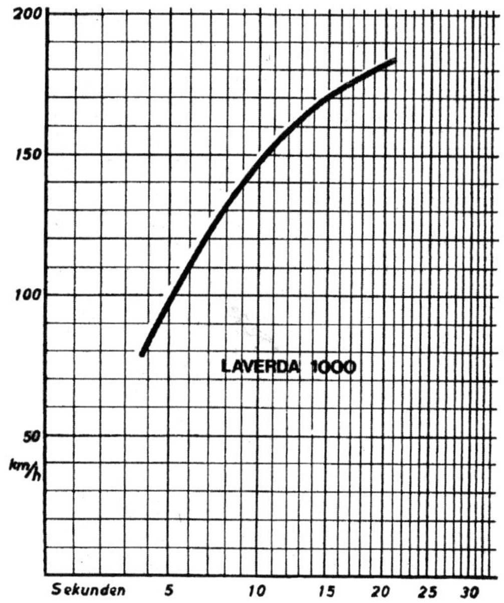

Die Beschleunigung der gemessenen Maschine.

schon sehr gut), und vielleicht hat man sich auch noch um die Kupplung gekümmert. Auch wird es lt. Prospekt eine Doppelsitzbank geben. Der Aufbau von Motor und Getriebe ist durchdacht und werkstattgerecht gemacht, das Gehäuse läßt sich horizontal teilen, keine Distanzschellen oder Beilagscheiben, alles einfach ohne Spezialwerkzeug zu betreuen. Wird die Hinterradkette stärker dimensioniert? Das wäre das wenigste an diesem Antriebsdetail, was noch zu machen ist.
Das Motorrad läßt erkennen, daß Enthusiasten daran gearbeitet haben und arbeiten.

Auch für die Hinterradbremse wird die Kühlluft über eine Ventilation in die Bremse gefördert. Dreck und Wasser mit, aber es erreicht nicht das Trommelinnere.

Echt Klassik
E 9486 F ISSN 0937-9495
MOTORRAD
CLASSIC
Kawasaki
H1
H2
Z1
Die ersten Superbikes
Norcroft Interceptor
Maico-Viertakter
NSU Quickly Cavallino
Laverda 750 SFC
Alles über Motorrad-Klassiker auf zwei Rädern, über Firmen-, Modell- und Markengeschichten, Praxistipps zur Reparatur und Restaurierung.
MOTORRAD CLASSIC gibt es alle 2 Monate am Kiosk oder fordern Sie Ihr kostenloses
Probeheft an unter: Telefon 0711/182-1729 oder per Fax 0711/182-2550